培文书系 | 社会科学译丛

中国的城市变迁

1890—1949年山东济南的政治与发展

Urban Change in China

Politics and Development
in Tsinan, Shantung, 1890—1949

[美] 鲍德威（David D. Buck）著　张汉　金桥　孙淑霞 译

北京市版权局著作权合同登记　图字：01-2009-3529 号
图书在版编目（CIP）数据

中国的城市变迁：1890—1949 年山东济南的政治与发展／（美）鲍德威著；张汉，金桥，孙淑霞译．—北京：北京大学出版社，2010.6
（培文书系·社会科学译丛）
ISBN 978-7-301-17197-4

I. 中… II. ①鲍… ②张… ③金… ④孙… III. ①城市史－济南史－1890～1949 IV. K295.21

中国版本图书馆 CIP 数据核字（2010）第 086573 号

Urban Change in China: Politics and Development in Tsinan, Shantung, 1890–1949, by David Buck.
©2009 by University of Wisconsin Press.
English language edition published by University of Wisconsin Press.
All rights reserved. No part of this book may be reproduced or utilized in any form or by any means, electronic or mechanical, including photocopying, recording, or by any information storage and retrieval system, without permission in writing from the publisher.

书　　　名：	中国的城市变迁：1890—1949 年山东济南的政治与发展
著作责任者：	[美] 鲍德威 著　张汉　金桥　孙淑霞 译
责 任 编 辑：	徐文宁
标 准 书 号：	ISBN 978-7-301-17197-4/C·0583
出 版 发 行：	北京大学出版社
地　　　址：	北京市海淀区成府路 205 号　100871
网　　　址：	http://www.pup.cn　电子信箱：pw@pup.pku.edu.cn
电　　　话：	邮购部 62752015　发行部 62750672　编辑部 62750112
	出版部 62754962
印　刷　者：	三河市欣欣印刷有限公司
经　销　者：	新华书店
	720 毫米×1020 毫米　16 开本　16.5 印张　380 千字
	2010 年 6 月第 1 版　2010 年 8 月第 2 次印刷
定　　　价：	28.00 元

未经许可，不得以任何方式复制或抄袭本书之部分或全部内容。
版权所有，侵权必究。举报电话：010-62752024　电子信箱：fd@pup.pku.edu.cn

目 录

中文版前言…………………………………………………… *3*
致　谢………………………………………………………… *9*
插图索引……………………………………………………… *11*
地图索引……………………………………………………… *11*
表格索引……………………………………………………… *12*

第一章　济南与中国近代史中的城市问题…………………… *1*
第二章　19世纪晚期的济南………………………………… *14*
第三章　清末新政时期的济南（1901—1911年）…………… *37*
第四章　民国初年的济南（1912—1916年）………………… *69*
第五章　军阀统治时期济南的政治权力（1916—1927年）… *95*
第六章　军阀统治时期济南的经济社会生活………………… *125*
第七章　国民党统治济南的十年（1927—1937年）………… *152*
第八章　战争时期的济南（1938—1948年）………………… *185*
第九章　1890—1949年济南的政治与发展…………………… *201*
附录A　1900—1936年济南的工业…………………………… *214*
附录B　1770—1975年济南的人口…………………………… *220*
附录C　1911年11月山东省谘议局提出的《劝告政府八条》… *231*

主要参考文献………………………………………………… *232*
译后记………………………………………………………… *242*

中文版前言

今天的中国正在快速地由一个农业国家向城市国家转型。这一重大变革，打破了中国在过去两千五百年的历史中的发展模式，并正在使中国成为21世纪的世界大国之一。

当我在1970年代中期写作本书的时候，还没有多少证据表明中国正在发生城市变革。当时的毛主义强调的反而是改造人民，让人民以集体劳动和集体主义意识形态为生活方式。当时，中国85%的人口生活在小城镇和农村中，国家关注的是农村人民公社和小规模的乡村工业。我对中国华北一个城市的城市变革研究，看起来与此毫无关系。

基于我对济南和山东的研究，我断定，山东省级政府和济南地方政府，与新兴的资产阶级一道，尽了他们最大的努力，以一种中国的方式使济南现代化。然而，站在1970年代末这一更有利的时间点上去看，济南在1949年之前的些许现代化，看起来是没有出路的。中国的城市变革是行不通的。

关于欧美城市化的研究已经证实：让人们离开他们的乡村和熟悉的文化环境来到城市，是一个痛苦的经历，但这确实会带来真正的、长久的变革。在1970年代我在中国旅行的时候，尽管通过报章报道和我的耳闻目睹，我都看到中国人民对一种新的中国式发展方式的热忱，我还是在琢磨中国人民能否真的得以就地转型。然而，与当年到访中国的大多数外国人一样，我认为共产党人无需城市化就能实现他们的目标。

在我完成了我对济南的研究之后，我极其幸运地得到一个机会，于1974年第一次到访济南。在那里，我发现济南有了一些新的社会主义工业发展，而没有明显的私营商业。11月里寒冷的一天，我穿着蓝色棉夹克在城市中漫步。人们盯着我看，但没有人跟我说话，只有一群孩子尾随了我一会儿并奚落我。当我回到宾馆的时候——这个宾馆也是在1920年代建成并一直保存下来的——当地的向导告诉我，他们一整天都在接听打进来的电话，电话中说有一个外国人在城里闲逛而无人陪伴。我对我所研究过的城市所自然产生的好奇，却给他们带来了麻烦。我非常兴奋能在济南的主要大街上漫步，但是我对由此造成的这些麻烦感到抱歉。

济南完全没有私营商业存在的迹象让人震惊，但这也证明社会主义国家实现着全面控制。济南看起来与我所知道的台湾和东南亚的任何华人城市都不同。坦率地说，社会主义城市生活对我并没有吸引力。

1970年代我在中国其他城市的旅行经历同样让我沮丧。在上海，出现了新的郊区工业区，但是市中心的城市天际线与1930年代相比基本上没有变化。在每一个中国城市，住房是让人难以置信的拥挤，商品做工粗糙，工厂里的生产活动散漫无章，交通拥挤。大多数人都是通过他们的工作单位获得食品、衣服和日常生活用品，使用定量供给的票证在国营商场里买东西。人民艰难度日，生活困难而且受限制。对于大多数人来说，工作单位就像乡村一样封闭。直到1980年代中期，当我再次到访济南期间，我才开始看到真正的城市发展正在萌动。

在我1978年出版的这本研究济南的书中，我断定，在1949年之前，尽管中国地方领袖和企业家努力使济南现代化并已取得大量成就，比如济南有了现代的公共服务，新的工业，大规模的商业和新式教育；然而，由于反复出现的战争和政府的恶政是中国20世纪上半叶历史的一大特征，致使他们所做这些努力的总体成效甚微。政治的不稳定严重摧残了经济和社会发展。

清末新政开始时进展顺利，民国初年济南和山东处在代议制政府的统治下，而这一政府却没有为统治国家做好准备。很快，军阀篡夺了权力。供养和装备军队的需要，使得军阀们严重损害了经济和社会的重大发展。国民党政府在南京的建立，也没有显著改变这一局面。国民党政府是一个软弱的政权，它并没有在山东和济南真正建立起统治。受到1930年代世界性经济危机的打击，并面对日益加剧的日本侵略的压力，在日军占领济南之前，山东省政府主席韩复榘复兴传统秩序的努力并没有收到太多成效。日据时期，城市丧失了与乡村的联系，在抗战胜利后，虽然有国民党的努力，但这种联系再也没有得到恢复。

今天，在21世纪第二个十年开始的时候，中国所展示的图景迥然不同。中国正以惊人的速度转型为一个城市社会。在我2009年9月到访济南的时候，我看到济南在成长和扩张，大片的城市新建成区出现，而在10年或15年前这些地方都还是农田。济南有繁忙的机场；高速公路上行驶着密集的卡车、客车和私家车；到处都是新建的公寓楼和大型公共建筑。很快还将有高铁把济南与北京和上海连接起来。济南的名胜依旧，像趵突泉和大明湖，它们得以保护下来，显然是用以追忆济南的旧日。济南，与其他大多数中国城市一样，在快速的城市化浪潮中以这种方式实现转型。

对于在我们眼前所展现的以城市为主导的中国，1949年以前的中国城市变迁史可能才是更与此切题的。自从我这本书出版以来，很多其他历史学家都探究了中国20世纪早期的城市主义，并远远超越了我的这一早期研究。他们包括罗威廉（William Rowe）、白吉尔（Marie Claire Bergere）、李欧梵，仅举几例。

上述几人以及其他人的研究，记录了1900—1950年的中国城市生活，包括中国人对新式教育的热情，大众传媒的发展，开展国际商贸的能力，实用的工业创新，对新式银行的接纳，新形式的住宅，服饰的演变，新的娱乐方式，甚至是不同类型的婚姻和生活方式。这些也都是在今天的中国城市中随处可见的发展趋势。

然而，最突出的对照是，1949年之前软弱的、财政困难的政府，被今天财政雄厚、强有力的政府所取代，政府有足够的手段和政治控制力来实现巨大的变革。20世纪早期城市变革归于失败的原因，最主要的就是缺乏这种政府，而不是其他原因。1949年以前中国口岸城市中的半殖民地式统治依然受到谴责，但事实上，这种统治并未阻碍真正的城市变革，正像在今天，外商直接投资并未危害中国的经济增长。外国帝国主义确实伤害了中国人民，但在日本全面侵华之前，这可能并不是20世纪中国陷入困局的主要原因。

今天强有力的中国政府，并不意味着所有中国人或者所有中国城市居民都受到公正对待，也不意味着不公正或腐败已完全消失。几乎每天我们都会听到或看到针对官员渎职的新的抗争活动，或是新的腐败案件。20世纪早期中国城市化的历史也表明了类似的模式，即在创办公用事业、批准新工厂及制定商业交易合同时，都涉及私人关系、非正式安排和公开的腐败。当这些安排泛滥的时候，比如1920年代晚期在军阀张宗昌统治下的济南，城市经济可能就会萧条下来。在某种程度上，这些问题也是社会转型中一个不可避免的阴暗面。

我对20世纪早期中国城市生活的所有研究，让我感到在济南的中国人有着巨大的创造力、适应力和成功的迹象，然而这些都最终归于失败。今天，我看到这些力量得以增强，并得益于一个强有力但分权化的威权政府，他们正在中国创造着这种引人注目且不可逆转的变革。

鲍德威

2010年4月12日

Introduction to the Chinese Edition

Today China is being transformed at great speed from an agricultural to an urban nation. This momentous change breaks the pattern of the previous two and a half millennia of Chinese history. It is making China one of the great powers of the 21st century.

There was little evidence of urban change occurring in the People's Republic of China while I was writing this book in the mid-1970s. Instead, the Maoist emphasis was on transforming people where they currently lived through collective labor and ideology. Then around 85% of China's population lived in small towns and villages. Emphasis lay on agricultural communes and small scale rural industry. My investigations into urban change in one North China city seemed rather irrelevant.

My research on Jinan and Shandong led me to conclude that both the provincial and city government, along with the emerging bourgeoisie, had done their best to modernize Jinan in a Chinese fashion. Still, from the vantage point of the late 1970s Jinan's modest modernization before 1949 appeared to lead nowhere. Urban change in China seemed a dead end.

Studies of European and American urbanization had established that moving people away from their villages and familiar cultural milieu into the cities was a wrenching experience, but nevertheless brought about real and lasting change. In spite of the fervor for the new Chinese way forward expressed in the press and to me in person when traveling in China in the 1970s, I wondered if people really could be transformed in place. Yet, like most foreigners visiting China in those days, I thought the Communists might be able to accomplish their goal without urbanization.

Through a stroke of good fortune after completing my research about the city, I was able to visit Jinan for the first time in 1974 and found a city with a few new socialist industries and no visible private commerce. One chilly November day I walked around the city in a blue padded cotton jacket. People stared at me, but no one spoke except for taunts from a tail of children who trailed me for a while. When I returned to my hotel--itself a survivor from the 1920s--the local guides reported they had been dealing with phone calls all day about a foreigner wandering untended through the city. My natural curiosity about a city I had studied had made problems for them. I was exhilarated to have walked Jinan's main thoroughfares, but sorry to have caused difficulties.

The absence in any signs of private commerce in Jinan was startling, but proof that the socialist state held full control. Jinan looked unlike any Chinese city I had known in Taiwan or Southeast Asia. Frankly, socialist urban life did not appeal to me.

My experiences in other Chinese cities in the 1970s were just as discouraging. In Shanghai there were new industrial suburbs, but downtown the skyline was essentially unchanged since the 1930s. In every Chinese city, housing was unbelievably cramped, goods were shoddy, factory production desultory, transportation crowded. Most people received their food, clothing and daily necessities through their work units (danwei) and used ration coupons when buying in state stores. People bore up, but life was hard and confining. For most people one's danwei seemed almost as closed as a rural village. It was not until the mid-1980s during one of my visits to Jinan, that I began to see the stirrings of real urban development.

In my 1978 book about Jinan I concluded that before 1949 although Chinese community leaders and entrepreneurs accomplished a great deal in their efforts to modernize the city. Jinan had modern public services, new industry, extensive commerce and new style education. Nevertheless, their efforts amounted to little because of the repeated episodes of war and misgovernment that characterized the first half of China's 20th century. Political instability had crippled economic and social development.

The late Qing reforms began well enough, but the first years of the Republic placed Jinan and Shandong under representative governments unprepared to govern. Quickly warlords took over. The need to feed and equip their armies could cripple significant economic or social development. The establishment of the Nationalist government at Nanjing did not change the situation significantly. It was a weak state whose writ really did not run in Shandong and Jinan. Buffeted by the ill winds of the world depression of the 1930s and under the growing pressure from Japanese aggression, Governor Han Fu-qu's efforts for some kind of revised traditionalism did not produce significant results before the Japanese armies occupied Jinan. Urban linkage to the countryside withered under Japanese occupation and never revived under Nationalist efforts after Japan's defeat.

Today at the beginning of the 21st century's second decade the picture could not be more different. China is being transformed into an urban society at amazing speed. In my September 2009 visit I saw Jinan has grown up and out with whole districts built on what were village fields ten or fifteen years ago. Its airport is bustling; superhighways crowded with trucks, buses and private cars, new apartment towers and large public buildings are everywhere. It will soon be linked to Beijing and Shanghai by high speed rail. Its old sights are still there such as Leaping Springs or Daming Lake but obviously preserved as keepsakes from the past. In this Jinan is, like most of China's cities, transformed by the rapid tide of urbanization.

In the new urban centered China which is emerging before our eyes, the history of pre-1949 Chinese urban change may be much more relevant. Since my book was published, many other historians have delved into the record of early 20th century Chinese urbanism and gone far beyond my initial foray. They include William Rowe, Marie Claire Bergere, and Leo Ou-fan Lee just to mention a few.

Their works and those of others show the record of Chinese urban life from 1900 to 1950 encompasses Chinese passion for new style education, the development of mass media, a knack for international commerce, practical industrial innovation, acceptance of new style banking, new kinds of housing, changing patterns of dress, new means of entertainment, and even different kinds of marriages and living arrangements. These are the trends found everywhere in today's Chinese cities.

The most singular contrast however is replacement of the weak, poorly financed governments of the pre1949 era by a wealthy, strong state with both the means and the political control needed to accomplish enormous change. The lack of such a state was, more than anything else, the rock upon which early 20th century urban change foundered. Semi-colonial control in China's port cities before 1949 is still decried but in reality it did not hold back real urban change any more than today direct foreign investment is detrimental to China's growth. Foreign imperialism harmed the Chinese nation, but until the Japanese invasion probably was not a major cause of 20th century China's problems.

Today's strong Chinese state does not mean that all Chinese nor all urban residents are fairly treated or that injustices or corruption have disappeared. Almost every day we learn of new protests against official malfeasance or learn of new cases of corruption. The record of early 20th century Chinese urbanization reveals similar patterns in which that close connections, informal arrangements and outright corruption were involved in establishing public utilities, licensing of new factories, and setting terms of commercial exchange. When such arrangements run rampant as they did in Jinan under the warlord Zhang Zong-chang during the late 1920s, the urban economy may shudder and contract. Still to some extent these problems are an inevitable dark side of social transformation.

Above all my studies of early 20th century Chinese urban life left me with a sense of the great creativity, adaptability, and promise that was found among the Chinese in Jinan but ultimately failed. Today, I see these same forces magnified and benefiting from a strong, but decentralized autocratic state producing a remarkable and irreversible change in China.

David D. Buck
April 12, 2010

致 谢

本研究在东亚、欧洲和美国的众多图书馆和研究机构中进行。斯坦福大学胡佛研究所东亚藏书馆（East Asian Collection, Hoover Institution），台湾"中央"研究院近代史研究所，东京东洋文库，华盛顿美国国家档案馆（U.S. National Archives），伦敦公共档案馆（Public Record Office），纽约市宣道研究图书馆（Missionary Research Library），这些机构的工作人员，都极为热心地为本研究提供他们珍贵的藏书资料和工作设施。本研究的一些部分是我在斯坦福大学读研究生期间所做的，我十分感谢斯坦福大学提供的奖学金资助，在当时这是根据《国防教育法案》（National Defense Education Act）所提供的。

写作本书的想法，来自我的老师 Chao Ming 帮助我培养的对山东的兴趣，还有魏斐德（Frederic Wakeman）的鼓励。Lyman Van Slyke 耐心地指导本书第一部分的初稿的写作，当时这是作为我在斯坦福大学的博士论文。很多朋友和同事，包括艾凯（Guy Alitto）、甘乃元（Jerome Cavanaugh）、张朋园、Edward Friedman、曼素恩（Susan Mann Jones）、李恩涵、Timothy Ross、Richard Sorich、施坚雅（William Skinner）、王尔敏、韦慕庭（C. Martin Wilbur）和武雅士（Arthur Wolf）都为我提供了重要的原始资料。

马若孟（Ramon Myers）和 Rhoads Murphy 慷慨地阅读了我的书稿，并给予宝贵的建议，他们的很多建议都已经纳入本书中。Craig Canning、Frank Dorn 将军和 Janet Salaff 在一些重要问题上提出了他们的见解。修订过程得到 Autumn Stanley 的大力支持，极大地改进了我笨拙的行文。Carolyn Dulka 在几次修订过程中为书稿打字。剩余的所有错误均应归咎于本人。

阐释这样一种历史学研究会遇到很多问题，但是我得到了很多帮助。斯坦福大学出版社的 J. G. Bell 允许我使用几张山东地图，这些地图最初发表在《处于两个世界中的中国城市》（*The Chinese City Between Two Worlds*）一书中。威斯康星大学密尔沃基分校制图实验室（cartographic laboratory）的 Donald Temple，根据我的草图绘制了地图和示意图。苏阿冠（Trev Sue-a-Quan）提供了 1974 年济南繁忙街道的照片。我的兄弟 Bruce M. Buck 也帮了我一把，为一些因质量差而无法翻印的济南照片重新进行绘图。济南的航拍图来自美国国防情报局（the United States Defense Intelligence Agency）的档案。Ke-lien Chiu 为汉字表（Character List）和参考文献书写了汉字。

鲍德威

1976 年 7 月 20 日

于威斯康辛州密尔沃基

插图索引

图 1　济南的城墙 ································ 16
图 2　济南的商业街，约 1905 年 ················· 18
图 3　约 1906 年的济南 ························· 44
图 4　大明湖中的名胜——历下亭 ················· 53
图 5　1920 年代普利门外的新建设 ················ 136
图 6　此航拍图所展现的是济南城的西南部分 ······· 187
图 7　此航拍图的中间偏左部分是济南外城的东北角 ·· 188
图 8　1974 年济南的商埠区 ······················ 205
图 B.1　1776—1974 年间的济南人口 ············· 229

地图索引

地图 1　1890 年代的山东 ························ 21
地图 2　1920 年代的济南 ························ 98
地图 3　1928 年的济南及其直接腹地 ··············· 127
地图 4　1930 年代的山东 ························ 155
地图 5　1974 年济南城市功能分区示意图 ··········· 203

表格索引

表 3.1　1901—1911 年历任山东巡抚 ……………………………… 40
表 3.2　1909 年山东省谘议局议员的教育水平 …………………… 58
表 4.1　山东的督军（1911—1916 年）…………………………… 72
表 5.1　山东督军（1916—1928 年）……………………………… 97
表 5.2　山东省长（1919—1925 年）……………………………… 97
表 6.1　1920 年代初在济南的主要山东商帮 ……………………… 128
表 6.2　1923 年济南的新式银行 …………………………………… 129
表 6.3　1914—1915 年间济南的面粉厂 …………………………… 133
表 6.4　1922 年的山东省预算 ……………………………………… 139
表 7.1　20 世纪 30 年代济南的报纸 ………………………………… 169
表 A.1　1901—1911 年济南的大型工业企业 ……………………… 215
表 A.2　1914 年济南的主要工业经营厂商 ………………………… 216
表 A.3　1926 年济南工业调查 ……………………………………… 217
表 A.4　1933 年济南工业调查 ……………………………………… 218
表 B.1　1772 年济南的人口 ………………………………………… 222
表 B.2　1837 年济南的人口 ………………………………………… 223
表 B.3　19 世纪晚期关于济南人口的估测 ………………………… 223
表 B.4　1914 年济南的人口 ………………………………………… 224
表 B.5　1919 年济南的人口 ………………………………………… 225
表 B.6　1933 年济南的人口 ………………………………………… 225
表 B.7　1942 年济南的人口 ………………………………………… 226
表 B.8　1787—1970 年山东的人口 ………………………………… 227
表 B.9　济南的人口占山东总人口的比例 ………………………… 228
表 B.10　1949 年以来济南的人口 ………………………………… 229
表 1　关于济南近代城市史研究成果的不完全统计（按出版日期排序）…… 245

第一章
济南与中国近代史中的城市问题

本研究有两个目的：探索20世纪前半叶中国的某个城市是如何成长和变化的，并用那个城市的经历去探寻城市在中国近代史中所扮演的角色。我所考察的城市是山东省会济南，清末一个三流的贸易城市。在本书所研究的时期中，济南成为华北一个重要的铁路枢纽，并提升了其在政治和行政上的重要性。

对于大多数研究中国近代历史中中国城市的学者来说，预先占据他们头脑的问题是，这些中国城市在多大程度上达到了它们被期望扮演的角色要求，即作为一种新经济、新社会、新政治体系的中心，将这种变化传递到其他地方，带动中国向一个强大的现代国家的方向转变。当然，这种城市角色的形象，来自于19世纪西方具有现代化和进步性意义的工业城市的概念。直至1949年，这种形象不仅主导了西方人的观点，也主导了那些希望改变中国的中国人的观点。让我们从某些细节看一看西方的模式。

在19世纪的欧洲和北美，蓬勃发展的工业城市，以前所未有的方式聚集了生产、人口、技术和经济力量，城市生活也随之转型。从新的工业技术应用于产品生产开始，一连串因素导致大型工业生产设施在城市中建立：已有交通方式的迅速扩展，以及新的交通方式的发展，它们都被用于连接工业城市和它们的原料供应地及市场，以及随着工业生产的增长而发生的国民居住模式的根本性变化。向城市的移民很快使很多西方国家的人口在城市中聚集。这个在发达国家中仍以变化形式持续的过程，称为城市化。[1]

19世纪经典模式的城市化，既包括劳动力的细致分工，也包括与之相伴随的劳动力专业化的增长。专业化是工业化全部复杂性的一部分，而工业化要求配套的金融、分配和销售，都比过去所知的形态更复杂。这些经营活动通常聚集于独立的商业区中,靠近主要的交通枢纽地区,它们甚至比工业生产本身更集中于城市中。

19世纪,城市增长使得它们很快就突破了前工业时代的边界。上层阶级、中产阶级和工人阶级的住宅区出现,然而它们没有20世纪中叶的西方城市中那样对比鲜明。[2] 工人阶级居住区通常出现在工业区中。最贫困的阶层只能在最不理想的位置找到遮风挡雨的地方,经常是紧靠有害健康的交通和工业设施的地方。

新的工业城市中的社会秩序,反映了这些城市的规模和复杂性正在增长。阶层的差异更为强烈,阶层的冲突则通过劳动分工和居住模式的分化而更为结构化。男性和女性的角色,儿童和老人的角色,都发生了变化以适应工业和城市发展的要求。当国家控制的学校教育规范化的时候,儿童更强烈地感受到这些变化。让一生的工作习惯突然断裂的退休——这对于此前的农业生产者来说是闻所未闻的——成为城市工人通常的经历。

城市生活的范围和复杂性,也鼓励我们特别关注特定的艺术和创造活动,这些活动经常得到商业和工业巨头们的支持。城市环境中潜在的利益和活动的繁衍所创造的文化模式,比大多数前工业城市中通常情况下的城市文化更有生命力、更复杂。新的城市文化在某种程度上,也是对于更为复杂的工作的回应,以及对于因向城市移民而远离地方社区压力、获得更大自由的一种反应。

个人自由的扩大通常被认为是新时代所带来的好处。然而,不是所有正在发生的变化都这么具有积极性。很快人们也认识到,大的工业城市具有那些令人不快的社会现象,如贫困、过度拥挤、疾病、童工和犯罪。[3] 为了在这种环境下保持基本的社会价值,各种各样的城市社会改革运动兴起,它们集中于童工、医疗问题和住房等重要议题。一大批调节性的和社会服务性质的机构建立起来,包括警察局、消防局、孤儿院和慈善机构,以应对工业城市中的社会问题。

其中有一些是私人发起的活动,但是大多数是由城市政府管理的公共机构发起的。城市政府在工业时代得到极大的扩张。筑路和道路照明、供水、污水处理、公共交通,这些仅仅是工业城市所承担的很多责任中最显著的。这些服务的融资和运营十分昂贵。需要筹集大量资金用于前期建设,需要招募大量技术性员工并付报酬。

很显然,城市生活所需要的服务远多于乡村地区的所需,这是城市得到相当大税收权利的部分原因。尽管在意大利的城邦国家之后，还没有城市得到完全的财政和行政自治，但是19世纪的工业城市也获得了必不可少的权力，以管理自身的事务。欧洲具有一定程度上的城市自治的传统，这在很多地方推动了上述过程。在19世纪末，典型的工业城市都具有强烈的自我认同感。城市以促进、扩展和提升自己为目标，并拥有完成这些任务所需的大多数行政自治权。

城市政治权力通过一系列正式和非正式的代议制机构发挥作用，这些机构使城市的行政决策合法化。这些政治实体的选拔形式和手段多种多样，但是通常它们反映了富裕的、出身名门的城市居民的利益。19世纪的城市政府存在大量缺陷，特别是美国城市中常见的寡头政治形式，但是强有力的自由改革运动，集中于推动政府更高效地服务于城市居民。

在19世纪的观念中，城市成为整个社会变化与进步的所在地。城市所扮演新角色的核心，是它作为生产中心的重要性日益增长。在19世纪的西方，在国民生产总值以及全部就业岗位中，城市所贡献的份额日益增长。城市是西方国家经济中首要的增长点。乡村地区显得变化迟缓。人们相信科学、技术、学习和人类活动中其他方面的新发展仅仅发生于城市中，这种观念一直延续到我们这个时代。城市过去是并且现在对于我们来说仍然是生活的核心，极为重要的信息和影响从城市中扩散到社会的其他方面。

19世纪工业城市的概略描绘，是我用来衡量济南历史的标准。济南向着一个工业城市的特性的方向发展，在这种程度上，我认为这是"发展"。19世纪城市职能的概念，被学者和大众作家所研究和描绘，他们通常假定工业城市的特征代表了所有城市的未来。同样，很多西方专家继续建议发展中国家，如果它们希望现代化，那么就建设大规模的中心城市，并从西方引进富有活力的技术、经济和政治形式。

实际上，二战后西方支援的绝大多数经济发展计划，都含有这种固有的城市偏向。这些计划中所需要的交通网络和以城市为中心的公共服务基础设施，倾向于集中生产和分配，同时进一步把发展中的本地经济与国际经济秩序更紧密地联系起来。这种计划几乎总是带来相当大的城市增长。

在政治发展理论中，萨缪尔·亨廷顿（Samuel Huntington）延续了城市偏向，他认为城市永远是走向现代化的第一突破口。之后随着乡村开始接受现代观念和城市的控制，将会有几种可能的发展态势，但是在现代化的过程中，城市和乡村之间总是会有差距。[4]对城市发展的这种强调，在西方的经济学家、政治学家和规划师中依然持续，尽管在近几十年西方城市生活中，丑恶问题仍在继续。

以城市为变化的中心，这种偏向在1950年之前表现得尤为突出，而在探讨中国应该以什么样的方式进行现代化的时候，此类探讨往往被这种城市偏向所塑造。正如罗兹·墨菲（Rhoads Murphey）所断定的，"外国力量总是以城市形态存在于中国，正如外国人试图推动的现代化的形式一样。"[5]19世纪和20世纪的欧洲和北美国家，花了相当长的时间将他们的城市文明移植到亚洲、非洲和拉丁美洲。当很多本土改革家在展望一个免于外国政府主导的时代时，工业城市的模型在这些改革家的思考中必然扮演着一个重要角色。在中国，在关于中国现代化道路的不同理解中——包括外国的和中国的革新观念——这种工业城市的模型是其核心。在美国接受教育的自由主义哲学家胡适说：

> 很明显，并不是所有这些物质层面的转型（在生产和物品交换中）都能触及广阔的中国内地，它们只是在城市中才发生。
>
> 城市总是变化和进步的力量所覆盖的中心，贸易、工业和教育设施吸引人们远道而来。[6]

与此同时，城市生活对久已确立的社会生活模式所造成的影响，又让胡适感到不安："绝不能低估城市文明的影响。它意味着旧式家庭的解体，与家庭和宗族联系的脱离，生活和工作习惯的变化，与新形式的社会组织的接触，女性和儿童进入工厂，个人自主决定是与非，新的诱惑和需求。"[7]胡适对工业城市时代不良后果的忧虑，在他那个时代是非常典型的，在其他中国知识分子如冯友兰和费孝通的写作中也有体现。[8]

对于中国人来说，第一次发现新的城市生活世界，是在中国沿海和内地航道的约开商埠（treaty port）和大型贸易城市中。这些城市聚集、储存、处理和分销商品，是国际贸易的命脉。它们最初建立在西方主导的海运交通之上，在20世纪随着铁路、内河轮船运输和公路的建设而扩展。大多数中国人和外国人都认为，约开商埠是"西方文化的温床"[9]，它必然会带来现代化。在南亚和东南亚的殖民地中，类似的沿海贸易城市，很多同样也是首要的殖民地行政中心。地理学家把这些城市中最大的、最具有影响力的城市称为"首位城市"，仰光、马尼拉和西贡是这种城市中极好的例子。[10]

当然，中国从来不是欧洲的殖民地，但是条约体系中涉及的城市明显带有殖民地属性。上海、天津、福州、武汉，以及其他几十个约开商埠，都是以约开商埠这种殖民地城市模式的变体形式塑造而成的。透过外国人管理的大清海关的运作，我们可以发现中国约开商埠体系的实质。在条约体系下，外国进口商缴纳低价的子口半税以获取运照，使他们的货物豁免随后所有的内地通过税，进而免除所有的厘金（内地通过税）和其他阻碍中国内地贸易的地方税。[11]与这种经济偏向相伴随的是治外法权，它允许外国人建立他们自己的法院、警察和民事行政机构。外国力量希望在这些约开商埠中驻扎和使用他们占据优势的军事力量，这是这些城市的特征中另一个重要方面。上海是最大和最重要的约开商埠。在那里，外国租界有自己的城市管理权和税收权、自己的法院、拥有刑事和民事司法权。城市的其他地方——拥有远多于外国租界的人口——仍处在中国政府的管辖之下。

因为约开商埠和殖民城市服务于侵占其地的外国人，在1950年左右殖民主义时代结束之后，这些城市就开始经历彻底的重新评价。近期研究东南亚和拉丁美洲沿海城市的学者，强调这些城市的寄生性质，并把它们正在发生的这种变化，与19世纪经典意义上的真正的城市化区别开来。[12]

根据这些作者的观点，人口和经济因素说明了问题。与19世纪西方工业城市不同的是，寄生的殖民城市虽有增长，但却并没有与之伴随的人口从乡村住所向城市住所的转移。因此，出现在殖民主义世界中的巨型城市中心，只是一般性的人口增长模式，而没有带来全国人口分布的显著性变化。在非西方世界，人口主要分布在乡村，主要的沿海城市经济体系，甚至在殖民主义时代终结之后继续得以建立，剥削城市周边的腹地从而服务于外国人的经济利益。

西方殖民主义并没有创造机会，让殖民地沿着殖民主义力量所设置的线路实现现代化，相反，它毁灭了殖民地——或者在中国这个案例中是半殖民地——并使之成为剥削性体系中的一个附庸物。这种观点在1916年列宁的著作《帝国主义是资本主义的最高阶段》中得到最强有力的表述。追随列宁的观点，毛泽东和中国共产党断定：尽管城市中有少量重要的无产阶级，但党不应该把自己的工作重心放在这些城市中——无论是约开商埠还是中国的其他大城市——因为反动力量聚集在那里。在毛泽东的著作中，对城市的批评达到了顶峰：

因为强大的帝国主义及其在中国的反动同盟军，总是长期地占据着中国的中心城市，如果革命的队伍不愿意和帝国主义及其走狗妥协，而要坚持地奋斗下去，如果革命的队伍要准备积蓄和锻炼自己的力量，并避免在力量不够的时候和强大的敌人作决定胜负的战斗，那就必须把落后的农村造成先进的巩固的根据地，造成军事上、政治上、经济上、文化上的伟大的革命阵地，借以反对利用城市进攻农村区域的凶恶敌人……这样，就使得在一方面，中国革命有在农村区域首先胜利的可能。[13]

毛泽东关于农村阶级斗争的发现，以及他把这一冲突转化为中国革命动力的努力，在这里无需赘述。中国共产党在农村的实践经验，使得这种由列宁的帝国主义理论逻辑而来的对城市的厌恶感继续得到强化。在当今中国的发展计划中，明显有对农村工作和生活方式的偏好。中国的规划者已经发明了一套广泛的技术和组织，用以革新中国的农民，而不是像其他地方现代化的主导模式一样，用城市化来改变人民的态度和习俗。这些试验包括合作化农场、农村合作社、人民公社、生产建设兵团、小规模乡镇工业、青年上山下乡，以及用于为城市行政干部和技术人员提供农村工作经验的五七干校。

这些并不意味着1949年之后中国城市停止了增长。中华人民共和国允许已经建成的城市有相当大的增长，而且审慎地促进特定的新城市地区的增长。然而，中华人民共和国经济计划中对自力更生的大力强调，导致中国城市经济进行全面重新组合，甚至是上海和广州，也远离了任何与寄生的半殖民体系类似的东西。中国人自己使城市的独特特征，清楚地表现在所有与城市生活相关的物质中。1949年之前的城市被称作"消费性"的，因为它们从中国内地攫取财富，用于中国和外国居民的消费，也用于出口。解放后的城市要成为"生产性"的，作为工业产品的生产源为中国的社会主义做贡献。[14]同样明显的是，中国试图实现无需欧洲、北美和日本那种城市化水平的现代化。强制推行这种显著不同的城市发展方式，成为济南城市史上一个方便的断代点，也是我把这一研究截止到1950年的主要原因。

因为这些原因，研究中国的学者对中国农村状况的关注，远多于对城市发展的关注。最显著的例外是罗兹·墨菲，他1953年的著作《上海：现代中国的钥匙》(Shanghai: Key to Modern China)，至少在题目中，把约开商埠看作是中国城市性(urbanism)的代表。一般来说这是正确的，但是本书所讨论的独特个案济南，则不是一个约开商埠,尽管济南与中国人控制的其他城市的发展,都强烈地受到约开商埠模式的影响。

在墨菲关于上海的这部书中,他没有声称上海代表中国城市的未来。在中华人民共和国建立之后的最初几年当中,墨菲写道:"上海是一个两种文明相遇而谁也没有占上风的地方。"[15] 在1974年出版的另一本书中,墨菲回到了"约开商埠在中国现代化的过程中起到什么样的作用"这一问题上,并且强化了自己早期的观点,即约开商埠代表了一个与真实的中国分离的外部世界:"约开商埠代表了一种西方模式的、新的和独占式的城市现象,而中国的其他地方不仅依然保持着农村的主导,而且存在一种本质上不同的城市模式(在它们存在的地方),这些城市也与它们的乡村腹地保持着更为密切的共生关系。"[16] 为了支撑他的观点,墨菲收集了关于传统中国社会晚期,区域内和区域间大型贸易的资料,断定无论是通过把外国市场需求加入中国的整体市场需求中,还是通过将已有的贸易转移到约开商埠的贸易渠道中,约开商埠对这种贸易都只产生微小的影响。墨菲也介绍了约开商埠中分裂的和权力有限的政治当局,以说明这些城市对于晚清和民国时期混乱的政治并没有起到决定性的影响。

墨菲认为,约开商埠具有重要影响的地方是新技术的引进。他也承认,在约开商埠大量出现的新观念和文化模式,深刻地挑战了长期建立起来的中国模式。但是根据墨菲的观点,即使是这些挑战,对支撑中国民众日常生活的思想观念也只有微小的影响,因为"无论是从直接还是间接层面,绝大多数中国人的生活方式都没有受到影响"[17]。

因此,关于中国近代历史中的城市,我们有三种独特的观点。第一种把西方模式的工业城市看作未来的方向;第二种把它们看作帝国主义的危险堡垒;第三种把它们看作本质上与中国深刻的、稳定变化的潮流无关的、外生的东西,而深刻而稳定的变化潮流才决定了近代中国的命运。在我几年前开始这项研究的时候,一个清楚的问题是,在采纳任何一种解释或者提出新理论之前,我们还需要进一步的调查。

根据本书的研究,我断定济南实现现代化的能力,极大地取决于该城市中所发生的经济变化。在1890年至1949年这段时期,济南经历了商业活动的极大增长以及某些工业化,但是政治局势中的一些因素——既有外国的也有本地的——则使该城市长期的商业发展变得混乱,并且阻碍了其经济扩展的全部潜力的发挥,甚至是在国内稳定的时期。

随着这一研究的进展,我发现了一些研究成果,由此我改变了关于1890年之前中国经济的本质的观点:中华帝国晚期的中国经济不是"未发育"的,而是一个发展良好的前工业经济,在那里,生产活动是在千百万农业和手工业劳动者的双手中发生的,他们主要居住在农村,不属于任何大型的或专业化的生产单位。正如施坚雅(G. William Skinner)的著作中所说的,这些生产者通过精巧而灵敏的市场体系与消费者联系起来。伊懋可(Mark Elvin)把这种经济的特征描绘为在"高水平均衡"之上的运作。中国经济不是没有问题,问题主要就在于,当快速增长的人口的需求,超过了这种模式下生产的最大能力时,它却无法突破生产和分配固有的主导模式。[18]中国开始追赶西方的发展道路,但其基础与非西方世界的很多其他地方非常不同。

此外,经济发展领域的专家,现在也在他们的理论著作中承认,没有一种单一的现代化模式,可以让世界上所有国家在此聚合。[19]特别是把中国放入基于西方城市工业化经验的单一聚合模型的企图,遭到一些专家的质疑。这一问题几乎是不可避免的,因为1949年以后中国显然正在发展,但却并没有采纳西方城市工业化模型中的很多关键模式。中国的人口依然保持了居住上以农村为主、职业上以农业为主的特征。大量研究关注小型和中型工业,不仅在城市中也在乡村中。中国人显然采取了限制城市发展的政策。他们强调城市和乡村地区的"自力更生",定期把个人纳入某种工业或农业劳动中去。这仅是一些征兆,表示"现代化"的中国将会与过去或现在的理论家之前所想象的非常不同,这些理论家以西方城市工业化的经验为基础来预言中国的未来。

中国在一个与其他大多数非工业化国家都不同的基础上开始发展,并且正在走向一个与西方模式非常不同的方向,然而这并不意味着西方的经验就完全与中国不相关。因为正如随后的章节中将会清楚展示的,在半个世纪之中,西方模式是中国人和外国人关于中国未来的思考的主导模式,它深刻地改变了传统中国的城市生活。

但是为什么研究内陆城市济南?既然大多数人都看到,西方工业化城市主要是在约开商埠中得到例证,为什么不选择它们中的一个?为什么不研究上海、天津、或者甚至是青岛,这个德国人在山东半岛建立的港口城市?答案是,我试图找到一个具有最佳潜力的中国城市,能够满足西方的工业城市模式,而不是一个具有代表性的中国城市。济南最初进入我的视线，正是因为它从未被指定为约开商埠，也没有成为外国人管辖的飞地。在本书所研究的 60 年的历史时期中，政治当局掌握在中国人手中，现代化的计划也由中国人自己制定和实施。此外，济南在 12 世纪之前就开始成为重要的政治城市，并因此具有作为政治中心的根深蒂固的特征。同样的情况只能说对少数约开商埠也成立，如福州、广州和长沙。因此，济南不像上海、天津以及其他大多数约开商埠，它代表中国人沿着现代化道路管理自己城市的努力。

我的研究越向前进展，我越确信，作为中国人控制的城市发展的发生地，济南可能是最佳选择。1949 年之前，中国拥有 5 个人口在 100 万以上的城市：上海、北京、天津、广州和南京。在这些城市中，只有作为国家首都的北京从未成为约开商埠。1938 年，除了日本统治下的东北，有 9 个中国城市的人口在 20 万到 100 万之间。青岛、杭州和重庆超过 50 万人；济南、长沙和成都超过 40 万人；苏州、福州和开封超过 30 万人；南昌、无锡、宁波、湛江、温州、西安和徐州超过 20 万人。[20] 在这些城市中，济南把经济和政治的中心性最好地结合起来，与外部有一定的联系，又避免直接的外国控制，这种结合应该使得经典的 19 世纪城市发展模式中快速的工业、商业、政治和社会发展成为可能。

下面的章节讨论的是六个不同时期的济南的历史：19 世纪晚期，1900 年代清朝的新政，中华民国的前 5 年，1916 年到 1927 年不幸的军阀混战，南京政府的 10 年，以及最后一个阶段——1938 年到 1948 年的抗日战争和国共内战。在每一阶段我都试图呈现这个城市的图景，包括它的政治、经济、社会和文化生活。同样，我也把这些正在发生的变化与整体性的问题联系起来，即济南是如何向着西方的城市化模式前进的。

济南位于人口稠密的华北平原，靠近已经建成的连接主要商业城市的跨地区交通线，并且靠近广阔但尚未开发的煤田，除此之外，其他三个因素对于济南的现代化也是决定性的：外国的影响、中国的政治领导，以及经济变化的一般模式。在济南历史上这六个时期中的每一个时期，我都选择了这三个因素最重要的表现形式，并试图分析每个因素是如何与济南现代化这一总体性问题联系起来的。在下面的章节中，只要有可能，我都会尽力去鉴别和描述那些在济南掌握了政治、经济和社会权力的人，他们大多数是中国人。这是本书题目中所含的"政治"元素。我希望通过这些描述来阐明这样一个问题，即 1890 年到 1949 年中国的权力是如何运作的，特别是它是如何以一种不同于19世纪的方式运作的。这就涉及一个长期存在的争论的核心，这一争论的主题是中国近代史中士绅权力的本质，以及1850年之后，特权阶层是如何使他们的传统权力适应于处在变化中的中国社会的。

在这些关于政治权力的问题中，同样重要的是军阀问题。这一问题在近些年已经成为相当多学术研究的主题，其中很多涉及的是军阀的人格特征，他们相互竞争的权力关系，以及军阀主义的政治动力机制。[21] 在考察济南这个城市的时候，我一方面针对济南的几个军人统治者来描述军阀权力中的那些重要方面，同时我也试图仔细观察军阀在中国城市中运用权力的方式，并把他们在政治利益上存在的分歧，与城市中其他政治群体的利益联系起来，尤其是士绅和商人。

在研究济南的经济问题时，在我所掌握的资料的基础上，我会尽可能地阐明投资者的社会背景。整体情况是，官员和中外私人资本之间的社会关系多种多样。这一系列社会关系的范围，从袁世凯鼓吹的、显然源自19世纪官督商办模式的项目，到1930年代产生的国家资本主义形式，那时省政府接管了此前由私人投资者掌握但却无法盈利的公共服务。

在各种经济形式中，有两种形式应该引起特别关注：买办资本主义和官僚资本主义。在中国近代经济史中，它们都作为消极的影响而被通俗地加以引用。买办资本主义是指商人中一些特殊阶层的投资和经济活动，他们最初的财富来自为外国贸易公司做代理或雇员。尽管买办阶层也有自己的辩护士，但是买办通常被看作在中国近代史中有着不良的影响，因为他们的爱国精神和投资动机都很成问题。在济南，有些早期投资就涉及官方合作或者垄断特权，从而得以攫取买办资本。尽管有证据表明，在五四运动时期反日民族主义运动中买办商人并不在最前线，但也仍没理由认为他们对济南的经济发展造成了危害。

官僚资本主义是一个更为模糊并且可能是具有误导性的术语，它最频繁地被用以象征1930年代到1940年代国民党统治下的主导经济状况。根据中国的马克思主义历史学家对这一术语的使用，官僚资本主义有两个阶段。[22] 在第一个阶段，南京的国民党政府控制了中国私人资本家的经济活动。他们特别喜欢举的例子是1930年代国家对私人银行日益增强的支配。他们认为这一趋势在抗日战争期间（1937—1945）是一直持续的，因为这一阶段国民党由于战争的危局，而被迫把越来越多的私营工厂改为国有企业。根据中国的马克思主义历史学家的观点，官僚资本主义的邪恶本质并不在于其国家资本主义的最初阶段，因为在马克思主义理论中，这可能正是这种经济形式在未来向社会主义转型的基础。中国的问题在于，几个大家族掌控了国民党政府，并且因此让国家资本主义为他们的私利服务。根据这些观点，这种特殊形式的官僚资本主义的邪恶之处，在1945年之后变得尤为明显，这就是第二个阶段，国有资本——包括近期从战败的日本人那里获得的资本——被官僚廉价出售给他们的家族，或是与国民党紧密联系的江浙财阀中的某些人。

具体到济南这一案例中，并没有证据表明官僚资本主义这种独特形式毁灭了城市经济。一个重要的原因是，济南的经济在1945年之后从未完全恢复，无法让任何投资者可以利用国有资本来进行他们的私人投资。然而，官僚资本主义在济南仍然扮演了一个重要的角色，特别是在1916年到1930年代早期之间，一些与北洋派系特别是安福系有联系的人，运用他们的官僚职务，通过使用官方资金和日本投资进行工业投资来为自己牟利。这种官僚资本主义的早期阶段，将会是本书着重关注的。

正如随后章节中将会阐明的，创造了1949年之前为外国人和中国的领导者所展望的那种发展成就的那些城市因素，甚至不是济南所独有的优势。与此同时，济南和很多其他中国城市，已经成为新的铁路和机动化运输系统的一部分，将贸易由旧的通道转移到新的通道，而这正是源自西方的经验。那些城市也成为源自西方城市工业社会的新文化和新技术的中心，并被中国社会中一批重要而有权力的阶层所接受。接受和理解这些现实，可能有助于阐明20世纪中国的城市变迁这一整体性问题。下面就让我们开始考察19世纪末期的济南。

注释：

[1] A. F. Weber 对此有经典研究，*The Growth of Cities in the Nineteenth Century*, New York：Macmillan，1899。Asa Briggs 对此也有出色的研究，*Victorian Cities*, London：Oldhams，1963。

[2] 参见 Brian J. L. Berry, *The Human Consequences of Urbanization*, New York：St. Martin's Press，1973，pp. 27–73；James H. Johnson, *Urban Geography: An Introductory Analysis*, London：Pergamon Press，1967。

[3] 在美国，Louis Wirth 在他的重要文章 Urbanism as a Way of Life [*American Journal of Sociology* 44，1938：pp. 1–24] 中，得出这样一个结论：城市会带来特定的社会弊病。

[4] Samuel Huntington, *Political Order in Changing Societies*, New Haven：Yale University Press，1968，pp. 397 ff.

[5] Rhoads Murphey, "The Treaty Ports and China's Modernization," in Mark Elvin and G. William Skinner, *The Chinese City between Two Worlds*, Stanford：Stanford University Press, p. 67.

[6] Hu Shih (胡适), *The Chinese Renaissance*, Chicago：University of Chicago Press，1934，p. 96。

[7] 同上，pp. 96–97。

[8] 冯友兰，《辨城乡》，载《新世训》，上海：商务印书馆，1940 年；以及 Fei Hsiao-t'ung (费孝通)，*China's Gentry*, Chicago：University of Chicago Press，1953，pp. 95ff。

[9] 这一说法来自 E. R. Hughes, *The Invasion of China by the Western World*, London：Black，1938，p. 268。

[10] 参见 Philip Hauser, *Handbook for Social Research in Urban Areas*, Ghent：UNESCO，1965，p. 101；以及 T. G. McGee, *The Southeast Asian City: A Social Geography of the Primate Cities of Southeast Asia*, New York：Praeger，1967，pp. 52–75。

[11] H. B. Morse, *The Trade and Administration of China*, London：Longmans, Green，1913，pp. 226–228。

[12] 参见 McGee, *Southeast Asian City*, pp. 15–28；Andre Gundar Frank, *Capitalism and Underdevelopment in Latin America*, New York：Monthly Review Press，1967，pp. 3–14；Gerald Breeze, *Urbanization in Newly Developing Countries*, Englewood Cliffs, N. J.：Prentice-Hall，1966。

[13] 《中国革命与中国共产党》（1939 年 11 月），载《毛泽东选集》（英文版，四卷本），北京：外文出版社，1965 年，第二卷：第 316—317 页。

[14] 参见 Joint Publication Research Service（美国联合出版物研究处）5258，*Urban Construction in Communist China*, part 2, August 1960。这是从反映该观点的《城市建设》（1959 年 10 月）中摘取和翻译的文集。

[15] Rhoads Murphey, *Shanghai: Key to Modern China*, Cambridge：Harvard University Press，1953，p. 9。

[16] Murphey, "Treaty Ports", in Elvin and Skinner, eds., *The Chinese City Between Two Worlds*, p.57.
[17] 同上, pp.67—68。
[18] 特别要参阅以下文献: Mark Elvin, *The Pattern of the Chinese Past*, Stanford: Stanford University Press, 1972; Ramon Myers, *The Chinese Peasant Economy: Agricultural Development in Hopei and Shantung, 1890–1949*, Cambridge: Harvard University Press, 1970; Evelyn Sakakida Rawski, *Agricultural Change and the Peasant Economy of South China*, Cambridge: Harvard University Press, 1972; Gilbert Rozman, *Urban Networks in Ch'ing China and Tokugawa Japan*, Princeton: Princeton University Press, 1973; W.E. Willmont, ed., *Economic Organization of Chinese Society*, Stanford: Stanford University Press, 1972; and G. William Skinner, ed., *The City in Late Imperial China*, Stanford: Stanford University Press, 1977。
[19] Berry, *The Human Consequences of Urbanization*; Walter B. Stohr, *Inter-urban Systems and Regional Economic Development*, Washington, D.C.: Association of American Geographers, 1974; and Anthony R. de Souza and Philip W. Porter, *The Underdevelopment and Modernization of the Third World*, Washington, D.C.: Association of American Geographers, 1974.
[20] Dwight Perkins, *Agricultural Development in China, 1368–1968*, Chicago: Aldine, 1969, Appendix E. "Urban Population Statistics, 1900–1958," pp. 290–296.
[21] Lucian W. Pye, *Warlord Politics: Conflict and Coalition in the Modernization of Republican China*, New York: Praeger, 1971; Donald Gillin, *Warlord: Yen His-Shan in Shansi Province, 1911–1949*, Princeton: Princeton University Press, 1967; and James Sheridan, *Chinese Warlord: The Career of Feng Yu-hsiang*, Stanford: Stanford Unviersity Press, 1966.
[22] 对于官僚资本主义的讨论,极大地得益于Lloyd Eastman 的文章"Bureaucratic Capitalism Under the Nationalists",该文提交于亚洲研究协会(Association for Asian Studies)1973年年会。1975年10月在康奈尔大学举办了关于民国时期中国商业和政治的工作会议,该会议得到美国学术团体协会(ACLS)和社会科学研究理事会(SSRC)共同组建的当代中国研究联合委员会(Joint Committee on Contemporary China)的资助。Eastmann 在这次会议上对这些论点和讨论的重述,对于我的这一分析帮助最大。

第二章

19世纪晚期的济南

贯穿1850年到1950年一个世纪的中国历史的,是研究近代中国的学者都十分熟悉的三股重要力量,即经济变革、军事化程度的不断增长,以及不断扩张的外国势力。自然,这三股力量在济南历史中也都扮演着重要角色。经济变革的模式,开始时是在与约开商埠开放和对外贸易扩展有关的商业活动之中最显著地表现出来。但是,不能把经济变革简单解释为外国影响的结果,因为中国的国内贸易也被引导进新的国内贸易线路,而国内商业的某些行业扩展了,其他一些则萎缩了。这对于生产和交易这些商品的人们的生活产生了明显的影响。在本章关于19世纪晚期济南的研究中我们会看到,第一波经济变革是如何导致山东经济中心地(central place)层级的显著转变,并最终导致济南经济地位重要性的增长。同时,这些经济变革催生了一系列新兴的富商家族,他们在19世纪末的影响力并不明显,但在20世纪变得相当重要。

军事化程度的不断增长,在1850年到1950年的济南历史中反复呈现。作为省级最高当局的所在地,济南的政治生活显示出这种军事化的趋势。从1850年代创办防范太平军和捻军的团练开始,到1899年袁世凯的部队来到济南控制义和团暴动,权力的军事化元素在19世纪末的中国开始增长,到20世纪则扮演了更重要的角色。

在军事问题方面,在1894—1895年的甲午中日战争和1898年德国入侵胶州湾两次事件中,外国的影响和出现已经成为一个重要因素。但是对深受帝国主义影响的近代中国历史而言,这些外国军事行动还仅仅是外国帝国主义势力这一更大主题中的一部分。追溯济南的历史,我们应该再三审视外国人如何将他们的观念和方式强加于济南的社会生活的,而中国人又是如何欢迎这些变化中的特定方面,而对其他方面的外国影响则进行不同程度的抵制的。

在这一章我们将会简要考察,这几种重要力量是如何在19世纪晚期的济南和山东引发变革的。对山东省及其主要政治、经济区划的描述,将使我们更清楚济南与其周边地区在政治和经济方面的关系。我们同样也将从物质形态和社会的维度仔细考察济南,因为它是传统中国晚期一个典型的商业和行政城市。

对于英国维多利亚女王时代的人,尤其是对于那些居住在西方人控制的约开商埠的人来说——他们通常把中国视为一个尚未开发的巨大市场,或者一块充斥着等待拯救的灵魂的土地——中国的城市绝对不是变革的主体或中心。恰恰相反,它们是反动堡垒,在这里保守势力对抗西方道德,并企图阻止西方工业主义和商业主义不可避免的到来。正如一位传教士对济南的记述:"直到义和拳之乱,济南府是这个帝国中最保守的城市之一,对外国的任何东西都有一种明显的厌恶。外国人和中国官员之间没有来往……同时民众也(对外国人)持非常敌视的态度。"[1]

在济南的鼎盛时期,这个前工业时代的中国城市充满了吸引力。19世纪末,一位旅行者记录了济南的魅力和宁静:

> 当我到达城墙的北边,我发现我的脚下是一直被盛赞的(大明)湖,湖水丰沛而澄澈,但是杂草丛生。迷人的庙、塔和茶馆,映着夕阳的余晖,矗立在湖岸,倒映在平静的湖面上。随处可见载着小舟聚会的人们;湖岸上还有些孤寂的渔民;苍鹭在浅滩沼泽中寻找猎物;芦苇丛中的野鸭悠闲自在,不被近在咫尺的人所干扰。湖的北岸是一个非常迷人的祠堂(应为铁公祠——译者注),甚至比我在日本见过的更美丽,它是当地人为纪念他们的前任地方官而建造的。[2]

鲁中山区的北部边缘有几个盆地,济南就坐落于其中一个盆地中。露出地表的砂岩承载着由山上流下的地面径流,从而在每个盆地都形成天然的泉水。这些泉水为济南的护城河和著名的大明湖提供了水源①。其中的许多泉也成为风景胜地。旧称济南有72名泉,但鉴于这一城市的地质状况,哪怕在地表很浅的

---

① 在博山、益都、长山和章丘地区也有这种泉。一些地方的泉水可以灌溉水稻。在如此遥远的北方种植水稻有点不同寻常,但无论作为贡粮还是作为常规商品市场中的特优大米,它都是高需求的作物。

图1 济南的城墙。济南（以及任何其他重要的中国城市在其晚期传统社会形态中）最壮观的部分是环绕城市四周的巨大的砖石城墙。图中所示的济南外城圩子墙建于1860年代捻军作乱时期。[鲍德威（Bruce M. Buck）根据一张照片绘制而成，照片选自《山东名所写真帐》，大连：大连美术印刷所，1930年。]

地方开凿一下，也能涌出水流。直到19世纪末期，72名泉的名目还保存着，但其中一些泉的具体地点却发生了改变。[3]

最著名的泉是趵突泉。它之所以叫这个名字，是因为泉水从水池中喷涌而出，水柱足有一米多高。趵突泉位于内城城墙的西南角外，这里在清朝初年有一座寺庙，后来变成一年一度的集市场所。这个集市逐渐演变成19世纪晚期以前济南规模最大、最重要的定期市场。

占据整个城市北部三分之一面积的大明湖也是一大特色，它由流向北部城墙的泉水汇集而成。厚重的城墙早在1370年代济南成为山东省会的时候就已建成。在19世纪末期，城墙总长6.5公里，高10米，城基底部厚度超过20米。在主要城门之上都建有重檐城楼，这已经成为这个城市最引人注目的建筑特征。

济南的城市规划遵循标准的中国式设计：由城墙合围的正方形区域面朝南，每个墙面朝向一个主要方向。济南主要的商业街都是东西方向的大道。由于湖的存在，故没有必要设立北门，但是北部城墙的城楼（应为汇波门——译者注）标明了北极阁的位置。南门照例是最重要的城门，但是南门外的道路仅延伸一小段就到了千佛山脚下。最繁忙的大门是西南角的泺源门，紧邻趵突泉旁边的寺庙和集市。

出泺源门一直贯通到这些集市的，是济南的主要商业街。1880 年代的传教士们给我们留下了一些相关描述。泺源门内的大街上号称有济南最大最好的店铺，那是一层的店面，店门敞开，到晚上打烊时店员们用门板封门。但城门外新的市场区域则日渐活跃和繁荣。泺源门内的第一个街坊包括 12 个不同的机构，有久被裁撤的督抚军门，随后是一家烧饼铺、一家银号，以及一座经营土洋棉布丝绸的大绸布店。过了第一个街坊，街道变得更宽，店铺的规模也更大了。

济南的主要街道及最重要的小巷都用大石板铺成。但每当大雨过后，街上的尘土都会变成厚厚的泥泞，所以即使是主要大街也几乎难以行走。街道两边都会铺成大约一米宽的木制人行道，他们由店主们负责保养。[4]

位于城市西南部、靠近泺源门的庙场，容纳了大规模的专门市场，包括粮食、煤炭、棉花、盐，以及其他地区性的贸易商品。服务于济南居民日常需求的食品市场，散布在城墙内的各个区域。城门外的商业，从街头小贩到坚固的砖木结构店铺，应有尽有。趵突泉周边地区贸易的增长，反映在这一地区内新建的房屋和熙熙攘攘的街道上。在城市的另一端，围绕着东北门也发展起了一个稍小的商业区。三个主门的交通从早晨六点直到中午都有些拥堵，午后交通流量会减小，但从下午四点开始交通又繁忙起来，并持续到夜晚城门关闭之前。

济南的经济建立在行会资本主义的基础上，手工业者群体组织起来以限制竞争、分享市场、维持行规和规范价格。济南最好的工匠和店铺，为官府的官员和住在城里的富裕士绅提供奢侈消费品。济南的商品市场也由专门的商业行会所控制，为济南及其腹地提供商品。后来随着运河和铁路的发展，济南的商品市场所服务的腹地范围大大扩展。来自章丘的商人，尤其是那些与当地的采煤业和银号联系紧密的人，在 19 世纪的济南特别重要。

济南的首要功能是作为山东省的行政中心，其城市规划相当清晰地反映出这一点。位于城市中心的是山东巡抚衙门，衙门占据着大块土地，中间是济南

图2　济南的商业街，约1905年。旧城（指济南府城墙内的内城，加上介于济南府城墙外和圩子城墙内的外城——译者注）内这片狭窄拥挤的商业区，毗邻济南的一个主要城门。请注意男人们的衣着和辫子等传统风格。[鲍德威（Bruce M. Buck）根据照片绘制而成，照片选自 James Boyd Neal, "Tsinanfu, Capital of Shantung", *East of Asia Magazine* 5, 1906: 328。]

最美丽的泉眼之一（指珍珠泉——译者注）。除了巡抚衙门之外，还有些独门独户的大院落，它们是巡抚的主要下属布政使和按察使的衙门。从19世纪早期开始，山东都转盐运使要直接向巡抚负责，其衙门因此也坐落在济南的中心地区。

与中国其他主要的行政性城市一样，济南是几种不同级别的官府的所在地。济东泰武临道道台衙门在济南。济南还有知府衙门，掌管16个县。历城知县同样在济南，历城县直接包围着济南府城。如此多的官员在济南处理政务，事实上，人们说济南的衙门和它的泉群一样多不胜数。

在整个19世纪，济南在经济方面的重要性从来不能与其行政地位相匹配。然而，济南的经济活动确实是在增长的，尤其是在19世纪晚期大运河衰落之后，而沿海地区间以及国际航运的增长，为鲁东地区带来了新的繁荣。

19世纪山东的贸易区

关于19世纪山东经济地理状况的描述，对于理解济南的地位，以及了解山东省内主要地区崛起的政治集团来说，都很有帮助。在19世纪早期，以济宁、临清、济南、潍县四个城市为中心，山东被划分为四个不同的贸易区。这些城市的人口都超过了10万，都是"第三层级"城市①。济宁在济南以南72公里处的大运河沿岸，是鲁西南地区的中心。临清是鲁西北地区一个类似的运河港口和贸易中心，距离济南仅有55公里，但是临清的影响力延伸到直隶南部和山西东部。潍县是19世纪晚期一个不同寻常的活跃的贸易中心，在济南以东125公里处，从一个不算大的规模发展为鲁东地区的商业中心。

济南是服务于山东中北部地区的一个大型贸易区，它之所以被归属于第三层级城市，是凭借其行政功能、城市规模以及贸易的综合性。它临近贯通南北的主要官道，而且在19世纪有大清河的通航之便。一个叫做泺口的卫星城就是济南的港口。济南商业区不仅覆盖济南府范围内的县，还包括泰安府的部分县。济南的腹地主要位于广阔的华北平原，这里的村民们饲养家畜，种植小麦、高粱和其他谷物。棉花种植和贸易也很广泛，养蚕业同样兴盛。

济南南部山区人烟稀少，却有着不容忽视的开采业，特别是采煤业。采矿中

---

① 近年来，有学者试图按照中心地学说，划分传统中国社会晚期的城市等级。在饶济凡（Gilbert Rozman）的体系中，位于七个层级中最高层级的是首都（北京）。第二等级包括跨地区的商业中心如南京、武汉、广州、西安和福州。第三等级城市包括省会和中转性港口城市，后者连接着北京这一国家行政中心以及南京、武汉这样的跨地区商业中心。济南、济宁和临清都是第三等级城市。潍县在19世纪下半叶成为第三等级城市。之前潍县是一个处于第四等级的地方性城市，它的几个市场服务于后三个等级——中心的、标准的、中介性的——市场地区所构成的网络。这种城市地区等级论最主要的两个代表人物是饶济凡与施坚雅；但他们并不认同彼此的分类系统。施坚雅发表的论文"Marketing and Social Structure in Rural China", part 1, 2, and 3, *Journal of Asian Studies* 24:1–3, November 1964, February and May 1965，主要涉及的是最低的三个城市等级。饶济凡的著作 *Urban Networks in Ch'ing China and Tokugawa Japan*, Princeton: Princeton University Press, 1973，则集中关注城市等级中的上层，施坚雅在一篇书评中曾对此有过批评，该文发表于 *Journal of Asian Studies* 35.1, November 1975:131–34。最主要的分歧涉及第三、四、五等级的城市，以及其在规模和功能上的区分。遗憾的是，正是这些层级的城市，从省会到地方中心，对于济南城市史的研究是最为重要的。例如，我对山东晚期传统贸易区的描述，就并不严格符合饶济凡的著述 *Urban Networks*, pp. 204–13。

心位于博山谷地。在济南,与章丘县——济南和博山之间的另一个煤炭产区——的采矿业相关的商业集团,控制着煤炭生意。济南还是主要的食盐贸易中心,食盐这种重要的商品由直隶湾的盐田运来之后,大多存储在济南的仓库之中。

济宁和临清是大运河山东段上的主要港口城市。济宁控制了整个鲁西南的商业贸易,并辐射苏北与河南的部分地区。临清则是鲁西北和直隶南部支配性的贸易城市,在19世纪晚期在贸易量与综合性方面一度可与天津相抗衡。在19世纪中期的农民大起义之前,这些内陆地区都是山东省内人口最为稠密、发展最为繁荣的地区。

大运河每年夏季的贡米运输,以及由私船或官船运载的谷物、盐和手工艺品的二级贸易,维持着这两个城市的商业繁荣。大运河本身的维护和运营需要大量的政府经费,这刺激了内陆地区的经济活动。运河附近的地区面积小,人口众多,小麦和棉花是主要农作物。

1850年之后山东主要经济体系的变化

如果像本研究对济南的考察一样,仔细地考察中国历史,就会发现它从未显示出人们通所认为的那种稳定不变的特征。山东的经济地理尤其如此。随着内乱的冲击、黄河的改道、开放约开商埠后沿海贸易的增加,以及满洲地区向汉人移民的开放,山东的经济地理状况在19世纪晚期经历了明显的重新定位过程。

自从1774年王伦起义开始,与异端的白莲教有关的骚乱就在山东内陆的鲁西北地区周期性地出现。1813—1814年的八卦教起义也给鲁西地区造成了严重干扰。

临清地区在19世纪中期受到起义的打击尤其严重。1853年末,太平军北伐,在距北京不远的直隶被困。1854年春,来自南京的太平军援军北上路过山东时,于4月攻陷临清。10天后清军收复临清,但战争给临清带来的破坏是灾难性的,有数千人丧生。随后,1860—1863年的宋景诗起义,又以临清所辖的贸易区作为其根据地。临清及其附近地区此后从未从这些起义和黄河改道所造成的打击中恢复过来。[5]

第二章　19世纪晚期的济南　21

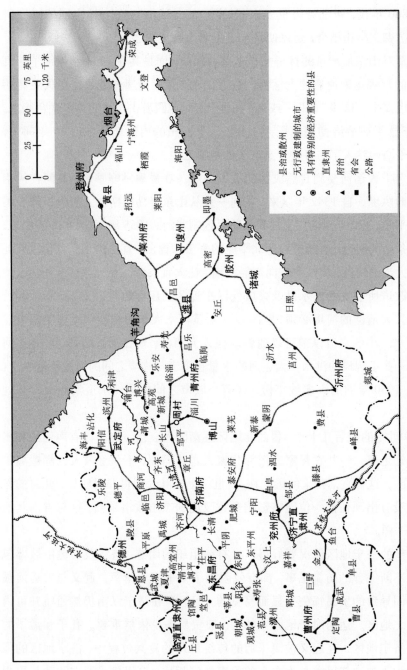

地图 1　1890 年代的山东。[重印自 Buck, David D., "Educational Modernization in Tsinan, 1899–1937", in The Chinese City Between Two Worlds, edited by Mark Elvin (伊懋可) and G. William Skinner (施坚雅), 得到斯坦福大学理事会、斯坦福大学出版社 (1974 年版权) 许可]。

济宁遭受叛乱的打击少一些,尽管有太平军和捻军在其腹地辗转多年。在1850和1860年代,叛乱势力也多次威胁济宁。然而有官军、地方团练以及坚固的城市防御工事相结合,足以使济宁避免落入起义军之手。

太平军对山东最严重的打击并非军事的蹂躏,而是其在1853年封锁了一直作为贡粮的常规运输通道的大运河。数万山东人陷入无业状态,许多失业者落草为寇以求谋生。这些"幅匪"或者"棍匪"有时也跟游击作战的捻军联合起来。到1867年捻军被最终彻底镇压,占山东一半面积的内陆地区在近20年间中,都被持续不断地卷入了与各种起义有关的战争之中。

1855年,大运河受到自然灾害的更大威胁。在夏季洪峰季节,黄河在河南东部铜瓦厢决堤。自1342年以来,黄河一直从山东半岛以南注入东海。政府忙于应付太平军,忽略了汛期应当加固堤防以控制黄河。1855年,黄河水冲破堤坝,冲出了一条新的河道,蜿蜒流过华北平原的麦田和棉田,直达山东张秋镇。在此处黄河夺大清河河道,向东北方向流经济南,注入直隶湾。[6]

黄河改道所引发的洪水以及决口处以东地区的庄稼歉收,仅仅是麻烦和苦难的开始。大清河的河堤必须加高,以应对黄河水大量的泥沙以及每年都可能出现的洪水。小的支流以前可以通畅地注入大清河,现在却被堵塞了,并在河堤外形成一些小规模的洪水。大运河的水量在济宁与临清之间的河段严重减少;在1855—1950年间的大多数年份,这两个城市之间的运河水道实际上一直处于淤塞状态。

在19世纪的最后几十年,鲁西北地区逐渐陷入衰落。许多极有声望的和富有的家族迁走了。一些农民家庭把部分家人送往满洲,不久全家人也都搬离了鲁西北地区。这种衰落带来的影响在20世纪上半叶表现得非常明显,此时的鲁西北地区没有出现任何一位能够影响全省政局的杰出政治领袖,这与省内其他地区很不一样。

鲁西南的济宁地区情况要好得多。有效组织的团练、济宁及其他由城墙包围的城市不断完善的防御工事,都有效阻挡了太平军和捻军。起义与大运河被封锁所共同导致的贸易损失是显而易见的,但运河在济宁以南仍然通航并可由此进入苏北地区。运河对于地区性的盐、粮贸易来说依然重要。孔子和孟子的故乡都在济宁地区。在起义被镇压后的传统伦理的复兴过程中,济宁地区的保守态度尤为强烈。与以潍县为中心的鲁东地区相比,这里接受西方活动与思想的速度明显更慢。在山东政界,济宁地区经常被称作"鲁",亦即战国时代(前481—前221)大致在这一地区存在的一个政权。民国时期山东的政治集团具有显著的区域性特征。从"鲁"境出来的人通常会宣称要按照儒家的原则行事,比起以潍县为中心的其他主要地区的领导人来,他们较少接受新事物,也较少拥护民族主义或民主的立场。

潍县贸易区坐落于济南以东富饶的华北平原上。这里出产小麦、棉花、大豆、煤炭和丝绸。这里的手工艺品尤其优良。在19世纪,这里的刺绣属于中国一流。其他地方特产包括,一种用豆类和小麦做成的细面条(应为"和乐面"——译者注),以及用麦杆编成的各种草编制品。宁波商人用商船把山东豆饼从胶州这一传统港口运往长江下游地区作为肥料,从而形成相当规模的沿海跨地区贸易。博山生产装饰用的玻璃,开采少量的金属矿,并用本地的煤生产焦炭。潍县所在区域的沿海地带则出产盐和鱼,这些行业也形成了广泛的贸易。

在1850年代后期,两个决定显著改变了潍县贸易区的经济状况。第一,根据《天津条约》的条款,位于山东半岛北部的芝罘(烟台)港作为约开商埠向外国人开放。直到1862年外国人才开始在烟台常住,但他们的到来很快就刺激了当地的经济发展,因为能够适应西方市场需求的传统手工艺品,如草帽辫、丝绸和刺绣产品,它们的市场需求开始增加。然而,外国势力出现后最重要的结果是沿海运输的改善,这刺激了潍县当地的生产性行业的发展,如细面条和豆饼肥料。[7]

第二,满人开始鼓励汉人到他们的故乡定居。清政府由于害怕俄国向满洲地区的扩张,第一次公开鼓励汉人移民东北。通过烟台和龙口港,许多汉人从鲁东地区前往东北定居。随着烟台的开放与大连的发展,潍县贸易区急速扩展的移民与贸易量,就越来越多地通过这些港口进进出出。很多人会返回山东以躲避满洲的严冬或者回家过新年,因此这种人口流动带有一种季节性特征。满洲的开放也意味着,直隶湾在清朝历史上第一次成为商业与出行的通道,而不是通往外部世界的阻碍。这自然会对山东半岛及整个鲁东地区的活动产生影响。[8]

潍县贸易区的繁荣从19世纪晚期持续到了20世纪。这一地区大致处于战国时代的齐国境内,因此在20世纪的山东政界,潍县集团通常被认为"齐"境的代表。

鲁、齐两个地区的差异所造成的山东政治集团的分歧,是影响山东政治的持续性因素,也是许多政治争议的根源,也是20世纪山东人对本省的管理活动中一个明显的弱点。在许多方面,"齐"境比"鲁"境都更为开明。"齐"境的人深深地卷入汉人移民满洲的大潮之中,不少人在那里学到了企业经营、技术和领导技能,并在大量商业、工业、教育和政治项目中将这些技能带回山东。一般而言,"齐"境比"鲁"境更少受中国传统哲学原则的影响,而更强烈地倾向于共和主义、大众教育、商业扩展、更大规模的工业化,甚至中国直接的西方化。这些观点在济南的反映是,公共服务产业、报纸、学校和其他西方的舶来品,大多是通过"齐"境的领导者才进入中国城市生活的。自19世纪晚期以后,"齐"境经历的发展过程比省内其他任何地区的程度都要更甚,包括人口迁移、交通改善、传统商业的扩展,以及面向对外贸易的新的或改进的生产性行业。那些与"齐"境相联系的现代化与西方化的观点,正是源自这些现实的考虑。

鲁中山区与半岛南部沿海地区,无论在19世纪还是20世纪早期,在经济或政治上都不重要。特别是鲁中山区,与周边的华北平原相比,其商业化程度都要更低。

济南的政治权力和经济权力

地方长官的职位与大型贸易区,是19世纪晚期政治影响力发挥作用的主要领域。这意味着那些重要的人物们——既包括拥有科举功名的人,也包括拥有财富、资产与学识的人——既可能在一些重要事务上向地方官寻求协助,同样可能千方百计打通到省城的关系,向巡抚或省里的其他高级别官员讨说法。济南在19世纪被俗称为"济南府",字面的含义是济南的知府,这与华北地区其他知府的职位相同。这个19世纪的标准用语反映出,实际决策权掌握在知县、知府和道员们的手中,而不是省里的最高官员。清代,来自省内各地有权势的人,通常通过巩固与这些基层官员的关系就能保护他们的利益,而无须去济南拜见巡抚或布政使。我们将会看到,1900年以后这种形势发生了变化,济南变成山东全省政治权力和影响力的中心,因而"府"的政治权益被剥离,并且在1911年之后,原本作为一级独立政府的"府"消失了。下级政治权力中心的萎缩,以及济南作为政治权力中心——或者如政治学家通常所说的"利益表达"——

的重要性的日益增加，是这个城市历史的重要一环，而且也需要我们对整个山东省的历史展开大量研究，就如同山东省城的历史所展现的一样。

不过，19世纪的"济南府"还不仅仅只是一个"府"，济南的权势人物根据其权力的来源可分为两个群体。第一个群体由政府官员组成，他们的影响力来自其所处的官位。这个群体是外省籍人员，也扩大到官员任命用以辅佐他们的幕僚。第二个群体由地方人士构成，其中很多虽有过在外省从政的经历，但他们在济南的权力还是源于其在济南贸易区中的地位和财富。然而，与20世纪的模式相反，对于那些来自济宁、临清或潍县的富人和权要来说，济南并没有成为他们的常住地。这些人一般居住在自身的贸易区之内，通常靠近他们当地的知府衙门。

那些任职于官府的外省人，与地方的权要和富人是天然的同盟。他们的利益，以及他们的职业和私人事务，通常都紧密相连。在济南，1850年之后，与起义和黄河泛滥相关的问题，都使他们的关系比平时更为紧密。在19世纪后半叶之前，参与镇压起义和治理黄河的领导人物，支配着济南的官员圈子和士绅圈子。

自1875年到清朝灭亡这一期间，在济南新设立的10个公共纪念性的石碑中，有9个是表彰那些曾参与镇压捻军和太平军起义的人。显然，最终获胜的镇压行动留下了强大的政治遗产，直到1900年，这都是济南的政治权力的主要聚焦点。[9]

石碑所表彰的一些个人是镇压起义时的巡抚，如阎敬铭、丁宝桢和张曜。这几位官员都以某种方式与李鸿章或左宗棠有联系，而李、左二人是19世纪最后25年间能左右大局的实力派官员。起义被镇压以后，李鸿章基本控制着山东的人事任免，他在山东省内为忠于自己且有做官经验的人安排了职位。作为一个群体，山东的巡抚们比李鸿章和他最自由主义的幕僚们都更为保守，不过他们都能与山东当地的士绅融洽共事。

与官府的官员一样，济南的地方掌权者与镇压起义的武装力量之间的关系也非常密切。来自济南贸易区的进士杜堮，在1850年代被任命为山东团练大臣，直到去世，他始终是地方政治中的一支重要力量。与中国其他任何地方一样，济南府的团练武装也由地方人士领导，他们脱离官职，回到历城地区组织防御活动。其中一些团练组织者后来又返回官场，但是在整个1870年代，他们在济南政治中一直具有强大的影响力。在1880年代，他们也明显掌握了实质上的控制权。

除了组织团练以应对起义的威胁，官员和地方领袖还建造了济南的第二道城墙即石圩子墙，从而建立起双层防御。石圩子墙总长约12公里，从三个方向拓展了济南的城市范围（城北外是沼泽，所以该方向没有拓展）。石圩子墙呈不规则状，突出的西南角把趵突泉附近的寺庙和市场区域包围进来，那里的发展早已超出了原有城墙的界限。另一端向东北角延伸，包围进了那里的商业区。石圩子墙的夯土工程建设始于1860年代早期，并在1865—1867年间外包砖石墙面。最初，被新包围进来的地区很多是空地，但是在1867年李鸿章与捻军作战期间，整个石圩子墙内的地带一时间被来自农村的难民挤满，因而证明这样一项庞大而昂贵的城墙工程是明智的。第三道土圩子墙已经在石圩子墙外围建成，成为济南的第一道防线。[10]

19世纪晚期，能代表济南政治领袖特征的最佳典型是张曜，在刘鹗的著名小说《老残游记》中，他被刻画为一位颇得民众好评的巡抚。张曜在山东最初是做武官，任巡抚时是前任团练长官的后台。张曜担任巡抚不久，就批准在济南成立了一家新的儒家慈善社团"广仁善局"，以天津一家类似机构为模范。广仁善局的许多主事者是前任团练长官。这个机构有很高的威望，并且将张曜所赏识的虽然保守但关注中国问题的活跃人士，与济南府的地方精英联系起来。在地方乡绅和济南知府德准的合作管理下，广仁善局支持孤儿院、医馆和学堂的发展。广仁善局最大的捐助人是陈汝恒，他出身于济南一个名门望族。陈汝恒由于年纪太轻而没有赶上与捻军作战，而广仁善局的董事会都控制在1860年代曾担任过团练长官的人手中。[11]

济南早期的基督教传教士，在1880年代把广仁善局看作是具有强烈敌对性的地方力量。传教士们相信，正是广仁善局使他们在济南租不到住处。[12] 广仁善局这种政府与士绅联合进行有力管理的制度，一直维持到1900年以后。在1890年代，除了常规性的慈善事务以外，广仁善局还积极参与了学校建设和水灾救济。在1911年辛亥革命之前的清末新政期间，由广仁善局运营的孤儿院和作坊，大都被新成立的政府部门所接收。

理解19世纪晚期济南政治特征的另一个关键，是治理黄河的苦难历史。1885年以后，黄河的新河道给济南及其下游地区造成了相当大的经济困难。由于黄河粘稠而湍急的水流，泺口港急速衰落，而处于河口地区的利津港也因此而关闭，它原本是内河航运和海运的交接点。盐商面临的形势最为严峻，因为他们要依靠内河运输,把盐从直隶湾运到华北内陆地区。

在1870年代,黄河山东河段修筑了结实的堤防,这投入了大量的财力和人力。齐东,一个建有城墙的城镇,甚至被迁到了黄河南岸的新址。到1876年,山东的官员们认为河防工程已经完成,但到了1880年代,洪水再次严重泛滥。济南及其下游靠近直隶湾的一些地区受到了最严重的冲击。1885年,巡抚陈士杰提议在济南成立了山东河防总局,以协调防洪工作。洪水淹没了济南周围历城、齐河、济阳和齐东的大量耕地,却从未触及济南城本身。结果,在1880年代,济南必须救济大量遭受水灾的灾民。[13]

在1880年代和1890年代的山东,经济的破坏和重建工作的花费,消耗了巨额的政府和私人钱财。官员们通常要做大量工作,为济南争取免税或专项河防经费。地方士绅在救济灾民的工作中起到了领导作用。根据外国传教士的记录以及关于士绅为赈灾而捐善款的传记,人们完全有理由相信,这些河防赈灾工程承载了济南地区士绅领袖的善心。至少从这件事情来看,把士绅描绘为一味剥削农民、从不回报社会的形象,显然是错误的。[14]

在19世纪晚期的济南,盐商是处于领导地位的商业集团。而在沿海地带,尤其是在天津、烟台等约开商埠,沿海贸易路线的扩展或者新外贸路线的开拓所催生出的中国商业集团,正在挑战盐商的统治地位。然而在济南,这些新的商业集团在1890年代变得更为重要,并且此后不久就取代了盐商。[15]

19世纪末山东商业的一个显著特征,是缺乏强大的外省商业集团,并且与山东其他地方一样,济南贸易区最核心的交易掌握在本地商人的手中。尽管如此,一些外省籍人士的会馆仍出现在济南的经济和政治生活之中。济南的主要商业会馆是山陕会馆,广泛涉及山西、陕西两省与山东之间的盐、粮、煤、铁等商品贸易。浙闽会馆代表了由鲁东地区出海贸易的那些重要的沿海贸易集团。19世纪末济南商业生活的另一个特点,是银号行会由晋商集团控制①。

大运河长期是山东最重要的商业运输动脉,因此济南与外省的商业联系始终以天津为导向,直到1890年代小清河疏浚开通,这一模式才被打破。1900年胶济铁路开通后,上海在济南贸易中的影响明显增加。

---

① 其中一些特定的会馆如安徽会馆,由于跟济南的重要官员及其僚属关系密切,从而更多体现出官方性而非商业性。

盐商、杂货商和官员都加入到疏浚小清河的工程当中，使它可以从济南向东一直通航到直隶湾。小清河发源于济南，流经"齐"境注入直隶湾。这一工程在1880年代张曜任巡抚期间被提上议程，在1890年代后期，在时任登莱青道道台的盛宣怀以及李鸿章的支持下开始付诸实施。工程进展缓慢，并一度为黄河下游的河道所阻。最主要的资金来源显然是河防款项。河道的改善促进了鲁东地区的贸易，这对于以济南为依托的盐商也有益。位于小清河入海口的羊角沟，成为中国招商局轮船公司的船只停靠的常规港口。小清河很快被德国人修筑的胶济铁路所取代，然而它将19世纪末华北地区的革新与传统力量结合起来，成功地改善了中国商界的经商条件，这是值得关注的。[16]

从1850年以后济南兴建公共工程的模式来看，在影响官员和重要士绅的政见和政策方面，显然区域内部的问题比任何外来影响都重要。那一时期有许多书院得到改善，但是它们无意接纳任何西学。通常是在广仁善局中的重要的团练长官或者是有钱有势的人，资助和管理书院的改善工作，他们关注的是保护中国的传统学养。

外国势力在济南开始出现，最明显的是1865年建成的大天主教堂，它成为方济各会山东代牧区的主教座堂。天主教在18世纪被清廷驱逐之前已活跃于山东，在获得条约规定的许可后又在济南卷土重来。天主教在济南城东数公里之外的村庄洪家楼也很活跃。洪家楼最终成为主教座堂和主教府的所在地。[17]

新教的传教士较为少见但依然非常活跃。如上所述，广仁善局试图阻止新教传教士成为城里的常住居民，但传教士们仍然在1880年代成功建立了诊所和小教堂。在这之前，只有在街头分发传单或口头传教的巡回传教士，才能表明新教在济南存在。[18]

在济南的某些店铺也开始能买到外国商品。火柴、煤油、锅碗瓢盆、钟表，以及一些机织棉和呢绒是最重要的货品。然而，外国商品的贸易仅仅是一种奢侈品贸易。1900年之前，外国商品对中国传统产品的冲击还很轻微。

官方资助的现代化仅限于军事方面。1875年巡抚丁宝桢已在泺口建立了一个军工厂（山东机器局——译者注），为省内的各种官办军队生产轻型武器的弹药，包括满洲旗兵、绿营和淮军，以及一些山东地方团练。1895年巡抚李秉衡对泺口军工厂进行整修，只保留了一个弹药装配厂和弹药仓库。[19]

中国第一条主要的电报线于1882年把天津和上海连接起来。电报线路走向沿大运河，绕过济南。1885年济南也被纳入这一系统，当时在巡抚陈士杰的建议下，从济宁修建一条支线，经济南和潍县连通到烟台。基于军事考虑，建造这两条电报线是合理的，旅行者的见闻也证明，山东的这条电报线很少用于商业或私人用途。[20]

济南的社会生活和社会阶层

19世纪末，济南还是一个重要的区域文化中心。大明湖南岸有举办三年一度的乡试的贡院，旁边另外还有一个举办县试的考棚。济南有四所书院，都享有盛名，并都得到有钱有势者的资助。[21] 最著名的是西门内的泺源书院，在当时由一些有名望的先生主持。

济南引以为自豪的，还有一种叫做"大鼓书"的地方曲艺形式，这种曲艺形式直到1920年代和1930年代在济南都极受欢迎。通常是由年轻女子在鼓或其他乐器的伴奏下说唱故事。刘鹗的小说《老残游记》中描述了这种曲艺的美妙：

> 她又将鼓捶子轻轻的点了两下，方抬起头来，向台下一盼。那双眼睛，如秋水，如寒星，如宝珠，如白水银里头养着两丸黑水银，左右一顾一看，连那坐在远远墙角子里的人，都觉得王小玉看见我了；那坐得近的，更不必说。就这一眼，满园子里便鸦雀无声，比皇帝出来还要静悄得多呢，连一根针跌在地下都听得见响。[22]

济南到处都是寺庙、牌坊，还有供达官贵人游玩的亭台。当然，还有文庙、城隍庙，以及独特的地方庙宇。这些公共建筑一部分用于文化用途，也有一些则成为燃料、大米等商品的交易市场。

18世纪末，济南已经是一个有5万人口的城市。到大起义（指太平军和捻军——译者注）前夕的1840年，济南人口翻了一倍还多。根据1837年保甲清册的记录，济南人口为12.8万。遗憾的是，关于19世纪后半叶的济南人口并没有官方估计或者统计数字，但外国观察家的记录和估计，还有来自石圩子墙修建和其他建设工程的证据，都表明济南在这一段时期人口稳定增长（见附录B）。到了20世纪初期，济南人口达到25万人。

与中国其他城市一样，济南在战争和自然灾害中都经历了大规模短暂的人口流动。1860年代捻军的威胁、1870年代和1880年代的洪水和饥荒，都使济南涌入了大量的临时居民。在1894—1895年甲午战争中，中国被日本击败，日军在山东半岛登陆并发动突袭，猛然引发了大量富户避难逃亡。在这几波难民潮中的难民，无论穷人还是富人，在灾难结束后大都选择了重返家园，但也有一些人选择留在城市中，城里的生活更安全也更活跃。

尽管城市可以抵御暴乱和盗匪，但也有严重的缺陷。如同前工业时代世界其他地方的城市一样，健康问题在中国城市中也非常严重。济南的水源来自泉水，自山东山区的砂石中渗出，因而一般可以免除伤寒症和斑疹伤寒等水传播疾病。但在泛洪期间，这些疾病给城市的难民和常住居民都带来了灾难。更常见的威胁还有火灾。火灾的破坏与社会阶层无关，但在旧城内建筑密集的区域最为常见。19世纪末最严重的一次大火发生在1891年，大火焚毁了布政司大街。[23]

济南的城市职业分布，符合那个时代华北城市的模式，但很难判断以各种类型的职业为谋生手段的人，到底分别占总人口的多大比例。旧城里的大多数人都在某类官衙中任职，从由朝廷任命的少数官府精英，一直到僚属和衙役。第二大群体是商业从业者，包括从事盐或其他商品贸易的富商，还有库房守库人和临时运输工。中国城市没有真正的居住隔离模式，不过内城有大面积的衙门，这些衙门也是高官的府邸，周边是大面积的私宅。比较下等的住宅挤在内城的许多小胡同里。在外城较新的房屋中，同样是不同的社会阶层混住，靠近城墙的地方，还住着一些耕田的农民。在城外，村庄倾向于聚集在一起，村里的工匠和小商人可能跟种田人一样多。种田人耕作小块土地，种植蔬菜或优质水稻，或者饲养家禽和淡水鱼。[24] 距济南城数公里之外的乡村是完全不同的景象。1840年的《济南府志》中有这样的描述：

> 历之人皆种田艺圃，贫者樵采佣工，闲有贸易，远贩者少。乡中妇女勤纺织，男子冬月无事，抱儿负暄，使妇不旷织。深山之民有老死不识衣冠者。[25]（大意是：历城县人都种田或种菜。穷人以拾柴或受雇干活为生。在农闲时期，他们也做生意，但做长途贩运的人很少。村里的女人们从事纺织工作。男人们在冬季无所事事，他们抱着孩子晒太阳，并确保妇女们织布不偷懒。在深山里，有些人到死都不知道什么是体面的衣服。——译者注）

因此，历城县人烟稀少的南部山区，虽然距离济南城仅数公里之遥，却有整个山东最封闭落后的农村。

幸运的是，一位细心的外国观察家留下了关于济南社会阶层的描述，尽管它没有按照今天的社会学家所期望的那样对社会阶层进行全面的分类，它依然对于认识济南的人口很有帮助。1880年代，亚历山大·阿姆斯特朗（Alexander Armstrong）将济南的城市人口分为七类：(1) 在任官员，(2) 退休或候补官员，(3) 富有的士绅，(4) 由大夫郎中、教书先生、僧侣和商人构成的中产阶层，(5) 工匠，(6) 仆役、士兵和劳工，(7) 乞丐。前三类显然都是社会精英。

有一位很有钱的济南居民张善马（音译——译者注），他的家庭代表了精英群体中最富有的人们的生活方式。张的家室包括一妻、二妾、"几个"孩子、30个男佣人和4个丫环。张府位于济南城中心的巡抚衙门附近，是一所由几座房子构成的院落。住宅的布局是华北上层家庭的典型样式。房子坐落于封闭的院墙内，有一个临街的大门作为出入口。院墙内，几进相互连接的房屋构成几个院子，在院落前部和两侧还有些厢房。供家人居住或接待各类不同客人的几进正房，构成大院的中轴线，院落后部还有更私密的——因此地位也更显赫的正房。这种形式与官衙的布局相似。这种上层家庭在济南的数量必定相当庞大，因为在1897年，单是候补官员就超过了2000人。[26]

尽管济南的富户并不总是社会上层，他们的数量在19世纪仍在不断增长。越来越多的富裕家庭选择在城里生活，他们把乡下的土地委托给管家和亲戚看管，这些人都留在乡下。在像济南这样的城市中定居后，这些城市居民可能会把自己的部分资金用于在城里买房置地或者投资商业。[27]

阿姆斯特朗对他所称的"中产阶层"几乎没有提供任何数据，但这个群体包括了数量庞大的商人，还有教书先生和官府中有学识的幕僚。由于在19世纪僧侣这一职业几乎没有吸引力，这一群体的规模必然很小。济南的熟练工匠主要是满足济南贸易区自身的需求，济南并没有任何一种独特的手工艺品能够遍布华北并因此而出名。我们不知道这些工匠中哪一行更兴盛，但有关于以业缘为基础建立起的行会的记录。在济南的一些偏僻小街上，同一行当的工匠们聚在一处，但在主要的商业大街，各种店铺则混杂在一起。

阿姆斯特朗的第六项分类——仆役、士兵和劳工——在济南确实是个庞大的群体。不仅是上层，中产阶层也经常有佣人。在19世纪晚期，士兵的数量虽不多，但城里派有驻军。军营本来挤在内城的营房里，后来转移到了外城扎营。济南有数千劳工，包括盐业苦力、马车夫和街头小贩，以及店铺、库房和官府中的学徒和雇工，城市的主要大街通常挤满了手推车和马车。

中国城市一个常见的特征是，一群丐帮在一个头领领导下组织起来，济南也不例外。阿姆斯特朗所划分的乞丐类别，也许还包括一些饥荒或水灾中的难民，他们比固定化的丐帮更具有季节性。阿姆斯特朗没有提及济南其他底层人员，如住在济南城东北靠近大明湖的娼妓和艺人。娼妓活动在考试期间十分活跃，在此期间，数千名即将参加科考的年轻儒生住满了济南的旅店，到处都是他们的聚会。有一次，山东按察使对这些儒生考试后的淫乐行为十分恼火，因此他把在济南能找到的所有娼妓全部逮捕，就像卖猪肉一样，以当时猪肉的市场价，按照重量把她们卖给农民当媳妇。[28]

济南仅有的容易识别的少数群体是宗教教徒。据估计，住在旧城以外、南大寺以东的回民约有 8000 人。他们建了一个大清真寺，该寺在 1880 年代进行了整修。据说他们非常有门户之见，举行为男婴切除包皮的割礼，且只在信众内部通婚。在山东的其他地方，回民经营采矿业。但不知道在济南的回民从事什么行业，尽管很明显，他们从事一些更低贱而琐碎的工作，包括作小摊贩和经营小吃店。[29]

19 世纪末，济南的基督教群体看上去一直规模很小。天主教徒的数量有几百人，新教徒只有几十人。传教士们在他们的孤儿院、医院和其他机构里雇佣了很多中国信徒。

甲午战争和义和团运动的双重冲击

济南在数十年的叛乱之后的稳定，随着中国在 1894—1895 年这个冬天惨败给日本而突然结束。在这场短暂的战争中，海陆交战都涉及山东，尤其是半岛地区，导致几万人逃往像济南这样更大更安全的内陆城市。这次战争导致李鸿章的垮台，并第一次将整个华北从长达四分之一世纪的稳固的走向和控制之中脱离出来。

在北京，战败所引发的震动，使 1898 年提出的还政于光绪帝的"戊戌变法"

计划失败，并最终导致 1899—1900 年反洋的义和团运动。义和团运动的第一个阶段发生于山东。义和团运动得到山东巡抚李秉衡和毓贤的许可，他们都是在山东和华北其他地方有过长期做官经验的保守派。保守派的复兴努力失败之后，这些官员与拥有类似思想的士绅，希望通过恢复二三十年前曾拯救过清朝的团练，来平息农民的暴乱。然而，此时的团练运动变得更具有侵略性而不是防御性。地方团练袭击外国传教士群体和他们的信徒。慈禧太后最初赞同恢复团练，但当团练失去整个帝国的支持时，她放弃了支持，听任外国势力对倒霉的义和团进行粗暴反扑——外国人是在报复义和团的过激行为。[30]

1899 年 11 月，作为暗淡的清代官场中升起的一颗新星，袁世凯接替毓贤担任山东巡抚。大多数外国传教士已经离开山东内陆地区，去沿海的约开商埠寻求庇护。袁世凯不可能立刻剿灭义和团，但他确实阻止了反洋袭击行动的蔓延。特别是，他设法将影响最严重的义和团运动限制在鲁西北地区，也就是临清周边地区。尽管山东省内其他地区开始复苏，但鲁西北的经济和社会形势却在不断恶化。

义和团运动，是平叛农民暴乱的那一代官员所制定的保守政策中的最后一例。它完全归于惨败，这使他们的领导权彻底丧失威信。袁世凯则是新一代官员的代表。尽管他在几乎所有的基本政治、经济、社会问题上本质上都很保守，但他希望更多的与外国人接触，在保存中国文明基本价值观念的同时，允许以谨慎的方式借鉴外国模式。袁世凯从 1900 年到 1916 年去世一直主政山东，那一时期的历史将在下一章进行讨论。

注释:

[1] James Boyd Neal, "Tsinanfu, Capital of Shantung", *East of Asia Magazine* 5, 1906: 324–34。这种将中国城市视作抵御西方的中心的观点,甚至在马克思的著作中也可以见到。参见 C. Wright Mills, *The Marxists*, New York: Dell, 1962, p.50。

[2] Ernst Von Hesse Wartegg, *Schantung und Deutsch: China im Jahre 1898*, Leipzig: J. J. Weber, 1898, pp. 131–32.

[3] 关于19世纪的济南的描绘,取自一些外国观察家当时的著作,并以地方志作为补充。外国人的描述中,最重要的有 Alexander Armstrong, *In a Mule Litter to the Tomb of Confucius*, London: Nisbet, 1886; Robert Coltman, *The Chinese, Their Present and Future: Medical, Political and Social*, London: F. A. Davis, 1891; Alexander Williamson, *Journeys in North China, Manchuria and Eastern Mongolia with Some Account of Korea*, 2 vols, London: Smith and Elder, 1870。三种主要地方志包括:毛承霖修,《续修历城县志》,1924年;王赠芳修,《济南府志》,清道光二十年(1840年);孙葆田修,《山东通志》,1915年。有关1911年之前所有行政事务的基本参考书是《大清会典》(第五部),清光绪二十五年(1899年)。其他重要文献还有: Frederic de Garis, ed., *Guide to China*, Tokyo: Japanese National Railways, 1st. ed., 1915, 2d. ed., 1923;何炳贤主编,《中国实业志·山东省》,上海:实业部国际贸易局,1934年;小川平吉编,《支那省别全志》(第四卷·山东省),东京:东亚同文会,1917年。

[4] Coltman, *The Chinese, Their Present and Future: Medical, Political and Social*, London: F. A. Davis, 1891, pp.47–53.

[5] Teng Ssu-yü (邓嗣禹), *The Nien Army and Their Guerrilla Warfare, 1851–1868*, Paris: Mouton, 1961;郑天挺主编,《宋景诗起义史料》,北京:中华书局,1954年;马振文,"粤匪陷临清纪略",中国史学会济南分会编,《山东近代史资料》(三卷本),济南:山东人民出版社,1957–1958年,第一卷,第25—29页。

[6] 孙葆田修,《山东通志》,1915年,卷百十九,第三三七七至三三八五页,卷百二十二,第三四零五至三四一二页;O. J. Todd, "The Yellow River Rehearnessed", *Geographical Review* 39.1, January 1949: 38–56。

[7] Armstrong 和 Williamson 的著作中关于潍县地区经济和社会变革的记录尤其有价值。这样的记录也见于 Williamson, Isabelle, *Old Highways in China*, New York: American Tract Society, n.d. (ca. 1895)。

[8] 黄泽苍,《山东》,上海:中华书局,1936年,第103—114页;Ho Ping-ti (何炳棣), *Studies on the Population of China*, Cambridge: Harvard University Press, 1959, pp. 158–63;青岛守备军民政部,《山东の劳动者》,青岛:青岛守备军,1921年,第232—259页。

[9] 毛承霖修,《续修历城县志》,1924年,卷第十四,第二十七至三十三页,包括了关于这些石碑的基本数据。也见于 Buck, David D. "Public Monuments as a Guide to Political

Leadership", *Ch'ing-shih wen-t'i* (《清史问题》) 3.1, 1974: 62–70。

[10] 毛承霖修,《续修历城县志》, 1924年, 卷第十三, 第四至五页。这些防御工事的建设, 见于 Philip Kuhn（孔飞力）对这些"团"的多重复杂规模的描述, 参见 *Rebellion and Its Enemies in Late Imperial China*, Cambridge: Harvard University Press, 1970, pp. 69–76。

[11] 毛承霖修,《续修历城县志》, 1924年, 卷第四十, 第十五页、第三十五至三十七页。

[12] 关于这一事件的讨论, 参见 *North China Herald and Supreme Court and Consular Gazette*, 18 December 1891, p. 840, 31 December 1891, p. 898, 7 October 1910, p. 19; 以及 Philip West, "The Tsinan Property Disputes (1887–1891): Gentry Loss and Missionary 'Victory'", *Harvard Papers on China* 20, 1966: 119–43。

[13] 孙葆田修,《山东通志》, 1915年, 卷百十九, 第三三七七至三三八五页, 卷百二十二, 第三四〇五页。

[14] 关于济南水灾赈济善款捐赠人的传记, 参见毛承霖修,《续修历城县志》, 1924年, 卷第四十四。

[15] 山东商人在其他地区同样不是主要势力, 尽管他们在上海和天津都有经营。对山东商业整体形势的概括, 参见 Chang Peng, "The Distribution and Relative Strength of the Provincial Merchant Groups in China, 1842–1911", Ph.D. dissertation, University of Washington, 1957, pp. 125ff。关于在济南设立的各外省籍会馆, 参见小川平吉编,《支那省别全志》（第四卷·山东省）, 东京: 东亚同文会, 1917年, 第986页及其后; "济南府贸易事情",《支那》, 第4卷第22期, 1913年11月, 第23—27页, 第4卷第23期, 1913年11月, 第13—16页。

[16] J. H. Lockhart, *Confidential Report of a Journey in Shantung*, Hong Kong: Government Printing Office, 1903, pp. 49–53。

[17] Vitalis Lange, *Das Apostolisch Vikariat Tsinanfu*, Werl: Societas Divine Verbas, 1929; John Thauren, *The Missions in Shantung China*, Techny, Illinois: S. D. V. Mission Press, 1932, pp. 28–38.

[18] R. C. Forsyth（法思远）, ed., *Shantung, Sacred Province of China*, Shanghai: Christian Literature Society, 1912, pp. 184–90.

[19] 王尔敏,《清季兵工业的兴起》, 台北: "中央"研究院近代史研究所, 1963年, 第113—114页; *North China Herald and Supreme Court and Consular Gazette*, 12 August 1893, p. 225, 11 December 1901, p. 1123.

[20] 郭廷以编,《海防档(丁·电线)》, 台北: "中央"研究院近代史研究所, 1957年, 上册, 第262、294页; 中册, 第1142页。关于电报的使用限制, 参见 Von Hesse Wartegg, Ernst, *Schantung und Deutsch: China im Jahre 1898*, Leipzig: J. J. Weber, 1898, p. 202.

[21] 孙葆田修,《山东通志》, 1915年, 卷八十八, 第二六七一至二六七三。

[22] Harold Shadick 译《老残游记》（*The Travels of Lao Ts'an*, Ithaca: Cornell University Press, 1952）, 第27页。

[23] 毛承霖修,《续修历城县志》,1924年,卷第一,第三至八页。

[24] 参见 Rozman, *Urban Networks in Ch'ing China and Tokugawa Japan*, Princeton: Princeton University Press, 1973, pp.172–75。关于这一时期天津的情况的描述,是基于日本学者百濑弘(Momose Hiromu)的著作。

[25] 王赠芳修,《济南府志》,清道光二十年(1840年),卷十三,第二页。

[26] Armstrong, *In a Mule Litter to the Tomb of Confucius*, London: Nisbet, 1886, pp.61–62; Coltman, *The Chinese, Their Present and Future: Medical, Political and Social*, pp.95ff.; *North China Herald and Supreme Court and Consular Gazette*, 9 April 1897, p.632.

[27] 景苏、罗仑,《清代山东经营地主的社会性质》,济南:山东人民出版社,1959年。

[28] Coltman, *The Chinese, Their Present and Future: Medical, Political and Social*, London: F.A.Davis, 1891, pp.95 ff.

[29] John Murray, "Mohammedanism in Shantung", in Forsyth, ed., *Shantung, Sacred Province of China,* Shanghai: Christian Literature Society, 1912, pp. 287–92.

[30] 这里对义和团运动的特征的简要勾勒,与有关重大的反洋起义的历史争论的主线不尽相同,我在博士论文中相当详细地陈述了有关证据,参见 "Tsinan, Shantung: Political and Social History of a Chinese City, 1900–1925", Ph. D. dissertation, Stanford University, 1971, pp.108–26。

第三章
清末新政时期的济南
（1901—1911 年）

随着灾难性的义和团暴动而来的，是袁世凯开始成为清廷最高级别的当权者之一。袁世凯的影响力集中在华北地区，包含了整个山东省。他在济南和山东省的事务上都发挥着持续的、决定性的作用，一直到其1916年去世。这一时期，在济南的政治、社会和经济生活上都发生了一系列重要的革新。袁世凯和他的支持者为了控制济南和山东，需要与其他两股强大的势力展开争夺。他们是外国人（1914年之前主要是德国人）和山东地方士绅，这两股势力对于济南和山东应该如何发展持有不同的观点。本章将考察辛亥革命之前，这几股势力在济南所扮演的角色。

济南产生变革的主要动力，首先来自德国的帝国主义侵略，他们寻求在山东拥有更多直接或间接的权利。中国人对德国人的最初抵制，是由袁世凯和其他官员带头的。一些特定的外国势力，特别是英国和日本，与袁世凯一起共同抵制德国人在山东的主导地位。

袁世凯在华北地区的新政政策，不仅抵制了德国人，而且巩固了自己在这一地区的权力。新政计划主要集中于军事发展，但也包含了教育和工业发展，其成效是，在1901—1911年使山东的经济和政治进一步集权化。袁世凯当时的政策相当强调济南的现代化，官方支持的发展计划成为济南变革的主要源头。

尽管帝国主义的幽灵对官府和士绅的努力依然是一种刺激，但事实上外国人在济南现代化过程中仅起到间接的作用。在这一时期引进济南的大多数革新中，模式虽是西方的，但完全是由中国人来实施的。这一事实把济南与约开商埠区分开，在约开商埠中，外国人通过治外法权和准政府权力，规划和推行城市的西化进程。

改变济南传统生活的第三股势力是士绅阶层。随着义和团暴动而来的，是清廷启动的官制重组和改革，这些新政模式使士绅意识到，他们在山东的行政体系中，将有极好的机会扮演日益重要的角色。教育和代议制政府机构是扮演这一新角色的主要领域，但是士绅的影响力也涉及商业发展，并且在较小程度上也影响到工业发展。因此，袁世凯的官方资助革新计划也促进了士绅力量的增长，士绅越来越多地被吸引到济南来，因为济南成为袁世凯新政的大本营，也是政治影响力和权力的集中地。

袁世凯的统治地位

当八国联军驻扎北京、清廷避难西安的时候，清廷通过谕令宣布了其对新政的态度。谕令宣示了"取外国之长，乃可补中国之短"的愿望。[1] 尽管这些措辞的目的，可能是想在处置义和团问题的谈判期间，避免使外国人提出过多要求，但是这也使得那些极力主张各种新政措施的官员，包括袁世凯在内，得以继续推进他们的新政计划。

在义和团运动之后，袁世凯第一次成为清廷中央的重要人物。1901年12月，他离任山东巡抚，升任直隶总督。然而他通过留驻军队，以及控制山东巡抚衙门中一些最高职位的人事任命，维持了其在山东的权力。留驻的军队是"武卫右军"，由袁世凯于1899年7月带到山东。这是中日甲午战争后，在几个满洲贵族的支持下，袁世凯在直隶训练的新军的一部分。在更名为"陆军第五师"之后，它仍驻扎山东——主要在济南——直到1920年代。它是袁世凯实施其政治控制的关键力量，而在袁世凯死后则成为一个不受欢迎的政治遗产。[2]

在袁世凯统治的16年中，其政策始终坚持三个原则：抵制外国的帝国主义势力，发展中国的力量以抵抗外国的压力，由政府官员控制所有的政策和计划。直到1914年这段时期，中国能够抵制德国的帝国主义势力，这主要归功于袁世凯,以及在济南奉行袁世凯政策方向的政府官员①。

袁世凯政策的主要内容,是抵制1897—1901年间德国帝国主义势力所得的收益,通过一系列对策以阻止或限制德国人在山东的侵略计划。德国的政策和中国的对策这两者之间的角逐,常常集中于济南这个城市,特别是在这个城市已经建立起的行政和商业中心的地位之上,又增加了现代交通枢纽这一功能。袁世凯用以制衡外国势力的一个重要方法,是鼓励士绅和民众组织反对外国人的活动,但他需要负责任的士绅控制这些活动的程度,以免重演义和团暴动。得到袁世凯鼓励的这些士绅和民主力量,很快发现了使中国走向代议制政治这一共同目标。因此,原先得到袁世凯鼓励的士绅,开始对抗袁世凯坚守的儒家理念,即统治人民是政府官员的责任。袁世凯与倾向代议制政府势力之间的冲突,在1911年之前就已形成,但只是到民国成立之后才作为一个关键性问题浮现出来,下一章对此有详细讨论。

1901年山东的局势在义和团暴动之后恢复正常,袁世凯几乎立刻就颁布了一项新政计划。4月,袁世凯召集新近返回济南的基督教传教士到他的衙门商讨其计划。一个传教士在之后的报告中说:"听到这些计划将使济南这座古老的城市从长期的沉睡中苏醒,并成为整个帝国新生的一部分,这让我们这些在安静、古老的济南府生活多年的人感到高兴,我们希望这即将发生。"[3] 袁世凯描绘了为济南制订的这一计划:现代学堂——包括一所军事学堂和一所大学堂、一家日报社、一个官办银行、一个工艺局,以及一支现代警察队伍。

袁世凯没能在山东任职足够长的时间,以亲自实施他的计划,但是他设法让几个与他关系很好的官员得以被任命为山东巡抚。第一位是周馥,他在朝鲜期间就曾与袁世凯共事,在袁世凯离任后几个月即接任山东巡抚。周馥与袁世凯

---

① 石约翰(John E. Schrecker)在其著作 *Imperialism and Chinese Nationalism: Germany in Shantung*, Cambridge: Harvard University Press, 1971 中,详细地研究了这一冲突。他断定:"新的民族主义的政策,对于遏制德国人的威胁是决定性的。"(第250页)这种抵制外国人在山东的帝国主义势力的政策,其首要的设计者正是袁世凯,正如袁世凯是1914—1915年间日本"二十一条"的主要反对者。这一问题并非单纯的学术问题,因为袁世凯的很多同时代人都赞赏他这种品性,而他在北洋派系中的接班人,通常也都会毫无理由地遵循与袁世凯类似的政策。自从1919年的"五四"运动以来,北洋派系是否爱国这一问题——同时也寓意袁世凯这一已经去世的北洋派系首领是否爱国这一问题——就一直是一个被人们争论不休的重要的政治议题。(本章包括本书中对袁世凯的评价与国内评价有所不同,仅为作者一家之言。——译者注)

一样,都是李鸿章提拔起来的,周馥在山东任职期间顺利地推行袁世凯的政策。他与袁世凯一道向朝廷奏请了多项新政计划,其中的很多都体现了袁世凯最初向传教士们所描绘的计划。在得到朝廷批准之后,周馥也负责启动这些新计划。因此,周馥在济南的两年任期(1902年8月—1904年11月),对于实施袁世凯的新政是一个重要因素。[4]

表3.1　1901—1911年历任山东巡抚

姓　名	任　期	任期长度
袁世凯	1899年12月—1901年12月	24个月
张人骏	1902年1月—1902年8月	8个月
周　馥	1902年8月—1904年11月	28个月
胡廷干	1904年11月—1904年12月	2个月
尚其亨	1905年1月—1905年2月	2个月
杨士骧	1905年3月—1907年9月	30个月
袁树勋	1907年10月—1909年7月	22个月
孙宝琦	1909年7月—1912年2月	31个月

资料来源:孙葆田修,《山东通志》,1915年,卷五十一。

1905年3月,杨士骧就任山东巡抚,杨与袁世凯既有私交,又有官职上的联系。袁世凯任直隶总督期间,他作为下级曾任直隶布政使。他的弟弟杨士琦,是袁世凯的心腹幕僚,杨士骧的儿子也娶了袁世凯的一个女儿为妻。所以很自然,杨士骧遵循了袁世凯的政策,并支持中国人发展自己的商业以制衡外国人的投资。杨士骧获得成功的一个证明就是,当1907年10月袁世凯转任军机大臣后,杨士骧被提升为直隶总督。[5]

接任杨士骧任山东巡抚的袁树勋,曾任上海道台。袁树勋之前曾为济南开埠作顾问(参见第47页),因而对济南有所了解。在接近两年的任期中,袁树勋强调精简财政,因此得罪了很多被他解职的下级官员。他紧缩银根的政策,放缓了山东新政计划的步伐,但他仍然为济南的近代化发展做了很多事情。他任命了新的巡警局长,负责旧城筑路和定期的垃圾回收,并规划新开了多处城门以便利交通。根据其在上海的经验,袁树勋把中国最现代化的城市的知识带来以解决济南的问题,在他的任期内,很多在中国最大的约开商埠上海所普遍推行的西方做派,都被济南所采纳。[6]

孙宝琦于1909年7月接替袁树勋，其任职经历了辛亥革命的困难时期。当孙宝琦上任时，袁世凯正被迫赋闲在家，原因是朝廷中当权的满人惧怕他的权力。孙宝琦曾任驻德公使，与袁世凯一样，他也想要抵制德国人在山东的势力。他也是现代化的热心推动者。因此，尽管不像前几任巡抚那样与袁世凯过从甚密，但孙宝琦的政策目标与袁世凯也非常接近。在辛亥革命的关键阶段，孙宝琦遵循袁世凯的方向行事，并在民国初年成为袁世凯的重要支持者。[7]

袁世凯抵制在山东的德国帝国主义势力的政策

1898年中德第二轮会议开始，"中国政府批准德国在山东建设两条铁路"[8]。一条连接青岛和济南，第二条连接青岛和沂州，沂州位于山东南部，靠近大运河①。该会议也规定，这些铁路要由德华合营公司建设和经营。1899年6月，德华山东铁路公司（Schantung Eisenbahn Gesellschaft, SEG）获得了柏林方面的授权。该公司得到注资5400万德国马克（约1905年，相当于1350万美元）。1900年3月，袁世凯与德华山东铁路公司总办海因里希·锡乐巴（Heinrich Hildebrand）签订了准予铁路开工建设的《胶济铁路章程》。章程第一款规定，尽管铁路公司本身是一个德华合营企业，但"先由德人暂时经理"。根据条款规定，直到中方资本超过10万两白银时，中方才可以参与经营。与其他案例一样，尽管中国人有机会投资铁路，但是他们都不投资于这些外国人控制的合营公司。结果这一铁路的德华合营性质，只不过是一个名分，而且德国人也从不试图掩饰他们在实际经营中对铁路的全面控制。[9]

德华山东铁路公司提供了新的投资渠道和外国技术，但是中国人对购买该公司的股份缺乏兴趣，这在20世纪早期是十分典型的情况。铁路建设没能吸引士绅和商人投资，这是中国铁路历史上的重要特征，不管是什么原因，它都表明，济南以及其他地方的中国投资者，不愿意将其资本从商业转移到西式的工业企业中去。

胶济铁路的走向大体沿着连接胶州和济南的古官道，在一些地方出于商业、

---

① 第二条铁路从未建设，既由于中国人的反对，也由于德国人逐渐对此失去了兴趣。

采矿或工程等考虑而偏离古官道。最终的铁路路线经过胶州、高密、潍县、昌乐和益都（青州府）各县，并紧贴坊子的煤矿和周村的商埠。铁路建设于1900年开工，但由于义和团运动以及青岛港设施不足，第一阶段的工程被延后。勘测和施工人员遇到了一些地方的抵制，特别是1900年夏天在高密县。义和团运动之后，工程进展很快，沿线很少遇到公开反抗。但在鲁西北的东昌，却发生了抗议活动，因为东昌人准确地意识到，新建的铁路会使大运河沿线的商业活动进一步萎缩。[10]

1903年8月在柏林召开的德华山东铁路公司年会上，管理层的报告说，公司得到授权的5400万马克的注资中，已经到账3400万马克。铁路公司的股份在1899年发售时每股100马克，公布报告时已经卖到103马克。山东巡抚周馥拥有大约300股，他是唯一的中国持股人。德华山东铁路公司的股票从未广泛交易，但是该公司已成为一种较为有利可图的营生。[11]

在1904年胶济铁路通车后，济南很快就感受到铁路在经济上的影响，当时济南的煤价下降了60%，这预示着贸易水平和多元化程度都在提升。一份日本的报告总结了1904—1912年间胶济铁路对济南的影响：

> 在胶济铁路建成之前，济南的贸易被天津所主导。贸易组织和店铺与天津的贸易区联系密切。当德国人接管了山东，并且建设了港口和铁路之后，巨大的变化开始发生。上海和烟台的中国商人来到青岛。青岛的发展让济南直接受益。随着大运河的废弃，天津商人对山东的控制减弱，上海方面的新的势力，为济南带来了越来越多的贸易。外国势力也带来了同样的效果。德国人把济南作为扩展贸易的前进基地。然而，一些特产土货的贸易，依然为天津商人所控制。[12]

1898年德国人在山东建立了自己的势力范围之后，德国和英国财团的代表，达成了关于合作投资建设一条铁路干线的计划，该铁路起于京津地区，穿越华东地区到达江南。这一计划最终成为津浦铁路。1898年的协议把铁路分为两部分：英国将建设和经营江苏省境内的部分，德国将建设和经营山东和直隶境内的部分。同年稍晚，英、德财团与清廷达成协议，准许建设这条贯通南北的铁路。义和团运动再次打乱了铁路建设计划，但是这次双方都想在1902年就该协议重新谈判。

在义和团运动之后,当1899年的协议正在复审之时,富裕的江苏商界倡议一项由中国人收回铁路路权的计划,他们希望排除外国人对该铁路的控制。之前曾任上海知县的王懋琨,当时是居住在济南的知名的退隐官员,他在山东发起了筹集中国资本以建设津浦铁路的计划。然而他没能从山东人那里获得任何实质性的支持。

直到1908年,清廷才与英、德财团达成一个新的协议。根据这一协议的条款,该铁路名义上仍属于中国,但是外国资本将负责建设铁路,并且在铁路通车后控制其财务和经营。[13]

津浦铁路的大多数路段都与一条古官道平行。建设工程最困难的部分,是在济南附近要跨越黄河。1908年秋天就开始建造该铁路桥。在该桥完工之前很长时间,铁路的其余部分就已经投入了使用。1910年10月,火车从长江北岸的浦口驶抵济南。在济南可搭渡轮过黄河,然后经铁路北段继续前往天津。黄河铁路桥于1912年11月竣工,整个铁路工程也就此完工。[14]

尽管胶济铁路和津浦铁路在济南仅相隔几米,但是直到1920年代中期,当两条铁路都交由中国管理时,才有接轨设施将两条铁路连接起来。早前,由于中国担心德国军队攻打北京,所以希望让两条铁路保持分离,以防备德国人的突袭。

津浦铁路对济南的影响,没有比它早八年建成的胶济铁路的影响那么明显。外国技术、外国文化形态以及庞大的外国人群,已经随着早先建成的胶济铁路而来。但同时也必须注意,自从1890年代就开始有津浦铁路的建设计划,当时胶济铁路的计划还完全没有出现。1900年之后,关于一条贯通南北的干线铁路将会穿越济南或非常靠近济南的消息,对济南的所有发展计划都带来更多的动力。当1912年津浦铁路全线投入使用后,它极大地提升了济南的交通中心地位,并且在民国初年对济南的商业和工业发展有相当大的贡献。

袁世凯以及随后接替他的几任山东巡抚,从未试图阻挠外国人建设铁路的计划。但他们成功地阻止了德国人利用他们的铁路作为武器,在山东内地进行帝国主义扩张。1898年会议的第三轮,给予德国排他性的权利,以设计和建造山东省内所有形式的发展项目:"在山东省内如有开办各项事务,商定向外国招集帮助为理,或用外国人,或用外国资本,或用外国料物,中国应许先问该德国商人等愿否承办工程,售卖料物。"[15]事实上,山东的官员无视这一条款,经常与英国、美国和日本公司签约以获取外国资助。德国采矿权这一问题，可以说明袁世凯和他的继任者，在这一问题上是如何操作的。

1899年，在德华山东铁路公司得到授权的同时，另一个极为类似的公司德华山东矿务公司（Schantung Bergbau Gesellschaft，SBG）建立。德华山东矿务公司得到注资600万马克（约1905年，相当于130万美元），该公司理论上也是一个德华合营公司。相比于铁路公司，中国官员和士绅对投资这一采矿公司更没有兴趣。根据1900年袁世凯与德华山东矿务公司在济南签订的一项协议的德文文本，在胶济铁路沿线30里（18公里）内，德国有排他性的权利使用现代采矿机器采矿。协议的中文文本则遗漏了这一附带条件，最终中国官员抵制了德国的这一要求，他们首先否认德国有这种特权，然后又拒绝让当地生产者停止生产，同时也不干涉中国生产者使用西方采矿技术。[16]

图3 约1906年的济南。照片是从内城北部大明湖内的一个亭子，透过湖中的芦苇向南看；中景是内城中心，有很多低层的政府衙署和私人住所，远景是城南的山。位于中间的山是千佛山。新的火车站和商埠区在该照片范围之外，位于右方。（由一位未知身份的中国人拍摄。采自Ernst Boerschmann, *Picturesque China: Architecture and Landscape*, New York: Brentano's, 出版日期不详。）

最初德华山东矿务公司的经营集中在潍县的坊子煤田。但是坊子煤的质量让德华山东矿务公司感到失望，在义和团运动之后，该公司将注意力转移到博山谷地，中国人在那里采用土法采矿的历史已经有几个世纪。通过勘测，德华山东矿务公司在靠近淄川县城的博山谷地发现了一处绝佳的煤田。他们在那里建起一座大型煤矿，距离淄川县城大约6公里。胶济铁路博山支线可直达矿坑，该矿也成为德华山东矿务公司最重要的矿区。[17]

淄川煤矿一开办起来，在青岛、济南和北京的德国外交官，就把它作为德华山东矿务公司采用现代采矿技术进行排他性采矿的权利要求的根据，因为煤矿丰富的博山谷地正在铁路沿线30里的范围内。中国的各级官员均拒绝承认这一权利要求，因为这样做会让数千在土法煤矿中工作的中国矿工失业，并会损害很多富裕商人和矿主的投资营生。德华山东矿务公司从未摆脱中国人的竞争。[18]然而，德华山东铁路公司所提供的优惠的运费和铁路服务，应该给予德华山东矿务公司相当的商业优势，从而与它的中国同行竞争。

尽管如此，中国的生产者显然生意兴隆，而德华山东矿务公司则从未能盈利。1914年在济南有很多中国煤炭商，他们几乎所有人都在新建的商埠区内，这显示了这一行业新近的扩张。此外，一些煤场与博山、周村和章丘几个重要的山东商帮有联系。[19]这些商帮是规模小但很有势力的地方贸易联盟，涉及粮食和丝绸贸易、钱业、一般性贸易及煤炭。在遇到毁灭性的外国竞争的时候，这些商人没有理由固守某一行业，因为他们可以从其他商业经营中盈利。因此，正如他们从其他行业中盈利一样，他们也从煤炭贸易中盈利，并且由于铁路带来了更多的商业机会，他们的商业活动在煤炭业和其他行业中都得到扩展。中国商人保持了差别对待的定价机制以及其他限制性策略，从而缩小了德华山东矿务公司在山东内地的市场，或多或少地把德国公司限制在中国沿海地区。然而，中国的商业势力能够在山东国内市场上已经建立起来的商业行业中，成功地与外国势力竞争，这反映了中国的商业势力具有相当强的实力，正如他们未参与投资铁路反映了他们的弱点一样。

德华山东矿务公司无法阻止中国人的采矿经营，于是他们要求德国进行外交干预，以限制中国参与煤炭贸易的竞争。这一次同样失败了。这家德国公司从未盈利，1913年它作为铁路股被卖给德华山东铁路公司，价值大约是德华山东铁路公司在山东总投资的一半。[20]

在政治层面上,德国和中国的矿主之间的斗争,让更多的中国经济精英聚集到省会来。在铁路建成之前,济南主要的煤炭商包括山西的矿主。由于外国人和中国人在山东的新式采矿经营,这些山西矿主被排挤出济南。1900 年之前,当官员只想向中国的煤炭贸易征税,而不是利用它来抵制德国人的时候,采矿业主不会把济南当作他们经营管理的中心。他们更愿意躲开,以避免高官对他们的监视和勒索。但是 1900 年之后,因为袁世凯领导的官员采取了抵制德国人的姿态,这对中国矿主是有利的,山东矿主因此被吸引到济南来,为他们的煤炭经营寻求政治庇护。因此,在那几年中,政治与商业优势共同吸引中国商人来到济南。为中国商人提供政治庇护从而达到政治目标,这种模式代表了一种新的、重要的官商关系。在大多数此类案例中,官员并未从这种政策中获取明显的个人收益,商人也没有获得垄断经营的特权,这正是清代官商关系的普遍模式。

在济南发生的官方支持的创新活动

在济南建立一个中国人发起和管理的商埠区,这是袁世凯抵制德国帝国主义势力的政策的核心要素。1904 年 10 月,袁世凯与周馥一起,奏请由中国人自己在济南城外建立一个特殊的通商场,准许外国人居住。商埠区所提供的设施和优惠政策将与约开商埠一样,但商埠区的管理将由中国官员全权负责。袁世凯在他的奏折中主张:

> 自光绪二十四年,德国议租胶澳以后,青岛建筑码头,兴造铁路,现已通至济南省城。转瞬开办津镇铁路,将与胶济之路相接,济南本为黄河、小清河码头,现在又为两路枢要,地势扼要,商货转输较为便利……于济南城外自开通商口岸,以期中外商民咸受利益。[21]

接着他又在奏折中建议,在胶济铁路沿线两个重要的商业城市周村和潍县,建立类似的商埠区。新成立的外务部上折具奏,支持该计划,清廷于是批准了这些提议。[22]

德国人为了能够在山东内地进行商业活动,不可避免地会在基础设施方面提出一些要求,而袁世凯根据中国人自己的主张,通过建立一个特殊的商埠区,提前对这种要求做出了答复。同时，商埠区的计划对于济南来说，也是对付随铁路而来的外国势力的一种手段。

正如袁世凯清楚地看到的，为了限制德国人在山东的势力，他所能利用的最有力的工具之一，就是其他外国势力同样不希望德国在这一地区过分强大。杨士骧任巡抚时，邀请日本人来济南设立领事馆，并许诺免费提供领事馆用地。此外，他还为日本三井洋行预留了用地。英国也在济南设立了领事馆。[23]

商埠区位于旧城以西，胶济铁路火车站以南。济南旧城地处低地，因而分布有很多泉眼和湖面，而商埠区的地势较高。街道呈方格网状布局。一个特别的公园位于商埠区的中央。

英国想帮助袁世凯抵制德国的计谋，但是又担心袁世凯的政策会限制外国人在中国的权利。中国人非常了解外国人对条约所提供的特权非常敏感，所以竭尽全力让济南商埠区能够让外国人接受。袁世凯延请原上海道台袁树勋，负责建立商埠区的管理体系。上海的法律和规章，成为济南新建的商埠区的榜样①。

1906年1月济南商埠区正式开埠，开埠典礼由杨士骧主持，有200名客人受邀出席，其中包括70名外国人。巡抚杨士骧在他的讲话中说："开埠的理念是向着正确的方向迈出的一步。这是我们的发展起点，并将为所有其他内陆城市提供范例。"[24]（根据英文回译——译者注）正如"商埠区"这一名称所暗示的，它意图成为商业中心而不是工业中心。这种商业定位，反映了袁世凯的属下对铁路给济南带来的影响有一个实际的评估，因为在铁路通车到济南后的最初几年中，增长最为显著的将是贸易。首先有了商业活动的增长，随后才可能有向城市工业模式发展的潜力，袁世凯发起的商埠区，为进一步的经济发展提供了基础。

济南商埠区的管理权，主要在商埠总局手中。济东泰武临道道台监理商埠

---

① 把上海的经验作为中国现代城市管理体制的榜样，这是上海的影响力的一个重要方面。辛亥革命之后，中国的城市管理专家开始直接借鉴欧洲和美国的城市管理范例，但是由于条约权利对于居住在中国的外国人来说，依然是一个中心议题，所以约开商埠的城市管理标准依然是首要的指引。与济南同时代的另一个例子，是1904年夏天长沙作为一个普通的约开商埠开放。在那里，上海的经验同样成为榜样。参见 *North China Herald and Supreme Court and Consular Gazette*, 15 July 1904, p. 137。

总局事务。工务局是一个很有权力的部门,负责用地和建设工程的审批,以及管理其他一切与土地利用和公共卫生有关的事务。一个独立的西式巡警局负责维持治安。商埠区内的轻微案件,直接由独立的济南商埠审判公所审理。有一系列特殊的安排来保证,商埠区的巡警不会侵犯外国人根据条约所享有的特权。外国领事的职责,包括参与巡警事务和土地利用项目的决策。[25]

从法理上和实际操作上,商埠区的管理都完全与济南旧城的管理分开。旧城的管理依然和过去一样,是历城县知县的职责。然而,依据中国传统城市的管理体制,山东巡抚、按察使、布政使、济东武泰临道道台、济南府知府和历城县知县,对于济南的城市管理的职权是相互交叉的。因此,商埠区提供了一个对西方的城市管理和中国的城市管理进行比较的机会。在商埠区成立后的最初几年中,商埠区的管理对于济南旧城管理的影响很小,但是1911年之后,旧城越来越多地采用了商埠区的管理技术和形式。带有点悖论色彩的是,由于中国人控制着商埠区,所以其影响反而更大。

从商业意义上来说,济南与约开商埠最主要的不同是,济南没有大清海关总税务司署设立的分关。因此,虽然外国商人在约开商埠只需要缴纳很低的关税,但是在济南,他们需要向山东厘金局缴纳一半的内地通过税(厘金)以获取运照。这就使得经过济南进行交易的商品的价格,略高于长沙等内地约开商埠。但是由于济南周边地区没有约开商埠的竞争,加上他们的中国竞争对手需要缴纳全额的厘金,因此外国商人在运销商品时有税率优势,所以这些税制规章对外国商人有利。[26]

中国人希望这些商埠区章程,能够引导所有在济南的外国人都到商埠区居住,但是由于条约所规定的权利允许他们在内地居住在任何地方,所以很多人选择继续留在旧城。大多数传教士拒绝离开旧城,因为他们害怕他们的传教事业由此受到损失,并且很多在旧城做生意的日本店主也拒绝离开。

商埠区让外国因素在济南的影响增大,并且也显示了济南作为内陆商业中心日益增长的重要地位。大型洋行、新的外国居民以及大多数领事馆工作人员,都更愿意选择商埠区。1911年的一次调查显示,商埠区总共3500亩(583英亩)土地中,已使用六分之一,筑路7公里。德华银行于1907年建造了商埠区内最大的商业建筑。然而这家银行没有足够的业务,以抵付它的抵押贷款和经营成本。其他德国生意包括,一个旅馆、一些商行,还有一些小店,包括一个食品杂货店、一个肉店和一家面包房。英国亚细亚石油公司和英美烟草公司在商埠区有他们的办公楼。还有横滨正金银行和三井洋行的办公楼建设工地。比起旧城来，商埠区的交通更为便利，公共设施也要更好，因此很多中国人也把他们的生意或住所转移到商埠区。对于很多中国人开办的新的商业机构来说，比起旧城的拥挤地带来，他们也更偏爱商埠区。除了小型商店之外，中国人做得最普遍的生意就是旅店（34个）和妓馆（106个）。此外，传统的戏园和新式的电影院也在商埠区开设。商埠区的人口绝大多数是中国人。[27]

在把各种形式的现代技术和公共服务引介到济南的过程中，清政府的官员也扮演着一个关键角色。例如，尽管1900年以前济南就有电报和官办邮政服务，但是直到1901年袁世凯在任时，大清邮政才在济南设立了正规的邮政分局。1905年邮政设施得到扩展，部分原因是要抵制德意志帝国邮局（Imperial German Postal Administration）在山东的扩张。1909年，由于铁路的联系，中国邮政业务的集中化也让济南受益。三名外国邮政稽查员被派往济南，济南成为全省邮政业务的中心。[28]

官方的首创也促成了济南最早的电话和电力服务。1902年，一个特别的电话系统建立起来，用于巡抚衙门和布政使衙门、按察使衙门之间的联络，这一系统随后扩展到所有的衙署部门。1905年，巡抚杨士骧安排泺口的山东机器局的技工，协助安装和操作他从德国人那里购买的小型发电机。[29]

没过几年，这些官办的试验就被私人投资所超过。1906年，济南的电力服务被济南华商电灯公司所垄断。该公司拥有资本20万两白银，从青岛的德国人那里购买二手设备，并于1906年提供电力服务。[30] 济南的这一发电公司，是1901—1906年间中国人开办的十多个市政电力公司之一。中国城市中的这种公共服务行业，是吸引中国人投资的第一批产业，或许是由于在这一行业中，没有像运输、采矿和铁路等其他行业一样有那么多的外国人竞争。

济南电灯公司的主事者是刘恩驻，这个山东商人来自烟台地区，他也控制着烟台的电灯公司。刘恩驻的出身不太清楚，但是他最初在烟台这一约开商埠开始自己的事业，并且愿意在烟台和济南投资于新式技术，这表明他可能属于买办阶层，尽管我还不能确定他在烟台的商业网络关系。华商电灯公司是一个商办企业，官方的保护在其中发挥着极为重要的作用。官方负责发起济南的第一次发电试验，并给予刘恩驻垄断专营的权利，这对于获取刘恩驻的投资至关重要。

这种商人垄断的模式显然源自清末的官督商办机制，这是19世纪晚期中国现代工业发展的主导模式。

这些都是小型实业，但是他们的出现是济南工业发展最初的尝试。官员确实是负责这些创新的，并且他们与私人投资者紧密合作，共同推行他们的计划。把这种形式的努力称为"官僚资本主义"最合适，因为其经营需要官员与资本家之间的紧密合作，如果不是勾结的话。在以后，正如在济南最早建立的这几个工厂一样，官僚资本主义依然是组织大型工业生产的标准组织形式，而中国的私人资本，无论是士绅和商人，都依然坚持经营他们在长期的经济活动中早已确立根基的一些行业。

由官员发起、促成私人投资者经营的另一个领域是报业。1900年之前，济南就有一份小型衙署机关日报，但是袁世凯希望把它变成一份报道更广泛、但依然是官办的报纸。于是1907年开始出版《山东官报》，以后几经易名，其在济南的出版一直持续到1938年。[31]

传教士也积极推广报业，他们把报纸看作是进行宗教和社会宣传的重要手段，革命党人的态度也同样积极。济南的第一份私人日报，是教会支持的《简报》(The Synopticon)，每晚出版，在两张书本大的纸上印刷。一些政治团体出版了几份周报和月报，他们大多与同盟会有联系，因此他们的报纸很快就被官府查禁。一般来说，辛亥革命之前，与官方或外国人没有联系的报纸很难维持。[32]

官员们对外国技术和生活方式很感兴趣，这也算是对现代化的一种推动。山东巡抚们对外国的家具和小汽车的兴趣正属于此类；无论这些官员为何对这些东西产生兴趣，他们通常都是把这些昂贵的物件引进济南的主要人物。

对山东教育政策的改革魄力，正代表了袁世凯进行现代化的努力。改革计划涉及面非常广，也十分彻底，但它也争取到地方力量的积极参与，地方官员依然主导了改革计划。1901年，袁世凯把济南最负盛名的书院——泺源书院，改造为现代意义上的大学堂（即官立山东大学堂——译者注）。他先聘请登州文会馆的传教士，后来还有日本人，来大学堂教书，并在济南建造了一组现代建筑。袁世凯计划把这一省立大学堂，作为全省府县官办学堂体系的最高层。[33]

越来越多的中国人认为，教育应该在中国促成代议制政府的发展，但是袁世凯却不这么认为，他兴办现代教育是出于一种传统目标，即为朝廷培养素质更高的官员。因此，袁世凯所推行的教育改革与其他改革一样，都是出于一种保守的意图,并且与其关于政府的观点相一致,即高素质的官员是建立良好政体的首要保证。[34]

作为袁世凯在山东进行教育改革的一部分,1903年,周馥负责将全省71个县的传统书院,改为小学堂和中学堂。显然,只改名不改教育体制,是无法创建新式学堂的。改革计划包括课程改革,借鉴日本和西方的经验,同时不完全抛弃中国传统的教育方式。

袁世凯整个的改革计划,显示了这样一个清晰的意图:对学堂体制进行一次快速而坚实的改革。他的计划偏向把济南作为新式学堂的所在,因此将新式教育资源集中到了济南,其集中度比以前大为提高。1911年,济南有官办中学堂及以上水平学堂七所,比省内其他任何地方都多。招生1500人,教师都在大的约开商埠或者日本接受过现代教育。[35] 学生和教师赞成某种自由主义的宪政思想,虽然这是袁世凯无法接受的,但是这些学堂的创建还是要归功于袁世凯的眼光。

驻扎济南的新军第五镇,通过引进很多新技术和外国元素,同样在济南的现代化过程中发挥了重要作用。第五镇统制张怀芝,是一个忠于袁世凯的山东本地人。第五镇的司令部,设在靠近商埠区的几栋西式建筑中;其主要营垣在济南更靠西的位置,靠近辛庄,距离济南市中心大约5公里。营垣采用现代西方军营布局方式,以团为单位,围绕一个操练场组织起来,营房、食堂和公共厕所都使用独立的房屋。招募士兵的政策,依然是仅从山东本省招募。武器、操练、军服和总的组织,都借鉴西方的方法。1908年一个英国专员探访了该营垣,将其描绘为当时中国最好的营垣。他也对第五镇的部队大加赞赏。[36]

有一系列学堂附属于第五镇,负责训练官兵。最重要的是武备学堂,负责为北洋陆军后备军官提供见习训练。根据该学堂一个学生的回忆,那里的课业要求很高,纪律很严格。1903年以后,袁世凯的哥哥袁世敦,担任该学堂的督办。该学堂的毕业生,要继续前往直隶小站的北洋武备学堂接受进一步的军事教育。[37]

最早于1870年代投产的兵工厂山东机器局,成为济南军事机构的一部分。该兵工厂从未成为军事工程中心,而是一个生产步枪弹夹的小型弹药厂。然而,被派驻该厂的工作人员,则为官办电灯和电话系统提供技术服务,这些系统于1902—1906年间特别建立起来,为省级衙署所使用。[38]

学堂和军事机构是两种重要的组织，如果济南转而发展工业技术的话，这些组织可以培养具有所需技能的人才。如果济南不只是满足其日益增长的商业功能，而是变成一个重要的工业中心的话，那么这种转型是可能发生的。然而，无论是民用学堂还是军事学堂，都很少培养出技术人员，反而是为年轻人培养了更具儒雅特点的技艺，不仅符合中国传统对儒学教育的偏爱，也符合西方教育因素中的资产阶级特点。

1907年初，自从1898年以来一直与袁世凯合作的满洲贵族，开始厌弃袁世凯。由于这一变故，袁世凯丧失了对武卫右军的直接控制。新军第五镇以及其他三镇，不再受袁世凯控制，而由满人接管。与这次倒袁活动有密切关系的满人将军凤山，成为第五镇的新统制。第五镇在当时的清朝新军体系中依然处于较高的地位，但是凤山削减了军事学堂，不再雇佣外国顾问。自愿隐退的张怀芝移居天津。[39]

满人不可能撤换第五镇的所有官兵，在凤山掌权后，有越来越多的官兵表现出对排满革命思想的同情。1908年的第五镇，被同盟会的同情者大量地渗透。据一名内线估计，在辛亥革命之前，驻扎济南的新军第五镇的7200名官兵中，约有三分之一的人积极参与了反清活动。[40] 因此，山东的新军与其他地方的新军一样，在清朝统治的最后几年中，变得越来越激进。革命党与第五镇的依赖关系，加上第五镇本身的组织、技术和教育已经产生的强烈的现代性效应，这些结合起来，促使第五镇成为济南现代化的一个强有力的组织。

济南的外国人群体

1900年，在济南的外国人不超过15人，包括儿童。大部分是欧洲和美国的传教士，但也有一些是从事商业活动。传教士是外国人群的核心，他们聚集在济南最好的居住区之一。新教传教士有礼拜堂、学校和住所，它们都集聚在外城的南部。城外的洪家楼村是天主教社区，位于济南东部，是历城县境内另一个主要的外国人聚集点。[41]

传教士在济南做了很多推进现代化的工作，包括建立医院和学校。他们的经营在某种程度上为济南的现代化做出了贡献，但是更多的则是作为一种榜样，

第三章 清末新政时期的济南（1901—1911年） 53

图4 大明湖中的名胜——历下亭。一位不知名的中国人摄于1906年。照片来自Ernst Boerschmann, *Picturesque China: Architectural Landscape*, New York: Brentano's, 出版时间不详。

供中国人评估自己的工作。传教士的工作，从未成为济南现代化走向的决定因素。

正如第二章已经提到的，早在1880年代开始，济南就活跃着传教士医生了。1901年，美北长老会首先把他们的医疗机构扩建为一所医院，随后在1906年，又建立了一所医学院以培养中国医师。1908年，他们获得了一块独立的地皮，建造了一栋新楼。他们除了有美国方面的基金外，还得到山东省级官员的捐赠。1910年开始招收第一届正规学生。这一医学院随后发展为山东基督教共合大学（Shantung Christian University），即齐鲁大学。然而，即使在医疗方面，中国人也没有完全依赖外国人，因为1911年济南开办了一所中国人经营的现代医院，雇有一些日本职员。[42]

可能外国人对济南的文化所做的最不同寻常的贡献，就是广智院（Whitewright Museum）。1905年，英国传教士怀恩光（J. S. Whitewright）建立了该博物馆，它成为济南一个著名的胜地。广智院位于传教士所钟爱的城南，特色展品从鱼模型，到最近欧洲国际博览会展场的模型。在以后几十年中，广智院的藏品和声誉都在不断增长。[43]

随着胶济铁路通车到济南，以及商埠区的建立，外国人的数量快速增长。除了传教士群体之外，还有日益增长的领事人员家属、国际贸易商，以及少量的小商人。1914 年以前，大多数外国贸易商和店主都是德国人，尽管也有英国人、美国人和日本人。领事馆是每个国家的外国人群的核心，但是各国的外国人之间也有大量的社会和商业往来。不过，日本人则与白种人分开而住。

我们很难把这些各式各样的外国居民，当作济南现代化过程中的核心角色。商埠区的管理始终掌握在中国人手中，大多数重大的市政改善工作，都需要由中国人发起。赞同在济南实行新方针的官员和中国商人，经常认为这种变革正是源自西方人在济南的存在，但是大多数事务的主动权依然掌握在中国人手中。

最初，济南的外国店主受到中国商人相当大的竞争。事实上，济南旧城的中国商人，出售外国商品已经有一段时间，并且已经开设了专门迎合外国主顾的第一批商店。但是这些中国人开办的商店却逐渐歇业，尤其是在商埠区建立之后。日本小商人也随着铁路的通车而大批涌入，他们面向中国市场专营新式消费品。日本商人经营机磨面粉、机织棉布、机纺线、药品、西式小器具和家具。[44] 外国商人可以免除中国商人所承受的各种苛捐杂税——特别是地方上的厘金——这在 1916 年以后让他们越来越占据优势。

具有改革思想的士绅的崛起

具有改革思想的士绅，是我们理解济南 20 世纪初发展的关键因素，其重要性超越了外国的影响，甚至也超过了袁世凯所发挥的官方影响。这些人通过他们商业上的影响、他们的组织，以及基于早期官方的改革推动而与当权者的接触，从而让改革服务于他们自身的利益。早在 1908 年，翟比南（Bertram Giles）① 就提到了"山东新党"（Shantung reform party），他们催促巡抚衙门加快实施朝廷的新政计划，并倡导实行代议制政府。[45] 在参与实施清廷官员发起的新政计划

---

① 翟比南是英国领事馆中少见的一位极为博学的官员，他曾两次供职于英国驻济南领事馆，一次是 1905—1908 年间担任代理领事，一次是 1921—1923 年间担任领事。他是翟林奈（Lionel Giles）的哥哥，翟林奈是牛津大学第一位中国文学教授。

的过程中,士绅领袖制定的目标与那些清朝官员的目标极为不同。需要注意的是,这些士绅领袖的目标,并不总是与朝廷的目标相吻合。

山东士绅这一新的倾向性,源自中国在中日甲午战争中战败的耻辱。中国的很多年轻人发现,他们关于自己国家的很多基本假设都被动摇了,他们中的一些人已经走在科举之路上,他们开始放弃传统的教育,转向国内或者日本的西式学堂以接受现代教育。最初只有极少的山东学生参与其中,但是随着新政计划的推行,1902—1905年间,他们越来越多地意识到,至少科举制度也将很快包括一些西式教育内容。结果,他们中的很多人,原本正在计划致力于传统仕途,也开始在他们的准备过程中加入了一些西方的教育内容。

在1905年科举制度被废除之前,山东的士绅就已经开始支持现代学堂的发展。特别是在鲁东的"齐"境,士绅领袖组织社团学习现代教育方式,例如潍县的智群学社。根据地方志记载,该学社于清末(1903年)由潍县的"维新议兴有志之士"创办,他们"知非讲学无以明理,非合群无以图强;欲合群需先养民德,欲养民德需先开民智"[46]。

济南很快成为士绅对现代学堂产生的这种新的兴趣的中心点。这是很自然的,因为济南是全省高等教育的传统中心,也是袁世凯发起的官方现代教育计划的中心。1904—1911年间,士绅在济南共建立起9所中国人管理的私立中学堂。其中最重要的是1905年建成的山左公学。刘冠三,高密县人,同盟会会员,是这所新式学堂的创办人,学堂坐落在济南旧城以北两公里处的杨家庄。刘冠三的学堂得到很多知名山东士绅的支持,这也说明了济南的这些学堂是如何获得省内其他地方的支持的。该学堂所得到的资金支持中,就有来自潍县的智群学社的。[47]

山左公学成为山东革命活动的中心之一。学堂的教职员主要是曾经留学日本的年轻人,他们在留学过程中已经受到革命思潮的影响。尽管革命活动只局限于传授共和思想和进行军事操练,但山东提学使司还是于1907年将其查封①。

山左公学的很多师生继续留在济南,并在官办学堂中教书或学习。在这些学校中,军事操练以体育的名义掩人耳目,从而为推翻满人的统治作准备。即使

---

① 刘冠三离开济南前往青岛,并在那里创办了另一所学堂和革命报纸。清廷再次劝说德国殖民当局将学堂和报纸查封。

在军事学堂中,学生们也被反清的民族主义思想所席卷:在山东武备学堂,学生们在1910年都剪掉了他们的辫子,以示对满人的蔑视。阅兵的时候,学堂督办让学生们把辫子缝到军帽上,而从未对他们进行严厉的处罚。[48]

办学堂和办报纸依然是同盟会在山东的主要活动。1911年曾经有进行恐怖袭击活动的传言,但是这些计划从未实施。总体来说,相比于江南和华南的支部,同盟会山东支部是一个较为温和的群体。[49]

同盟会对学堂和教育的极大兴趣,既显示了同盟会的特点,也显示了其在山东的拥护者对中国变革方式的期盼。学堂被看作是革命基地,像邹容所倡导的那种革命军可以在这里培养,同时政治领袖们也可以在此接受教育。同盟会办学的现代定位,反映了科举考试制度先被修订后被废除的那一时期,人们对教育的观念正在逐渐发生变化。显然,如果没有得到士绅的支持,同盟会在山东的教育计划是绝难实施的。大多数情况下,士绅依然依照其传统的职责模式,为教育提供资金支持。看起来,与同盟会有联系的年轻教员所散布的革命信息,如果为支持这些学堂的士绅所了解的话,那么这些士绅是难以赞同的。

清末新政计划废除了一些旧官职,创建了一些新官职。一些新官职是向山东本地人开放的,那些拥有现代教育背景的人纷纷得以被任命担任此类官职。这一情况的总体影响是,省级行政权力得到加强,更多的人才涌入像济南这样的省会城市中。[50]

最重要的新官职是提学使。提学使的职责,远远超出了宣读圣旨和主持考试的范围。提学使除了掌管省提学使司,还负责督察各州县新设立的劝学所,其职责是"综核各区之(教育)事务"[51]。劝学所的成员是对教育事务感兴趣的地方人士。

1905—1909年间,这些劝学所成为山东地区改革活动的中心。由于三个原因,它们自然成为改革活动的中心。首先,士绅有关心教育事业的传统。其次,改良派和革命党都把教育看作是改变中国的一种手段。最后,劝学所为地方士绅提供参与谘议工作的正式机制,这就成为清廷新政计划所许诺的谘议局的先声。

1908年,清廷宣布各省将于1909年进行谘议局选举,从此,学堂不再是改革活动的中心①。

1908年底，选举迫近，300多名想要参选的人在济南出席了一次会议，听取几位讲者的讲话，其中包括山东的几位省级高官。沈同芳，进士，曾留学日本，时居济南，他做了最重要的讲话。沈同芳把约开商埠的良好管理与济南的情况进行了对比，认为为了把济南提升到约开商埠的水平，必须采取代议制政府的管理形式。[52]这次会议制订了一个计划，要创建一个特别的培训学堂，为有资格的选举人解说选举程序以及议员的职责。这种培训学堂首先出现在济南，随后该学堂的分部扩展到全省。在济南学习该课程并结业的人员，往往到其他地方组织和教授这种课程。

1909年，没有人知道省谘议局能行使什么权力，因为选举代议制的整个概念从未在中国试验过。1913年以后，袁世凯巩固了他的权力，因此议会看起来虚弱无力。然而在1909—1913年这一个较短时期内，省谘议局以及后继的省参议会等，对当时的重大事件发挥了相当大的影响，包括推翻满清政府、认可新的民国政府，以及让袁世凯就任总统。各省的参议会在民国头两年当中，掌握着本省的财权。

1909年夏天举行的选举，通过全省范围的投票选出100名议员。驻扎山东的满洲旗人，获得了额外的3个席位。仅有30名议员可以确认详细的背景信息，但是其中28名曾经在新政后建立的教育系统中任职——或者是在新设立的劝学所中担任劝学员，或者曾任教师。[53]这一信息强调了教育在清末代议制政治发展中的重要性。

表3.2列出了1909年山东省谘议局议员的教育背景。一半的议员（50人）拥有进士、举人或贡生的功名。更为有趣的是，有45人拥有的功名，是在科举制度中不足以授官职的"生员"。根据1909年议员选举章程的规定，生员要获得参选资格，只能凭借教员经历、官职经验或者财产。没有办法确切知道这些

---

① 获得选举权需要满足以下条件：年满25岁的男性，在小学堂以上学堂中有教员经验，或有贡生及以上功名，或曾担任七品以上文官或五品以上武官，或经商资产价值在5000银元以上——不包括那些个人或家庭有作奸犯科之过，或者不识字者。参选者需要满足与选举人同样的条件，但是至少年满30岁 (Chang P'eng-yuan [张朋园], "The Constitutionalists", in Mary C. Wright, ed., *China in Revolution: The First Phase, 1900–1913*, New Haven: Yale University Press, 1968, p. 146)。

表 3.2　1909 年山东省谘议局议员的教育水平

教育水平	数量
进士	6
举人	18
贡生	26
正途拔贡（由科考录取）	17
非正途例贡（由生员的头两级通过捐纳所得）	9
生员	48
例生（上等）	22
增生（中等）	5
副生（下等）	21
现代学堂	1
无其他教育资历	1
同时具有科举功名 a	(3)
无教育资历	1
总数	100 b

资料来源：《东方杂志》,1909 年 7 月 20 日,第 347—351 页。关于传统功名的体制,源自 Chang Chung-li (张仲礼), *The Chinese Gentry: Studies on Their Role in Nineteenth Century Chinese Society*, Seattle: University of Washington Press, 1955, pp.3–20, 115–137; 以及 Ho Ping-ti (何炳棣), *The Ladder of Success in Imperial China: Aspects of Social Mobility, 1368–1911*, New York: Columbia University Press, 1962, pp. 17–52。

a 未列入总数中,因为之前已经包括了。
b 总数中并不包括三个满洲旗人议员,他们获得资格的相关规定与汉人不同。

生员是如何获得参选资格的,但是他们可能是凭借其教育经历或者财产。

1909 年山东省谘议局的议员,大多数 (57 人) 拥有的功名是非正途的贡生或者生员,因此通常是不属于上层士绅的①。这表明,省谘议局为下层士绅提供

---

① 关于"上层"和"下层"士绅的区分的问题,长时间以来一直是研究中国社会的学者争论的话题,大多数学者都认为进行某种区分是可行的,但是就如何进行区分存在不同意见。上层士绅比例较小,根据一项估计,约占士绅阶层总体的 5%—6%。这些上层士绅垄断了各种官职,并且在他们的家乡保持极大的影响力,甚至在他们客居他乡的时候也是如此。下层士绅是士绅阶层的主体,他们的利益关涉和权力,相当局限于他们的家乡地区。有时下层士绅的权力可以遍布其所在的县或府,或者可能通过家族和生意上的往来,而扩展到其他地区。下层士绅很少能够通过科举获得官职,但是他们通过科举所获得的较低级别的功名,也是他们在家乡发挥影响力的决定因素。

如何对上层士绅和下层士绅进行适当的区分,这一问题非常复杂,但是只要把生员界定为下层士绅,那么就可以表明,谘议局向上层士绅和下层士绅都是开放的。关于这一问题,有两个重要的研究：一是 Ho Ping-ti (何炳棣), *The Ladder of Success in Imperial China Aspects of Social Mobility, 1368–1911*, New York: Columbia University, 1962；二是 Chang Chung-li (张仲礼), *The Chinese Gentry: Studies on Their Role in Nineteenth Century Chinese Society*, Seattle: University of Washington Press, 1955。

了一条通往权力和地位的新道路，而在 1900 年之前，他们被排除在山东正式的仕途之外。显然，由于这些新的谘议局的建立，从地位和权力方面说，这些人受益最大。然而，很明显，考虑到下层士绅的总数之巨，他们的代表席位依然相对不足。虽然他们可能占到士绅阶层总体的 94%—95%，但是他们只获得 57% 的代表席位。

从这些新的立法机构中，上层士绅不仅看到了通往权力的新道路，而且可以在自己本省的政府中任职。上层士绅此前从未获得这种地方权力，因为他们受到"避籍"制度的限制，该制度希望藉此避免官员在自己的家乡地区任职，而把职权和地方家族势力结合起来。上层士绅可能占到士绅阶层总体的 5%—6%，在第一届谘议局的 100 个席位中，他们获得了 43 个席位。当然他们占据的职位，都是被上层士绅控制了几个世纪之久的职位。总之，省谘议局的建立，也增加了他们获取权力的机会。

关于清末和民国初年士绅的角色，日本学者市古宙三（Ichiko Chuzo）提出了一个假设，即在中国任何一个朝代的末期，士绅阶层都变得越来越有力和突出。清末也不例外，但是不同之处是，他们第一次要与现代化的力量进行竞争。根据市古宙三的观点，士绅小心地行动，以使他们的行动符合清末最后几年中占据主导地位的政治基调，这样

> 实际上，在促进中国现代化的过程中，他们处于领导地位，并且在民国建立后的几年中，他们的影响力达到了顶峰。在第一次世界大战之后，他们不可能永远伪装自己并且继续扩大自己的影响力，但是他们保持住了这种影响力，甚至持续到国民党统治时期，直到 1949 年中华人民共和国成立。士绅的这种顽强的影响力，深深地根植于中国传统社会中。现代化本应将他们摧毁，但却反而给予他们一次扩展影响力的机会。[54]

市古宙三并没有试图把士绅划分为下层士绅和上层士绅，但是对于清末士绅阶层权力增长的模式，他给出了一个清晰的解释。

大多数研究中国传统社会的学者都声称，在太平天国运动之后，财富成为决定社会地位越来越重要的因素。[55] 关于 1909 年山东省谘议局议员的资料显示，大多数议员很可能相当富有，但是关于他们的家庭资产或者个人财富情况，无法获得确切的资料。当然，财富不是成为有教养的人或者议员的先决条件，但是财

富为接受教育提供了一种手段，而且也提供了闲暇时间，从而得以在地方事务中扮演领导角色，这正是中国传统社会晚期士绅权力的标志。

士绅财富一个有趣的方面是，士绅阶层中存在着一种区分：土地所有者士绅和商业经营者士绅。显然，与同盟会有联系的年轻人，并不厌恶工商业活动，并且在山东和满洲参与了报纸、机械工厂、煤矿和银行的经营。[56]甚至是那些跻身上层士绅的议员，也不因儒家狭隘的重农抑商思想而反对商业活动。来自历城县的议员王懋琨就是一个极好的例子，前文曾经提到，他是津浦铁路士绅投资的发起者。王懋琨是山东省谘议局中的六个进士之一。1900—1906年间他在上海任知县，在与外国人和中国商业界交涉方面，这一官职经历给予他非常丰富的经验。第一次大规模抵制美货和日货期间，他正在上海任职，深受上海商业界的欢迎。1906年之后，他担任山东济南商务总会的总理。他在山东省谘议局任议员期间，同样与商业界保持密切的联系。[57]

王治芗是来自黄县的议员，黄县位于山东半岛北部，农业发达，同样以商业和钱业著称；王治芗代表了1909年谘议局中当选议员里进步的下层士绅。在辛亥革命中，王治芗在地方史料中被如此描绘：

> 甲午之役……嗣又创立阜林会社，大兴林业。废科举，首创学务，先后成立第一开成、第二开成小学、凤山师范公学，并发起教育会。己酉，当选山东谘议局议员……谘议局开会，提议疏浚小清河，设立储蓄银行，挽回利权。[58]

所有这些高调的措施，都对黄县的商业界非常有利，甚至包括"挽回利权"，这将包括中国政府收回关税自主权。

谘议局建立以后，像王懋琨和王治芗这种有权势的人被吸引到济南，远离了府县级别的城市，而府县城市则是他们过去通常的活动区域。1910年谘议局面临的一个事件，清楚地显示了谘议局偏向士绅的利益。在山东半岛地区的莱阳，农民和地方官府之间发生了纠纷，起因是官府在商业交易和官府公务上设置的苛杂捐税。绅商把这些新的捐税转嫁给了农民，农民因此对莱阳的大绅商发泄怒火，因为他们觉得，这些绅商在征收这些捐税过程中有不当收益。大批愤怒的农民袭击并焚毁了两个领头的莱阳绅商在乡下的宅院，这两个绅商都有钱业和商业方面的投资。在官府的要求下，官兵前来弹压骚乱。其中一个宅院被焚毁的绅商，前往济南求助于巡抚和省谘议局。绝大多数议员都支持该绅商的诉讼。[59] 因此莱阳事件的处理方式有利于官府和绅商。这一事件表明，在面对农民的要求时，士绅和商人之间以及士绅和官府之间会形成联盟。它同样也证实了市古宙三关于清末士绅权力增长的理论。

胶济铁路通车后，济南在商业上的重要性快速提升。在生活用品方面，袁世凯及追随他的官员，也实施政策以鼓励中国人与外国人竞争。盐商和粮商曾经长时间主导了济南的贸易。煤炭、棉花、酒、五金、鱼和木材是其他主要的贸易品种。20世纪头十年，盐商的势力下降，很多新的贸易品种出现。草帽辫、花生和大豆成为新的大宗出口商品；烟草、蜡烛、煤油、火柴和外国五金成为新的主要进口商品。久负盛名的地方特产，如周村丝绸和刺绣，通过自身的变化以适应出口市场的要求。青岛成为此类贸易的中心。[60] 由于这些变化，济南的新的商人和贸易关系崛起，旧的商业势力则逐渐衰落。

传统会馆的一些商业功能，开始被现代机构所取代。商业导向的会馆，其赊账、运输、佣金和代理功能，正在被银行、铁路和现代商行所取代。

除了伴随济南的交通功能增长而来的贸易扩展，山东的官员也对商业活动越来越感兴趣——特别是对德国人的计划的制衡——这也驱使商人来到济南。官员的关注不应再被忽视。官方对手工业、城市公用设施，以及中国私人资本投资的支持，都使得济南成为一个山东商人绝对不敢忽视的政治和经济中心。周村的丝绸商、博山的煤炭商、烟台的木材商，还有来自省内其他地方的很多商人，开始聚集在济南。[61]

这些商人结成的组织中，最重要的形式是商帮，一种以省内同乡地缘关系为基础的商业社团。济南的这些山东地方商帮，代表了以同县地缘关系为基础的商人群体，是会馆这一代表外省同乡商人社团的一种变体①。商帮主要经营一些县的土特产，但也涉足其他商业活动。例如，济南的周村商帮除了经营丝绸之外，还涉足钱业、面粉和煤炭生意。[62] 辛亥革命之后，这些商帮扮演了更重要的角色。外省商人从未主导过山东的商业，这些山东本地商帮在济南的势力也得到增强，而外省商人的势力则开始下降。

---

① 比起商帮来，会馆在最初通常也不太商业化。例如，在最开始镇压捻军的时候，来自安徽省的官员就在山东担任了很多官职，因此，济南的安徽会馆更具有官僚特征，而非商业特征。

这些强大的地方商帮得到成长，大规模的新的商业活动并不依赖外贸，这些情况说明，济南作为山东省内的一个商业中心在持续成长。我们可以获得一些以外贸为导向的贸易数据，但是它们无法全面地显示济南的这种成长，所以我们必须由中国商人兴隆的生意情况来进行推断，他们主要在国内的煤炭、粮食、棉花、建材以及地方银行等行业中经营。各种各样的商业活动在济南兴旺发展，这既是济南作为山东省内贸易中心其重要性增长的一种表现，也是小清河以及胶济、津浦两条铁路对全省贸易产生的集中化效应的产物。

济南商业活动中所发生的变化，在银行业中得到最好的体现。官办和商办的现代银行，对传统的地方银号形成了严峻的挑战。中国的钱业界试图创办一些新式银行。但是在铁路通车后商业开始增长的最初阶段，中国的钱业界在组织形式和经营上都还保持着比较保守的状态。

济南新式银行的发展顺序，紧紧遵循着那一时期大多数事物发展的一般模式：首先创办的是中国的官办银行，然后出现了外国银行，最后创办的是中国的商办银行。

济南第一家新式银行，是袁世凯于1901年创办的山东官银号，它以1896年建立的山东"通济官钱局"为基础。山东官银号发行存款票据、汇票和钞票。济南第一家商办银行是德华银行，它于1907年在济南开设分行。德华银行总部于1889年成立于上海，在其他地方共有五家分行。[63]

这些新式银行最初出现的时候，济南的钱业被"福德会馆"所控制，这是一个山西的银号组织，并与天津保持重要的联系。然而，山东当地的钱业掌握在章丘商人的手中。章丘长期是一个商业中心，因为在章丘所处的低地中，盛产备受赞誉的山东水稻，那里的地形跟济南所处的低地差不多；此外还有久负盛名的地方采矿业，一直为济南服务。传说济南当地的银号，要是不雇几个章丘人就没法经营。在1905—1910年间，当济南的地方银号开始采用新式银行的经营方式办理存放款、转账业务时，两家章丘的银号起了带头作用。一家银号长期是福德会馆的成员，总号设在旧城内；另一家是商埠区内新建的银号。[64]

1910年新的国家银行，例如大清银行（1911年后改称中国银行）和交通银行，在济南设立了分行。几乎同时，来自上海、天津以及黄县和山东其他地方的中国商办银行，也开始进驻济南。不过，这些新式银行能够挑战章丘商人对济南银行业的统治地位，则是几年之后的事情。

实业和银行业一样,是济南现代化的关键因素,我们将会多次反复讨论济南生活中这两方面的进展。济南新的实业建设,既反映了清末的官僚资本主义发展模式,也反映了1900年之后中国现代化的努力中,官方对实业发展的促进(参见附录A)。与以往的实业发展最不同的是泺源造纸厂,它将官商资本结合起来。在像刘恩驻这样的大商人与区域性的小商人和小工业企业之间,存在非常明显的区别。大型的、技术先进的工业企业,可以享受到官府授予的垄断专营特权,但它反过来也要接受官方的管制和勒索。这些实业家在袁世凯在世的时候自然支持袁世凯的政策,并且在1916年以后,这些实业家继续与官方密切合作。1911年之前小商人和小实业家的兴旺发展,部分可以归结为官府的鼓励,但是他们的经营没有官府的直接介入。没有官府介入的商人,在传统行业如酿酒、面粉和其他食品加工经营中,可能已经在其经营中引进了一些现代机器进行生产,但是这种变化在1911年之前并不被人关注。总的来说,商品生产中引进的现代机器生产,与官商资本合作经营的公共服务产业有所不同,但前者在辛亥革命之前并没有产生实质性的影响。山东的区域性商帮所经营的小规模商业活动,与山东士绅中各种各样的派系更为紧密地联系起来在一起,这些士绅正在积极谋求建立地方自治的代议制政府。这种绅商联盟的总体模式,在辛亥革命之后得到延续,与得到官府授权垄断专营的商人相比,小商人和小实业家在政治上更崇尚自由主义,在商业策略上也显得更为激进。

简而言之,在清朝统治的最后10年中,袁世凯巩固了自己在华北的势力,并把济南纳入自己的掌控之中。袁世凯赞成进行现代化,他的政策为济南设定了坚定的方向,凭借铁路建设计划,济南被迫放弃旧的发展道路,成为一个更为现代的城市。事实证明,袁世凯的政策足以抵制德国帝国主义势力。同时,他的计划也鼓励山东士绅进行革新。接下来我们将会转向辛亥革命,从袁世凯的政治集团、外国人和山东士绅之间的交互作用关系中,考察他们对政治权力的争夺是如何影响到济南的发展的。

注释:

[1] 引自 Teng Ssu-yü（邓嗣禹）and John K. Fairbank（费正清）, *China's Response to the West*, Cambridge: Harvard University Press, 1954, p. 196。

[2] 刘凤翰,《新建陆军》,台北:"中央"研究院近代史研究所,1966年,第313页;John E. Schrecker, *Imperialism and Chinese Nationalism: Germany in Shantung*, Cambridge: Harvard University Press, 1971, pp. 111–113。

[3] *North China Herald and Supreme Court and Consular Gazetteer*, Shanghai, 17 April 1901, pp. 735–736.

[4] 关于对周馥的高度评价,参见 Lockhart, J. H., *Confidential Report of a Journey in Shantung*, Hong Kong: Government Printing Office, 1903, p. 3; *North China Herald and Supreme Court and Consular Gazetteer*, Shanghai, 11 November 1904, pp. 735–36; Schrecker, John E., *Imperialism and Chinese Nationalism: Germany in Shantung*, Cambridge: Harvard University Press, 1971, p. 151。周馥的奏折收录于《周愨慎公全集》（1922年）中。

[5] Arthur W. Hummel, ed., *Eminent Chinese of the Ch'ing Period*, 2 vols., Washington, D.C.: U.S. Government Printing Office, 1943–44, 2: 872; *North China Herald and Supreme Court and Consular Gazetteer*, Shanghai, 11 October 1907, pp. 92; Schrecker, John E., *Imperialism and Chinese Nationalism: Germany in Shantung*, Cambridge: Harvard University Press, 1971, pp. 151–152.

[6] Bertram Giles, Tsinan Intelligence Report, 4th Quarter 1908, F.O. 371/632 China, political; *North China Herald and Supreme Court and Consular Gazetteer*, Shanghai, 30 October 1908, pp. 15, 10 July 1909, p. 80.

[7] H. G. H. Woodhead, ed., *China Yearbook*, 1924, Tientsin; *Tientsin Times*, 1925, p. 1038; Howard L. Boorman, ed., *Biographical Dictionary of Republican China*, 4 vols., New York: Columbia University Press, 1967–71, 3: 169–70.

[8] John V. A. MacMurray, comp., *Treaties and Agreements with and concerning China, 1894–1919*, 2 vols., Washington, D.C.: Carnegie Endowment for International Peace, 1922, 1: 115.

[9] 同上,2:236。1908年末,由官方发起的一次尝试,成功地使山东的士绅购买了津浦铁路一百万两白银的股份。Bertram Giles, Tsinan Intelligence Reports, 4th Quarter 1908, F.O. 371/632 China, political。

[10] 参见中国史学会济南分会编《山东近代史资料》中,关于孙文以及其他人在高密的活动的资料;以及 Schrecker, John E., *Imperialism and Chinese Nationalism: Germany in Shantung*, Cambridge: Harvard University Press, 1971, pp. 111–24 中关于高密问题的解释。关于东昌的反应,参见 *North China Herald and Supreme Court and Consular Gazetteer*, Shanghai, 24 July 1903, p. 186。

[11] Schrecker, John E., *Imperialism and Chinese Nationalism: Germany in Shantung*, Cam-

bridge: Harvard University Press, 1971, pp. 176–78; *North China Herald and Supreme Court and Consular Gazetteer*, Shanghai, 14 August 1903, p. 346.

[12] "济南贸易事情",《支那》,第4卷第22期,1913年11月,第23—24页;以及第4卷第23期,1913年12月,第13—16页。

[13] John V. A. MacMurray, comp., *Treaties and Agreements with and concerning China, 1894–1919*, 2 vols., Washington, D. C.: Carnegie Endowment for International Peace, 1922, 1: 266–67; Percy Kent, *Railway Enterprise in China*, London: Arnold, 1907, pp. 148–51; Bertram Giles, Tsinan Intelligence Reports, 4th Quarter 1908, F.O. 371/632 China, political.

[14] *North China Herald and Supreme Court and Consular Gazetteer*, Shanghai, 4 November 1910, p. 271, 26 October 1912, p. 245.

[15] John V. A. MacMurray, comp., *Treaties and Agreements with and concerning China, 1894–1919*, 2 vols., Washington, D. C.: Carnegie Endowment for International Peace, 1922, 1: 116.

[16] 参见 Schrecker, John E., *Imperialism and Chinese Nationalism: Germany in Shantung*, Cambridge: Harvard University Press, 1971, pp. 179–91。

[17] 刘杰冲(音译),《刘参事杰冲调查报告及杂录》(此文献未能查阅到原文,题目为译者根据本书原著中拼音回译——译者注),中华民国外交部档案 R-1670.19,1920年4月;《中国实业志·山东省》,上海:实业部国际贸易局,1934年,第三十七(庚)至三十八(庚)页。

[18] Schrecker, John E., *Imperialism and Chinese Nationalism: Germany in Shantung*, Cambridge: Harvard University Press, 1971, pp. 229–30.

[19] 冈尹大郎,《山东经济事情,济南をゆとして》,大阪:出版社不详,1918年,第21—22页;《支那》,第3卷第18页,1912年9月,第5—10页。

[20] Schrecker, John E., *Imperialism and Chinese Nationalism: Germany in Shantung*, Cambridge: Harvard University Press, 1971, pp. 228–30.

[21] 朱寿朋纂,《光绪朝东华续录》,北京,出版社不详,光绪一百八十七,第十二页。

[22] 同上。

[23] J. T. Pratt, Tsinan Intelligence Reports, 4th Quarter 1914, F.O. 228/1913; B. G. Tours, Tsinan Intelligence Reports, 2rd Quarter 1924, F.O. 228/3277.

[24] *North China Herald and Supreme Court and Consular Gazetteer*, Shanghai, 2 February 1906, p. 213.

[25] Land and Building Regulations for Tsinanfu Commercial Settlement(《济南商埠租建章程》)、Police Regulations for Commercial Settlement at Tsinanfu (《济南商埠巡警章程》), F.O. 228/2165 Tsinanfu Settlement (济南商埠区)。

[26] H. B. Morse, *The International Relations of the Chinese Empire*, 3 vols., London: Longmans, Green, 1918, 2: 148–50; 3: 370.

[27] Report on Tsinan Settlement, 1911, F.O. 228/2165 Tsinanfu Settlement.

[28] *North China Herald and Supreme Court and Consular Gazetteer*, Shanghai, 31 July 1901,

p. 206–7；26 May 1906, p. 430；10 April 1909, p.75. 关于德国人在山东扩展他们的邮政服务的计划，参见 Schrecker, John E., *Imperialism and Chinese Nationalism: Germany in Shantung*, Cambridge：Harvard University Press, 1971, pp.171–73。

[29] *North China Herald and Supreme Court and Consular Gazetteer*, Shanghai, 26 November 1902, p. 1110；15 June 1906, p. 572.

[30] 陈真、姚洛、逄先知合编，《中国近代工业史资料》，北京：三联书店，1958 年，第一辑，第 38—53 页；第四辑，第 872 页。

[31] *North China Herald and Supreme Court and Consular Gazetteer*, Shanghai, 20 April 1907, p.132. 其后该报更名为《山东公报》、《山东政府公报》。

[32] 戈公振，《中国报学史》，上海：商务印书馆，1927 年，第 146 页；*North China Herald and Supreme Court and Consular Gazetteer*, Shanghai, 8 December 1905, p.536。

[33] *North China Herald and Supreme Court and Consular Gazetteer*, Shanghai, 30 October 1901, p. 827；20 November 1901, p. 964；27 November 1901, pp. 1018–19；7 May 1902, p. 887.

[34] 袁世凯，《养寿园奏议辑要》，1937 年，卷十，第 4—7 页。

[35] 孙葆田修，《山东通志》，卷八十八；R. W. Luce, "Education in Shantung", in Forsyth, R. C., ed., *Shantung, Sacred Province of China*, Shanghai：Christian Literature Society, 1912, p.302。

[36] 刘凤翰，《新建陆军》，台北："中央"研究院近代史研究所，1966 年，第 313 页；Lieutenant Colonel Pereira, Report of Visit to Chinanfu, F.O. 371/41 China, political 1908。

[37] 秦德纯，《秦德纯回忆录》，台北：传记文学出版社，1967 年，第 9—11 页；叶春墀主编，《济南指南》，济南：《大东日报》，1914 年，第 32—33 页。

[38] 王尔敏，《清季兵工业的兴起》，台北："中央"研究院近代史研究所，1963 年，第 113—114 页。

[39] Pereira Report, F. O. 371/41 China, political, 1908.

[40] 同上；尽管未能确认其姓名，但英裔华人 Quincy 先生提供了这一消息，他曾担任过一段时间的商埠区巡警局局长。

[41] Neal, "Tsinanfu, Capital of Shantung", *East of Asia Magazine* 5, 1906：324–34；笔者于 1970 年 12 月 13 日在威斯康辛州密尔沃基对 Sira 修女的访谈，她是一位 1920 年出生在洪家楼的天主教修女。

[42] H. Balme, "Union Medical College at Tsinanfu", *Chinese Recorder and Missionary Journal* 46.11, November 1915：692–95；中华民国教育部编，《第一次中国教育年鉴》，上海：开明书店，1934 年，丙编·教育概况，第 119—120 页。

[43] W. L. Garnett, *Journal Through the Provinces of Shantung and Kiangsu* (A Report Submitted to Parliament) China, no. 1, London：His Majesty's Stationery Office, 1907, pp.8–9；also the obituary of Mrs. Whitewright, *North China Herald and Supreme Court and Consular Gazetteer*, Shanghai, 23 February 1924, p. 283.

[44] 《支那》，第 3 卷第 18 期，1912 年 9 月，第 5—10 页。

[45] Bertram Giles, TIR, 4th Quarter 1908, F.O. 371/632 China, political.

[46] 刘东侯修,《潍县志》,1937年,卷二十二,第二十七页。
[47] 王麟阁,"辛亥前之革命运动",中国史学会济南分会编,《山东近代史资料(第二分册)》,济南:山东人民出版社,1958年,第67—69页;"吕子人先生访问记录",中国史学会济南分会编,《山东近代史资料(第二分册)》,济南:山东人民出版社,1958年,第221—227页。
[48] 秦德纯,《秦德纯回忆录》,台北:传记文学出版社,1967年,第6—7页。
[49] 请比较 Mary Backus Rankin 对浙江时局的研究:"The Revolutionary Movement In Chekiang: A Study in the Tenacity of Tradition", in Mary Wright, ed., *China in Revolution: The First Phase, 1900–1913*, New Haven: Yale University Press, 1968, p. 201。
[50] 参见 John Fincher, "Political Provincialism and the National Revolution", in Wright, ed., *China in Revolution*, p. 201。
[51] 陈启天,《最近三十年中国教育史》,上海:商务印书馆,1930年,第71—73页;舒新城,《近代中国教育史料》,(共4册),上海:商务印书馆,1928年,第2册:第131—135页。
[52] Bertram Giles, Tsinan Intelligence Reports, 4th Quarter 1909, F.O. 371/632 China, political.
[53] 根据笔者收集的关于山东名人的档案信息。这些信息主要根据英文、中文和日文的人名辞典编纂而成,再加上地方志中的人物传记。
[54] Ichiko Chuzo, "The Role of the Gentry: A Hypothesis", in Wright, Mary C., ed., *China in Revolution: The First Phase, 1900–1913*, New Haven: Yale University Press, 1968, pp. 308–309.
[55] Ho Ping-ti, *The Ladder of Success in Imperial China*, New York: Columbia University Press, 1962, pp. 48–50; Chang Chung-li, *The Chinese Gentry: Studies on Their Role in Nineteenth Century Chinese Society*, Seattle: University of Washington Press, 1955, pp. 137–141.
[56] 中国史学会济南分会编,《山东近代史资料(第二分册)》,济南:山东人民出版社,1958年,第58—60页,第221—227页。
[57] 毛承霖修,《续修历城县志》,1924年,卷四十,第四十一至四十三页。
[58] "黄县革命史实",中国史学会济南分会编,《山东近代史资料(第二分册)》,济南:山东人民出版社,1958年,156页。
[59] 莱阳事件的资料从《山东近代史资料(第二分册)》第1—64页中收集,基于"山东旅京同乡莱阳事变实地调查报告书",以及尚庆翰起草的"山东谘议局议员王志勋、丁世峄、周树标、张介礼、尚庆翰辞职缘由报告书"中的解释;另外还有《莱阳县志》(1935年)中的解释。
[60] "Report on Tsinanfu Settlement", 1911, F.O. 228/2165 Tsinanfu Settlement;冈尹大郎,《山东经济事情,济南をゆとして》,大阪:出版社不详,1918年,第32—37页。
[61] 《支那》,第3卷18期,1912年9月,第5—10页;冈尹大郎,《山东经济事情,济南をゆとして》,大阪:出版社不详,1918年,第32—35页。
[62] 何炳贤主编,《中国实业志·山东省》,上海:实业部国际贸易局,1934年,第一二八(乙)至一三七(乙)页。
[63] 郭荣生编,《中国省银行史略》,台北:中央银行,1867年,第97—98页;Schrecker, John

E., *Imperialism and Chinese Nationalism: Germany in Shantung*, Cambridge:Harvard University Press,1971,pp.10-11。

[64] "Banking and Currency in Tsinan", Chinese Economic Monthly 3.4, April 1925:68-76；冈尹大郎,《山东经济事情,济南をゆとして》,大阪:出版社不详,1918年,第32—35页,第93—95页,第103—110页。

第四章

民国初年的济南

（1912—1916 年）

满清帝国终结，中华民国成立，这是济南的一个重要转折点。与其他地方一样，在清朝统治的最后几年中政治力量日益增强的集团，现在开始强烈地维护他们的权力。作为山东省政府和省谘议局的所在地，以及新军第五镇的主要基地，济南是政治活动的主要发生地，但发生在济南的事件，又与山东不同地区的共和主义思想的萌动密切相连。在这一章，我们要讨论的是这样一个过程，即士绅和商界参与到共和革命中，结果却发现，新建立的中华民国的总统袁世凯，竟是一个坚定的反对共和的人。

本章的大部分内容涉及各类政治事件，这是因为这些事件清楚地揭示了，袁世凯、山东士绅及来到济南的商人之间的区别，以及日本势力出现在山东这一新问题。这些事件促成的政治联盟，极大地影响了济南现代化进程的方式。特别是，如果对政治局势没有一个清晰的把握，就无从理解本研究的中心问题——中国各界努力实现济南现代化的方式。这些政治分歧，使得中国各界人士之间无法达成合作，以抵抗国外帝国主义，同时，为实现济南的现代化，中国人希望与外国人进行的合作，也因此无法获得广泛支持。

辛亥革命在济南

武昌起义之后的几个星期内，济南与烟台成为山东政治运动的两个中心①。

---

① 烟台是武装共和党的前哨阵地，那里的军人、警察、商会和新闻记者都赞同共和。尽管约开商埠具有共同的政治革新和自由的气氛，但在烟台，这一点要比在德国殖民统治严密的青岛表现得更为强烈。一旦袁世凯主政清廷，烟台不仅反对满清，也同样反对袁世凯。参见《渤海日报》（*Po-hai jih-pao*）的复印本，4 November 1911, Great Britain, Colonial Office 873/327, Revolution in China, 1911, Chefoo Situation.

在济南，官员、省谘议局和军队，在清朝短暂而戏剧性的覆亡过程中发挥了主要作用。10月11日武昌反清起义的消息直到14号才传到济南。革命的影响首先在交易市场上显示出来。10月21日，持有纸币的人们在大清银行济南分行和一些地方银行大量兑换银元，导致银价上升。[1]

随着长江流域地区的形势对清廷越来越不利，摄政王载沣答应了袁世凯提出的复出条件，让袁世凯复出。11月7日，袁世凯被任命为内阁总理大臣，全权负责政务。然而，尽管袁世凯竭力巩固其权力以镇压革命，山东仍然倒向了共和运动。

在11月份的第一个星期，济南传出消息，山东宣布脱离清廷独立。支持同盟会的温和派丁世峄、周树标和王讷领导了这次行动。这三个人不仅都是中国宪政共和运动的拥护者，还都曾对济南近代中学的发展起了推动作用。身为谘议局议员的丁世峄和周树标，因为支持1910年莱阳民变中的农民而名声大噪。与较早期的政治事件一样，独立运动的领导者来自于鲁东，即"齐"境①。

这些人制造了谣言，说北京政府要以山东领土作为抵押向德国寻求紧急借款。这自然发动起了济南的士绅、商人和学生，11月5日，大约3000人聚集在省谘议局，要求坚决反对把山东省抵押给外国人。在丁世峄和王懋昆的极力说服下，宣布独立的决定在最后一刻被取消，代之以向北京提出《劝告政府八条》

---

① 丁世峄来自黄县，周树标和王讷来自安丘县。独立运动中其他重要的领导者来自黄县、寿光、栖霞和莒县，都属于鲁东地区。山东同盟会领导层中的一个派系，不接受依靠省谘议局开展工作的路线。这个更激进的派系由刘冠三、徐镜心和丁惟汾领导。借助包括北京、满洲、青岛和上海在内错综复杂的政界与商人的支持，他们一直谋划着在山东发动武装起义。10月11日以后，他们前往同盟会成员集中的上海。无论在烟台的独立运动中，还是在济南的省谘议局独立行动中，这个派系都不算是重要角色。但由于与同盟会关系密切，这些人在革命党的中央委员会中作为山东省代表，地位相当重要。这个激进派并非真正反对其他领导人；仅仅是省谘议局中的温和派领导人，如丁世峄、周树标和王讷，在制定政策的时候，不承认那些激进派是自己的上级。激进派试图维持他们的人脉网络，他们于1915—1916年东山再起，在日本的支持下在山东发动了针对袁世凯的进攻（参见第83页）。

1900—1930年间的大部分历史都是在1930年代书写的，此时这些激进派（与年轻时相比，往往已经不那么激进）也正是国民党内的重要人物。结果，编纂于1930年代的各类地方志和史料对他们的行动的关注，与其在1911年及之后所扮演的领导角色的真实程度完全不相称。对此最好的例子或许是《黄县革命史实》一书，书中甚至不包括丁世峄的传记，而他正是1911年后期全省独立运动中黄县的领导人物。

(见附录 C)。丁世峄和王懋昆希望北京能答应他们的要求,而不是把他们置于不得不以维护山东独立来抗拒中央政府的境地。如果这八条要求在三天内没有得到满足,山东就将宣布独立。[2]

八条要求中的第一条与借款传闻有关,要求北京不要借外债作军饷杀戮中国同胞。第二条明白无误地将山东置于革命党阵营中,坚持要北京接受武昌革命党所提出的任何条件。剩余六条涉及山东的自治,其意图是牺牲中央政府的权利来建立省自治权。省内必须保留新军第五镇和税收收入。而且,中国必须采取联邦国体。最后,省谘议局要求,凡与土地税率、官员任命、保留省内军队,以及管理省谘议局的有关规章有关的所有事项,都应是省政府而非中央政府的特权。

北京在 11 月 8 日给出了答复,不仅拒绝了关键性的第二条,即接受革命党的要求,还回避了关于省政府在财政和军务上自主权的要求。遭到拒绝后,温和的共和派领导人推动成立保安会,会长是夏继泉,即山东省谘议局议长①。事实上,保安会不过是省谘议局换了个新名字而已。[3]

11 月 12 日,在保安会的支持下,在济南召开了独立大会。丁世峄是会上宣布独立的主要发言人。在他的推动下,会议通过了一项决议,山东省宣布独立,由孙宝琦任大都督,第五镇协统贾宾卿任副都督。保安会还通过了指导山东独立的三个原则:(1) 山东全省人民,自今对于清朝,断绝一切之关系;(2) 以山东全省,加入中华民国军政府;(3) 关于本省内部之组织,分为议决行政军政各部,和衷共济,俟大局定后,共和政体完全成立,再行变更云云。[4]

然而山东独立是短命的。不知何故,革命党人允许孙宝琦和贾宾卿担任要职,而这二人都不是忠实的共和派。事实证明,这是保安会所采取的行动中的致命错误。在宣布独立后,孙宝琦继续同袁世凯和北京保持联系。11 月,袁世凯

---

① 夏继泉来自鲁西地区一个富有的家庭。他与同盟会曾有联系,并在 1912—1922 年间担任过山东省内许多重要职务(外务省情报部,《现代中华民国满洲帝国人名鉴》,东京:东亚同文会,1937 年,第 77 页)。保安会的副会长是于普源。他来自"齐"境,也曾于 1905—1911 年间与同盟会联系紧密,但在 1912 年袁世凯上台后却淡出了政界(刘东侯修,《潍县志》,1937 年,卷三十,第四十一至四十三页)。这两人都与一位名叫福田(Fukuda)、任教于济南师范学校的日本老师相熟,福田老师是唯一被视为革命党人的朋友的外国人。

表 4.1　山东的督军（1911—1916 年）

姓名	籍贯	任期	任期长度	离职原因
孙宝琦	浙江杭州县	1911 年 11 月 5 日—1911 年 12 月 22 日	1 个多月	在 1911 年 10—11 月间无法控制山东的革命
胡建枢	安徽合肥县	1911 年 12 月 23 日—1912 年 1 月 23 日	1 个月	只是代理都督
张广建	安徽合肥县	1912 年 1 月 23 日—1912 年 3 月 28 日	2 个月	只是代理都督，被派来恢复袁世凯的统治
周自齐	山东单县	1912 年 3 月 28 日—1913 年 8 月 18 日	17 个月	1913 年 6—7 月二次革命期间，任代理陆军部总长
靳云鹏	山东济宁县	1913 年 8 月 18 日—1916 年 5 月 30 日	32 个月	在反对复辟帝制的运动中跟随冯国璋，而没有完全支持袁世凯
张怀芝	山东东阿县	1916 年 5 月 30 日—1918 年 2 月 25 日	23 个月	袁世凯去世后仍然在职

资料来源：高荫祖编，《中华民国大事记》，台北：世界社，1957 年，第 4、23、37 页。

派张广建和吴炳湘到济南，分别担任山东布政使和巡警道①。孙宝琦安排袁世凯的这些手下，有效控制了山东的行政权。11 月 30 日，在袁世凯宣布在武昌停火的这一天，孙宝琦也宣布取消山东独立。孙宝琦为自己的行为辩护的主要理由是，革命党人没有获得北洋陆军第五师的支持。[5] 实际上，第五师仅仅是反清，它从来就不是革命党的热心拥护者。

张广建和吴炳湘到达济南后，向北洋陆军第五师的军官们明确传达了袁世

---

① 张广建来自安徽省合肥县。他以前曾在山东做过与铁路、电报有关的工作。1912 年 1 月他开始代理山东巡抚。当 3 月周自齐到任后，他返回北京，并随后在甘肃担任过许多官职，包括 1916—1921 年间担任甘肃都督（H. G. H. Woodhead, ed., *China Yearbook 1924*, London and Tientsin: Tientsin Times, 1912–1939, p.976）。吴炳湘也来自合肥县，他曾于 1900 年在山东的武卫右军任职，这是新军第五镇的前身。后来他在北京担任袁世凯的总统府秘密侦查处主任，并且是皖系段祺瑞集团的重要成员（外务省情报部，《中华民国满洲国人名鉴》，东京：东亚同文会，1933 年，第 116—117 页）。在同是来自安徽的周馥（1902—1905）和杨士骧（1905—1907）担任山东巡抚期间，大量的安徽人，尤其是来自李鸿章的故乡合肥县的人，在山东担任民事和军务职务，这些官员成了留给袁世凯的遗产，体现了李鸿章对政界的持续影响。

凯的期望，这些军官大多数都曾在北洋陆军的军校中训练过。随着陆军转而积极支持袁世凯，在 11 月底之前，袁世凯的手下就能够颠覆山东独立，并把整个省万无一失地转移到自己的阵营中。

山东独立运动的领导人，随之面临着要么逃亡要么被捕的选择。王讷等人南逃到南京，在那里，他们成为 1912 年 1 月新成立的中华民国南京临时政府中的山东省代表。一些与同盟会有联系的年轻教师在济南被逮捕。[6]

然而，大部分同盟会的追随者，只是返回家乡，他们在那里开始组织地方武装力量反抗袁世凯。烟台仍旧是山东革命党的中心。1911 年 11 月之后革命党就武装控制了整个烟台，1912 年 1 月，革命党得到来自满洲的起义军和轮船的增援，因而力量大增，并攻下登州，进逼黄县。1 月下旬，北洋陆军第五师的三个营向东开拔迎战革命党。[7]

在鲁东地区的军事斗争持续进行的同时，袁世凯与南京临时政府达成协议。北洋陆军第五师的增援部队在 2 月 11 日攻占登州，结束了鲁东地区的武装反抗。山东全省也随之被袁世凯和他新任命的都督周自齐牢牢控制在手中。

当袁世凯接受了中华民国总统一职后，他与革命党暂时议和。袁世凯在位期间，着手创立了一套新的共和政体，有完备的省议会和国会。许多山东籍的革命党人同意加入新政府，尽管他们不久前还反对袁世凯。然而，武装反抗的简短插曲具有重大意义，因为这不仅使鲁东地区的革命党赢得了同情，也是他们与长江流域反袁领导人合作的前奏。在另一个时机即 1915—1916 年护国运动到来的时候，"齐"境的革命党领导人将再次发起反对袁世凯的武装斗争。

济南革命的尾声中，有前清士兵一部的哗变。自 1911 年 10 月以来，济南巡防营就没有按时发放过军饷，并面临解散。1912 年 6 月 13 至 14 日夜，巡防营士兵在拂晓时分闯进旧城，抢劫西门内大街上的店铺。50 多家大店铺被焚毁。北洋陆军第五师依然忠于官府，他们把哗变士兵赶出城外。大火也被雨水浇灭。[8]

哗变显示出民国成立之初所执行的政策。前清时期的护卫职责，例如那些专门保护巡抚的卫队，逐渐趋于解体；它被由地方军事长官领导、山东籍官吏任职、并受山东省议会指引的行政体系所取代，在该体系中，士绅和地方的利益被置于军事或中央机构的利益之上。

袁世凯与山东士绅之间的斗争

自 1900 年以来,袁世凯的领导是影响山东现代化的关键因素。通过袁世凯本人的政策以及随后继任的山东巡抚们的政策,清末新政在山东得到了当地士绅的广泛支持。在袁世凯统治新成立的中华民国的 4 年间(1912—1916 年),形势发生了逆转。袁世凯发现,自己几年前曾鼓励发展地方势力,现在自己却要与这些地方势力作斗争。

出于现实的财政考虑,也因为自身的反民主倾向,1913 年,袁世凯开始试图削减士绅集团的权力,这些权力原本是通过清末新政时引介的新制度来实现的,像省和地方议会、学校董事会和商会。在全国层面,以北京的国会为中心展开斗争;在山东省,斗争的中心在济南。在烟台及鲁东其他地区,有更为大胆的军事行动来反对袁世凯,而济南则是省议会和袁世凯所任命的省高官的所在地。

1912—1916 年间,山东省内参与权力竞逐的势力集团相当稳定。在袁世凯的管理下,中央政府官员的利益和北洋军的利益自然地结合在一起。在 1911 年 10 月后的几个月中,士绅的权力得到了额外的扩张和多样化发展的机会;山东的士绅获得了省内大多数高级政府职务。这还不算由县、省议会和国会所代表的新士绅权力。商人们也发现他们也可以担任更重要的职位了。

袁世凯意识到了这种新兴的士绅权力。1912 年他制定了一项基本政策,允许人们在自己的籍贯所在省担任高官。他任命了自己的追随者,山东本地人周自齐,担任山东都督。被任命为都督以后,周自齐寻求与山东省议会议长夏继泉进行合作,并获得成功。随后不久,周自齐任命夏继泉为掌管鲁西北地区的岱北道观察使,以作为报偿。[9]

1912 年 3 月,周自齐重新召集成立于 1909 年的省谘议局,以选举山东代表参加北京的临时参议院①。此外,周自齐还任命了由山东人控制的民事行政机关。山东布政使、提法使、提学使、巡警道和劝业道均由山东人担任。

---

① 1912 年出现了两个临时参议院。第一个在南京,第二个则在北京。根据顾敦鍒的成员名单,南京参议院中有 2 位山东代表,北京议会中则有 5 位(顾敦鍒,《中国议会史》,1931 年,台中:东海大学,1962 年,第 288—290 页)。

1912年11月，新的省议会的选举，使地方权力得到了进一步的巩固。新议会的构成与1909年成立的谘议局区别并不太大，但这次没有受到被赶下台的满人的干扰。[10] 然而，对于山东的共和体制不利的是，新的议会被卷入一场斗争之中，斗争的双方，一方是对宪政政府持极度保守态度的袁世凯，另一方则是激进的革命党。这场斗争最具戏剧性的部分，是政党与代议制。

直到1912年4月北京临时参议院召开，具有确定形式的政党才出现。这些政党最初是以参议院中的团体的形式出现，而没有民众基础。[11] 不过，北京的政治团体与各省议会有着紧密的联系。1912年春天，北京的政党在济南设有若干支部。1912年，同盟会作为公开团体在济南活动数月，他们的联络点在旧城内。共和党由温和的立宪派组成，其山东支部被认为是由"翰林院学士、进士和旧官僚"组成。[12] 在国民党领袖宋教仁于1913年被暗杀后不久，作为其对手的共和党，在北京联合其他几个更保守的团体，包括袁世凯的支持者，组成了进步党。在山东，共和党同时得到了参加新国会的代表和山东省议会代表的广泛支持，这表明了山东省内强烈的保守主义态度。

1913年11月，随着国会中对袁世凯政策的反对之声越来越多，袁世凯下令将所有的国民党议员都逐出国会。周自齐在山东省议会中同样也驱逐了国民党议员，共有60位议员丢掉了席位。这就使国会和山东省议会被进步党所控制。即使如此，这样的议会仍然不能保证完全对袁世凯惟命是从，因而袁世凯在1914年1月解散了国会。在接下来的一个月中，他废除了中国所有的自治组织。通过废除代议制的政府形式，袁世凯希望实现在政治上和财政上全面控制整个民国。然而，袁世凯对付国民党的措施过于专横，以至于许多进步党党员在1914年初纷纷退党。在山东，各党派的议员中有很多都选择了归隐，他们在教育事业或在县级、省级行政机构中谋得职位。也有一些人弃官从商。[13]

济南仍然保留了一个政党。这就是公民党，其成员包括部分原来的国民党和进步党党员，以及一些曾在周自齐手下任职的杰出的山东本地人。公民党理事长曲卓新来自济宁，是一个保守的立宪派。其他成员包括来自章丘县的大商人张肇铨。最激进的人物是庄陔兰，他与同盟会联系密切，还是一位翰林院学士。[14] 很明显，山东公民党的领导者中，既有来自"齐"境的人，也有来自"鲁"境的人。公民党的存在揭示出，即使国会被解散以后，地方势力也并不总是屈从于袁世凯的意志。士绅的权力或许受到了抑制，但并未被完全消灭掉。袁世凯打压代议制政体的做法使许多山东人远离了他,以至于当日本侵占青岛并炮制出他们的"二十一条"的时候,山东人很难相信袁世凯是一个诚实的国家领袖。

民国的最初几年中,金钱是山东政治斗争的真正关键所在。19 世纪,中央政府对整个中国省级税收的控制减弱了。随着 1911 年代议制度的出现,各省上缴的税款变得更加难以收缴。由县向省财政上缴税款,以及由省向国家财政上缴税款,这两个环节都出现了普遍的断裂。例如 1913 年这一财政年度(1912 年 7 月—1913 年 6 月),山东本应向中央上缴 120 万美元的税款(占中央政府取自所有省的税收总额的 6%),但实际上山东只缴付了很少一点。[15]

显然,到 1913 年夏天,新建立的民国已经处于严重的财政危机中。根据《北华捷报》(North China Herald)的记载,民国"只有持续向国外借款才能使政府运转下去"[16]。自 1912 年春天开始,政府讨论向国外财团借一笔巨款用于重组国家行政机构,这一计划最终于 1913 年春天付诸实施。大多数历史学家断言,袁世凯将这 2.5 亿美元用于镇压 1913 年的"二次革命",以及包括贿赂和特殊津贴在内的许多不可告人的用途。[17] 尽管我们不太可能将借款与政府重组直接联系起来,不过,山东省政府的报告清楚地表明,从 1913 年 7 月开始,袁世凯确实试图开展一项省级政府的重大重组。

这一重组政策最重要的目的是恢复对省级财政收入的控制。新任山东都督靳云鹏,在来自"鲁"境的山东老乡潘馥的协助下,在山东推行这项政策①。靳云鹏采纳潘馥的建议,设立了一个新职位——县财政科长,由都督直接任命,而不是由县知事任命。靳云鹏派出专门官员核查烟酒公卖账目。1913 年 11 月,靳云鹏印制了一份名单,上面是向省里拖欠上缴税款的县知事。名单上有 188 人,其中 122 人都是在辛亥革命后才开始在政府就职。这样,山东五分之一的在任县知事在此名单上都榜上有名。[18]

---

① 靳云鹏 1887 年出生于济宁。他曾就读于北洋武备学堂,毕业后效力于段祺瑞,并一直与其保持联系。在成为山东都督之前,靳云鹏曾任北洋陆军第五师师长。在袁世凯宣布复辟帝制之前,靳云鹏是完全忠于袁世凯的,在这之后靳云鹏就转而支持冯国璋而反袁。这一立场的转变使他丢掉了山东都督的官位。后来在争夺北京政府控制权的政治斗争中,靳云鹏成为段祺瑞的主要支持者。之后尽管靳云鹏与周自齐以及交通系的其他成员闹翻了,但在袁世凯去世之前,他们似乎并无大的差异。有关靳云鹏的最详细的资料,参见 Howard L. Boorman, ed., *Biographical Dictionary of Republican China*, 4 vols., New York: Columbia University Press, 1967–71, 1: 382–84。

给县知事施加压力仅仅是这些新财政政策的一个方面,省级财政支出也不得不削减。袁世凯认为在扩大公共教育这一问题上,山东省议会已经做得过多了。为了节省资金,许多新设立的公立学校被关闭或合并。[19] 之前的"府"这一建制统统被取消,道台本来是在地域和功能上都有明确界定的官职,现在被重新组合成根据地域划定的行政系统,其官员称为"道尹"。

靳云鹏采纳潘馥的建议所采取的另一项主要的财税新政是增加税收,办法是征收几种新税,其中最重要的是对所有的商业交易征收称为"牙税"的营业税。这些税被外包给商业集团所组成的叫做"牙行"的专门的征税公司来征收,从而确保了这项改革不会完全脱离商业利益。这些公司购买了在特定地区征税的特许权,并向政府承诺将2%的税额返还给零售业。山东省政府还指定了一种关于财产所有权的新税,所有的土地所有者都需要登记所拥有的土地业权并缴纳该新税种。[20]

有利于中央政府的税收体系重组持续到了1914年,此时在省级以下行政级别成立了新的征税机构"征收处",用以监管十个县的税收事务。新方案开始显示出成功的迹象。1914年2月,那些缴税最多的地方长官在济南受到了山东省政府的特别嘉奖。

尽管有关这些行政改革的讨论通常是与政党斗争的讨论分开进行的,但二者实际属于同一政策。实际上,与行政重组相伴随的,是把与政党有联系的官员全部解职,并由袁世凯的手下取而代之。例如,深得山东士绅欢迎的山东民政长田文烈,就被袁世凯以前的老师高景祺所取代。[21]

这些新任官员不见得比被他们所代替的人更胜任,但至少他们会把中央政府的利益时刻放在心头。到1914年6月,山东的财政形势已经处于可控状态,固定向北京上缴税款的机制得以再次启动。自1914年1月到6月,山东向北京上缴了近300万美元的税款。[22]

总之,就如同他曾成功地打压反对党和国会一样,袁世凯在行政重组和税收改革方面也取得了成功。然而,这些政策却使他失去了大量士绅的支持,对他身为总统和中国皇帝的最后几个月影响重大。但是跟其他地方一样,军阀势力在山东赢得了对士绅的重大胜利,士绅们对中国的国家形式曾经有一种联邦宪政主义的愿景,即地方力量可以将自己的非正式影响力,转化为对省级和省级以下级别行政机构的正式控制力,但在袁世凯面前,他们的愿景也落空了。

对这种自治的愿景表示拥护的有两类人，一类是传统士绅领袖，他们拥有科举功名，有学识、有钱财；另一类是那些对新的商业投资感兴趣的人，正如我们将要看到的，后者在民国早期的济南正在扮演重要的地方领袖的角色。随后的几十年间，新的商业势力将会努力在济南拓展他们的影响力和控制力，但他们无法胜过袁世凯，这是1949年之前他们遭遇的一系列挫败中的主要损失。在后面的部分中，我们将会更加详细地审视这些在济南出现的新的商业势力，因为他们代表了传统士绅对于山东和济南不断增长的商业化过程的一种适应。而且，他们所拥护的政治、经济和社会目标，与19世纪出现于西方城市的资产阶级理想比较接近。

在山东的外国势力

在山东的德国人原想将其胶州湾租借地变成香港那样的殖民地。德国人拥有地处胶州湾东南岸的青岛，有港口，有城市，就可以通过铁路和采矿许可权向山东内陆辐射其影响力。然而，德国外交部反对这等殖民梦想，认为拥有界限分明的势力范围，会威胁到主要列强所奉行的合作型帝国主义（cooperative imperialism）的政策，使其他列强在各自的在华势力范围中排斥德国，最终使德国的整体利益遭到损害。因此，青岛减少了一些德国殖民地的色彩。1905年是青岛国际化进程的转折点，当时青岛的德国当局同意青岛完全加入大清海关总税务司系统。[23]

民国期间，在德国对青岛的控制权被日本夺去之前的短暂两年内，就像其他西方国家一样，德国尽力地维持其合作型帝国主义的原有政策。这方面的迹象有二，一是德国的金融集团参与了1913年的善后借款，二是德国支持袁世凯，这意味着袁世凯及其任命的山东官员获得了德国势力的支持。

然而，正是德国人的合作型帝国主义政策，使得日本人，尤其是日本商人的地位越来越重要，日本人把青岛作为自己的商业基地。1913年青岛贸易总额中的各国贸易额显示出，德国无法主导山东的外贸。早在1907年，以美元交易量计算，日本就承担了青岛大约一半的进口贸易额。[24] 鉴于日本之后在山东的地位，考察日本在山东的商业利益的早期迹象是很有必要的。

第一次世界大战使德国在山东 15 年的殖民史嘎然而止。8 月中旬，日本向青岛的德国人发出最后通牒，要求他们在 1914 年 9 月 15 日之前把整个租借地完全转让给日本及其盟友英国，否则日本将入侵青岛。这一要求遭到德国的拒绝。9 月上旬，日本，以及并不情愿参战的英国，入侵山东。尽管有一支德国军队驻扎在青岛，但殖民地毕竟不是堡垒。德国守军仅有大约 5000 人，而英日联军的总数则超过了两万。11 月 7 日，德军投降。[25]

日军占领了整条胶济铁路，并在沿线所有的主要车站驻防。在潍县，日军组建了军方操控的"民政分署"，并在济南大批驻扎守备军。[26] 日本人并不满足于只把德国人赶出山东，他们要把自己在山东的势力拓展到德国人从未企及的范围。

中国官方对于日本入侵的反应既缓慢又不当。1914 年夏末，中国宣布在第一次世界大战中保持中立。日本入侵青岛是对这一政策的首次检验。当入侵还仅仅是一种恐吓的时候，中国外交部以为，只要不公开反对日本，就可以维持中立政策。然而，一旦日军在中国登陆，对于北京政府来说，中立似乎就成了一项不切实际的政策。[27]

因为担心日军入侵，在征得北京的同意后，山东都督靳云鹏采取了一些防卫措施。早在 8 月 13 日，在日本的最后通牒到期之前，他就派出军队在胶济铁路沿线维持秩序，并在山东半岛的登州和莱州增加了驻军。8 月 15 日，靳云鹏命令北洋陆军第五师开赴潍县，第 47 混成旅开赴莱州。从天津增援而至的炮兵，使靳云鹏的力量得到增强。8 月中旬，北京政府和山东省当局，都力图缩小欧战给山东造成的影响。[28]

在 8 月 15 日日本的最后通牒发出后的几天里，有关防止胶济铁路落入日本人之手的两种不同方案的传闻，开始在济南传播开来。第一种方案要求德华山东铁路公司把胶济铁路的经营权移交给中国股东。但显然，由于中方缺乏大股东，加上德华山东铁路公司是一家德国注册公司，导致这一提议并无进展。第二种方案希望中国政府依照津浦铁路的操作方式，从德华山东铁路公司处将胶济铁路赎买回来，这样能保持德国投资不受损失，但所有权则回到了中国手中。这两种方案都因遭到日本强烈的外交抗议而归于失败。[29]

日本远征青岛，这成为日本对中华民国的新外交政策的第一步。这项新政策是加藤高明的手笔，他是 1914 年 4 月上台的大隈内阁的外相。加藤高明刚一上任，就开始扭转日本对华政策的方向。在之前的几年中，日本对华政策一直由日本驻华大使伊集院彦吉制定，他与袁世凯关系很好。伊集院彦吉主张，日本与其英国盟友及其他帝国主义列强，应该对袁世凯和中华民国采取友好的政策。这种政策对于日本政界元老们来说是不能接受的，他们希望中国遵照日本的模式，因而更倾向于中国采取君主立宪制。[30]

加藤外相撤回了伊集院彦吉，开始制定更加积极的对华政策。加藤高明最早出道，是在1890年代担任大隈重信的秘书。作为1914年大隈内阁的成员，加藤高明根据其导师的观点构建出他的对华政策。所谓"大隈主义"宣称，由于日本是学习西方模式最成功的亚洲国家，所以日本应该在引导其他亚洲国家尤其是中国的发展方面发挥引导作用。

以这种观点来看，日本对山东的入侵体现出一系列重要特征。首先，尽管日本在山东和济南的贸易规模很大，却没有任何证据表明，日本的工商界曾经施加压力要求夺取山东。此外，山东对日本来说没有战略意义。因此，日本进驻山东是基于其他考虑，这与满洲的情况是不同的，而提到满洲，几乎日本所有的政治和经济利益集团都赞成，为了日本的国家安全和经济利益，必须征服满洲。[31]实际上，日本人入侵青岛，就是要把中国置于日本统治之下的加藤计划的开端。在日本人的计划中，下一步就是"二十一条"。

为了使日本对满洲、蒙古和华北的外交政策目标保持一致，日本驻华领事馆中一位武官制定了这些臭名昭著的条款。该武官起草的条款最终形成一份文件，经加藤外相批准。"二十一条"共分五号，由日本驻华公使日置益于1915年1月18日递交于袁世凯。[32]在最初的共五号条款中，第一号条款与日本在山东的权利直接相关。第五号条款最具争议，它要在全中国寻求顾问、政策、军事和经济发展方面的广泛特权。

1915年2月2日，谈判在北京举行，日方代表是驻华公使日置益，但4月中旬谈判破裂。日本政府撤销了第五号条款，并于4月下旬重新提交。直到5月1日，修改后的条款仍然遭到中国政府的拒绝。日本向袁世凯发出了最后通牒作为回应。5月9日，中国原则上接受了日本的新要求。5月25日双方正式签署条约。[33]

最初的"二十一条"中第一号条款中的四款都与山东有关。第一款，中国政府允诺，日后日本国政府拟向德国政府协定之所有德国关于山东省依据条约，或其他关系，对中国政府享有一切权利、利益让与等项处分，概行承认。第二款，中国政府允诺，凡山东省内并其沿海一带土地及各岛屿，无论何项名目，概不让与或租与别国。第三款，中国政府允准，日本国建造由烟台或龙口接连胶济路线之铁路。第四款，中国政府允诺，为外国人居住贸易起见，从速自开山东省内各主要城市作为商埠；其应开地方另行协定。[34]

最关键的是第一款，这就把日本的地位等同于1914年8月之前的德国。第二款似乎明显是想限制其他外国势力对山东的渗透，然而第四款在理论上却可以使所有外国势力得到好处。此外，第三款看起来像是取悦在烟台的英国势力，他们很乐意有一条铁路可以将烟台这一约开商埠与内地联系起来。

当有关"二十一条"的谈判正在北京进行的时候，济南的形势也不安稳。日军仍然遍布胶济铁路沿线，还特别派遣150人的小分队驻扎济南，保护日本领事馆和日本侨民的安全。整个谈判期间，在济南没有发生任何暴动或骚乱。报纸上有关谈判的报道仅仅是怯弱的批评，因为所有的新闻报道事先都经过了省级部门的审查。靳云鹏和其他省级官员想尽一切办法避免与日本人发生冲突。英国驻济南总领事把山东官员对日本人的态度描述为"谄媚的"[35]。一般大众保持着对"二十一条"的关注，但由于他们既看不到准确的新闻报道，也没有政治领袖来引导其表达异议，所以也就没有出现任何公开抗议。其他可能的公共集会场所只有省议会，但议会在前一年的秋天已经被解散。

1915年3月，当谈判开始出现胶着迹象的时候，日军增派7000人到山东。其中3000人在3月22—25日期间经铁路到达济南。在济南，日军把他们的巡查范围扩展到商埠区的许多地方，旧城里的中国地方政府部门仍照常运转。北洋陆军第五师仍然躲在商埠区以西的营垣里，小心翼翼地避免向日军挑战。[36]

5月上旬，在日本向袁世凯发出有关"二十一条"最后通牒的紧要关头，驻扎济南的日军进行调动，摆出要接管济南的威胁姿态。所有住在旧城的日本侨民都迁入商埠区，妇女和儿童通过铁路被送往青岛。3000人的日军围着火车站和商埠区内重要的日本建筑建起了防御工事。中国签署了修订后的"二十一条"后，沙袋和防御工事才被清除。[37]

到1915年6月中旬，驻扎济南的大部分日军都被撤回，日本人开始着手恢复贸易和采矿业。1914年8月，欧战造成的海外市场的丧失以及在山东发生的军事行动，使得在青岛和济南的大多数贸易都受到影响而中止。直到1915年秋季贸易才有起色。即使那时，草帽辫、发网和花生等重要贸易种类，也由于出口市场的消失而蒙受损失。[38]

青岛的贸易复苏后,船只的缺乏成为一个巨大的障碍。德国和英国的船只已经放弃了东亚地区的航运,外国船只中只有日本船只可供使用。但日本船只忙于中日间的直接贸易,无暇分身于中国国内沿海贸易。因此山东沿海地区的主要贸易不得不依靠中国的船只和公司。日本人的出现也改变了山东和济南的贸易模式,正如日本对中国和山东的政治模式的改变一样。而且,在有关"二十一条"的谈判举行期间日本军队驻扎在济南,这显示出外国帝国主义对济南产生的影响将比1914年以前更具决定性和更为直接。1914年,外国的军事势力在济南肆无忌惮,在1914年以后的某些关键时刻,日本人这种明目张胆地无视山东军方和行政当局的类似行径屡次发生。

1916年5月中华革命党的起义

1913年反对袁世凯的起义,即"二次革命",在山东几乎没有产生什么影响,山东对长江流域的起义没有给予重要支持。山东主要的影响是,周自齐和北洋陆军第五师被派往江苏协助镇压那里的起义。然而,在1915—1916年反对袁世凯复辟的运动中,情况却与此迥异。

在接受了日本修订的"二十一条"之后的几个星期内,袁世凯开始谋求成为中国的立宪制君主。通过施展一系列政治和法律手腕,1915年12月12日,袁世凯接受所谓"拥戴书",宣布称帝。不过,随着袁世凯的野心逐渐为人所知,中国的反袁力量也重新联合了起来。

反袁力量的核心是孙中山的秘密政党"中华革命党"的党员,在袁世凯解散了议会中的国民党以后,中华革命党于1914年7月在日本成立。这些反袁力量在中国的华南和西南地区得到极大支持,这些地区并不受北洋政府的控制。即使在北洋集团内部,对袁世凯复辟计划的不满也越来越多。对袁世凯提出最直言批评的是冯国璋。日本也通过某些途径支持其中的一些反袁运动。[39]

1915年11月,陈其美试图发动起义占领上海,这是中华革命党反袁武装起义的首次尝试。这次尝试以失败告终,在随后的六个月中,袁世凯在上海重新建立起稳固的控制。1915年12月下旬,在袁世凯正式称帝之后,由蔡锷等人领导的起义在四川爆发,这次起义规模更大,更为成功。"护国军"在起义中建立。这支反袁军队的力量开始扩展到长江流域各省。

护国军节节胜利的同时,北洋集团内部的不满则在日益增长。1916年3月中旬,袁世凯开始讨论放弃帝制。3月22日,他正式取消帝制,并宣布计划重组北京政府。然而,由于出现新的财政匮乏,加上众叛亲离,袁世凯在中国的权力迅速瓦解。权力的衰退伴随着病体难支,袁世凯于1916年6月6日去世。

在袁世凯去世前的最后几个星期内,中华革命党在山东发动了一次新的反袁运动。这次暴动由来自湖北的同盟会老会员居正领导,他早先已从政界引退,但在1914年又再次出山,在日本加入孙中山的中华革命党。居正负责组织中华革命军东北军。居正应该与陈其美在工作上联系密切。上海起义失败陈其美被刺杀以后,居正继续坚持完成他所负责的工作。[40]

居正继续在上海、大连和青岛活动以组建东北军。中华革命党有许多重要支持者是从山东和中国其他地区移民到满洲的。山东人与家乡地区保持着联系,并随时准备协助在山东发动革命。住在满洲的山东人中,许多是支持辛亥革命的年轻人。到1916年,他们认识到袁世凯伪共和的面目,所以都愿意支持反袁的军队。

其中两位领导人是吕子人和张鲁泉,他们都是在日本留学期间就支持并加入同盟会的山东人。辛亥革命后,张鲁泉被选入国会,并参与了奉天省的拓殖计划。[41]吕子人既不是国会议员,也不是山东省议会议员,而只是一个小企业主。他与山左公学的创办人刘冠三一起,在济南开办了一家小织造厂。山东都督靳云鹏强迫吕子人离开济南。吕子人先到了青岛,随后于1915年去了日本。他在日本加入了中华革命党,当年下半年,孙中山把他派回青岛筹备发动起义。[42]

除了招募投身商业、受过教育的年轻人,居正还延揽了更多的武将,例如吴大洲。当辛亥革命余波未平,革命党在烟台发动起义并控制整个城市的时候,吴大洲当时担任烟台警察厅厅长。1912年他移居满洲,在那里与土匪关系密切。[43]①

日本为居正及其追随者提供了极大的支持。日本允许居正在大连组织东北军,允许他在青岛、大连和上海之间频繁往来。日本当局协助居正将部队从大连

---

① 支持居正起义计划的另一股力量是上海幸存的反袁力量,其中有来自上海的蒋介石,他参加了1916年的山东起义。在山东起义的最后阶段,蒋介石来到山东,在居正手下担任东北军参谋长,但在袁世凯去世后不久又返回了上海。

运送到青岛，还向东北军出售武器弹药。最后，日本人还允许东北军使用胶济铁路，开赴东北军想进攻的城镇。如果没有日本冒险家和日本政府先后的支持，整个起义计划将永不可能实施。[44]

1916年5月初，居正集结部队于潍县，并从守城的张树元手中夺取了潍县。尽管张树元是一个备受信赖的北洋军官，却几乎未作抵抗。与此同时，吕子人在他的家乡高密建起了自己的军事武装，吴大洲则攻下了周村。[45]

5月18日，居正集结军队试图进攻济南，但靳云鹏击退了他们的进攻。随后5月24日和6月4日的两次进攻也被靳云鹏击退。随着袁世凯6月6日去世，东北军停止了进攻。居正不再担任东北军总司令，转而在北京重新召开的国会中得到一个席位。其他领导者大多返回各自的家乡。[46]

吴大洲在周村的处境有所不同。吴大洲的军队大多由土匪分子组成，在他们的要求下，周村的商人交给他们大量钱财。1916年7月，当这些商人一时无力继续在财力上维持吴大洲的军队时，军队竟然纵火焚烧周村的主要商业区。这一行径，使得原本对东北军友好的山东"齐"境的商人，转而反对东北军以及作为其政治领导的中华革命党。[47]

吴大洲继续就自己军队的未来出路与山东当局进行谈判，最终在1916年10月，新任山东督军张怀芝把吴大洲的军队收编为一个新兵旅。然而，不到两个月，张怀芝就找到借口镇压了吴大洲部队的骚乱，这支部队最后被认定为"暴动"并被解散。[48]

1916年中华革命党的起义跟袁世凯的倒台关系不大，但它确实清晰地揭示出当年山东政治力量的联盟。日本反对袁世凯，并支持孙中山及其中华革命党。无论民国成立之初日本对袁世凯多么友好亲善，这种关系在双方关于"二十一条"的谈判期间已经结束了。在山东，中华革命党主要以原同盟会的领导人为基础；到1915年，中华革命党的许多党员转而在满洲、青岛和上海从事工商业活动。这些人大部分来自鲁东地区的"齐"境。

1916年，山东的反日情绪不仅存在于中华革命党之中，也存在于北洋集团内部，其在山东的代言人就是都督靳云鹏。除了官员们，反日人士还得到了许多士绅的支持。潘馥是来自靳云鹏故乡济宁的一个企业主和官员，他成为那些领导反日民族运动的士绅中最杰出的一位。[49]

在袁世凯去世之前，山东的反日力量主要来自其内陆地区，以鲁中和鲁南地区最具代表性。因此在1916年，山东的"鲁"境和"齐"境地区之间，在政治上依然存在重大差异。1916年以后，当靳云鹏和潘馥成为北京安福系的坚定分子的时候，他们的反日民族主义思想消失，转而成为山东的日本势力的两个主要支持者。自然，日本在1916年后就彻底抛弃了孙中山，并围绕与安福系的合作而调整其政策。后来，"齐"境的商界领袖成为反日民族运动的领导者。来自"鲁"境还是"齐"境，这一直是许多年来影响山东政局的一个主要因素。

东北军，尤其是吴大洲部队的行径，在山东并不得人心。攻占潍县、吴大洲在周村的专横行为，以及攻打济南，所有这些都使"齐"境居民从最初支持起义转为愤恨地反对起义。

当鲁东地区的地方领袖，尤其是商人，看到吴大洲的军队并没有对日本商人进行骚扰时，这种愤恨之情更为加剧。由于生意萧条，山东商人开始反对孙中山和中华革命党。在1920年代，孙中山在广东将遇到同样的情况；在那里，由于他与军阀合作，从而也使他招致了地方领袖的反对。

1916年起义之后，山东对孙中山的支持几乎化为乌有。在随后的十年中，少数山东人依然紧密追随着孙中山及其事业，但他们几乎总是在山东省外活动。孙中山的中华革命党和后来的国民党在山东仅有的活动，就是开展秘密的宣传或组织工作。这种情况一直持续到1927—1928年间北伐军进入山东时。即使这一时期过后，孙中山与日本的合作，仍给国民党在济南和山东其他地区发挥影响带来了负面效应。

济南持续的现代化

尽管有辛亥革命、1914年日本占领山东，以及1916年反袁起义对正常生活的破坏，济南的现代化进程仍在持续发展。每次破坏都会使商业和工业的发展速度暂时放缓，但也有助于将不断集聚于济南的山东政治和经济利益集团进一步统一起来。紧随1916年起义而来的是出现了反日和支持共和的各利益集团的联盟，但这一联盟更支持北洋集团，而非孙中山。

济南的行政权依然严重分化为两部分，一部分属于历城县，另一部分则属于独立的济南商埠总局。岱北道观察使成为济南最重要、最有权力的官员，因为他对历城县和商埠总局都有管辖权。夏继泉，山东省议会的前任议长，在1912—1914年间担任岱北道观察使。在袁世凯削减省议会和地方领袖的权力并安插自己的亲信期间，夏继泉失去了他的官职。袁世凯手下几个名不见经传的追随者，占据这一官职共达两年。

随着立法机关不再运转，报纸成为济南主要的舆论阵地。报纸社论的立场，既对以受过良好教育的人为主的读者群产生巨大影响，也对省政府起到监督作用。出版物的影响力也是对济南现代化程度的反映，因为1900年以前济南还没有出现报纸。通过对这些报纸的编辑方针和发行工作进行更为细致的考察，可以了解更多有关济南政治思想的动向。

代表济南商界的《大东日报》影响最大，日发行量约800份[①]。其运作揭示出，中国商人之间为了实现合作，可以克服"齐"、"鲁"之间的分歧。主编叶春墀来自沿海地区，但他与潘馥和其他来自山东内地的领袖全力合作，于1914年在济南成功举办了"山东第一届物品展览会"（参见第87页）。叶春墀于1912年创建《大东日报》，在1915年夏天之前，他通过舆论支持进步党和袁世凯。之后随着袁世凯的复辟计划昭然天下，《大东日报》反对复辟，却没有公开支持反袁起义，因为支持起义的立场将会招致山东督军强迫报馆关闭。[50]

另一家主要的日报是《山东日报》，这是一份私营报纸，由发行官办《山东公报》的同一批职员编辑。《山东公报》的内容只是山东省政府的官方声明。显然这两种报纸是放在一起发行的，共约有1200份的日发行量。两份报纸共同的主编马官敬，是济南最重要的资本家马官和的兄弟，马官和参与了多项官方支持的大型工商业项目。《山东日报》通常都站在支持山东省政府的立场上。[51]

《简报》刊登其他报纸文章的文摘。《简报》的日发行量约为1000份，但并没有独立的社论立场。从1915年开始，一份名为《山东新闻》的日本报纸在济南发行，日发行量约有200份。另有还有五六份中国报纸，日发行量都是几百份。这些报纸既包括专门的企业与商业版面，也有特定政治派别撰写的文章。那些包含政治观点的报纸，不受当时山东军阀的欢迎，因而存在时间很短。[52]

民国初年的国内动乱导致了暂时的贸易停滞；然而，第一次世界大战却导

[①] 需要注意的是，发行量是指订购数量。因为中国人有公开张贴报纸以及彼此间传阅报纸的习惯，所以实际的读者数可能要比这里的订购数多得多。

致了重大的逆转。战争爆发后的几个星期内，山东的丝绸、发网、草帽辫的出口市场消失了；外贸公司的员工被征召入伍；英德两国参与中国国内沿海贸易船只的撤离，严重打击了生鲜货品的沿海贸易。只有日本的船只和出口市场还保留着。

一战对中国的影响一直持续到1920年代早期，因为直到那时，欧洲人和美国人才返回中国重新开始贸易经营活动。在此期间，中国资本可以进行各种现代投资，这些投资之前从未在与外国人的竞争中取胜过。由于大多数此类革新都出现在袁世凯去世以后，因此我们将在下一章对它们进行讨论。

不过，我们可以对一战前夕济南的经济生活进行极其全面的描述。1914年夏天，"山东第一届物品展览会"在济南举行。这次展览会的提议来自山东省议会，反映了省议会的商业倾向。尽管省议会后来被解散，展览会仍由山东省政府着手举办。有关这次展览会，《大东日报》的叶春墀出版了一本专门的手册《济南指南》，为了解济南的经济社会生活提供了极好的资料。

展览会场地设在商埠公园，包括一些临时建筑和一个专门的市场区。中国的商家和外国贸易商在市场区内都设有展位；英国和日本的公司非常多，但没有德国公司。主陈列馆预留用来展示山东本省产品。

陈列馆中的展品中也有一些采用现代工业技术生产的产品，但可以看出，山东的大多数产品都是传统手工艺品和农产品。除了济南的山东机器局制造的小型武器，展品中的现代工业产品大多出自青岛和济南的小型五金行，主要制作饭锅、瓶罐。其他制成品包括博山的陶器和玻璃——都是传统的装饰品，而博山现代化的中资玻璃厂，则生产更为实用的窗玻璃。周村展出的是传统手工艺品——蜡烛、肥皂和纸张——这些都是几个世代以来周村一直出产的特产。[53]

手工纺织的棉线和棉布，是主陈列馆展示的主要产品。国产的布匹被称为"爱国布"，用手工织布机生产，但到最后一道工序，则要送往潍县、青州、济宁和济南的大型染织厂完成。

展览的农产品包括各类谷物、原棉、草帽辫、花生和竹子。1915年和1916年济南的贸易数据显示，小麦、花生、花生油、棉花、兽皮和豆油，是按照总交易重量计算规模最大的贸易项目。这反映出，随着铁路的发展，山东经济的商业化水平不断提高。[54]

在周村、潍县和济宁，手工工人加入到传统生产行业之中，例如造纸业或棉纺业。还有一些新的地方特产产品面向国外出口市场，包括草帽辫和发网，但旧的产品并没有被彻底取代。

展览会选址本身，也与我们研究济南发展的主题相关。全省的农产品和手工艺品经销商都希望在济南举办博览会，既是因为省财政可以提供支持，也是因为济南作为贸易城市的重要性不断增长。济南位于津浦铁路和胶济铁路交汇处，正在逐渐成为山东省内新的贸易中心，也因此成为一个越来越重要的跨地区贸易中心。如同过去的市场情况一样，展览会的一大特征是，展品中只有极少可供出口的产品，但采用传统工艺生产并面向国内消费市场的产品，却品种繁多，这显示出，运河、铁路、银行和济南其他现代设施，使地区间贸易更为便利，也使济南越来越成为一个商业中心。

展览会的指南中也描述了济南的社会生活。根据指南中翻印的户籍登记数据，1914年济南人口为245900人。1912—1916年，尽管济南的经济地位和政治地位不断提高，但济南的人口一直保持相对稳定。

人力车在当时是一种非常实用的车辆，既可以拉人也可以运货，1911年以前在济南就已经很普遍。直到1912年，人力车一直使用铁制或外包铁皮的车轮；以后橡胶制车轮开始出现，两年内就风行起来。[55]历史更久的手推车和马车也仍在使用，但比人力车的使用频率低。当然，人拉或畜力拉的马车，一直用于大宗货物的运输，如谷物、煤炭、砖和棉花。省里的高官或外国人还拥有几辆汽车。然而，在1914年，汽车基本上仍是奢侈品，在济南的经济生活中作用并不大。

随着铁路的发展，对现代宾馆和旅店的需要增加了。济南旧城的旧式旅店所能提供的住所有限，且普遍不供应饭食。济南极端西方化的代表是商埠区中的石泰岩饭店，老板是德国人，该饭店迎合德国人的住宿要求。这家饭店成了外国商界的聚会场所和社交中心。商埠区还有20家新式中国旅馆，也在效仿西式宾馆，努力提供相同水平的全面的宾馆服务。这些旅馆还无法与石泰岩饭店相提并论，但与一般的中国旅店相比，它们确实可以提供更多的室内设施和服务，包括饭食。此外，在济南还有一家专为日本旅客服务的旅店。[56]

日本宾馆只是1914年大量日本人来到济南的标志之一。三家日本药房、四家日本洋行（包括三井洋行）、一些日本餐馆和一家日本风格的理发店，也都在济南开业。此外还有日本领事馆和日本外贸结算银行——横滨正金银行的分行。济南还有两家日本私人医院，职员全为日本人。如上所示，即使是一战前，在表面是德国势力的影响下，日本人也是相当强势的。[57]

青岛的德国殖民当局和美国传教士，也都在济南经营着拥有约 100 个床位的大医院。美国人还在济南开设了一所医学院，后来发展成为山东基督教共和大学（齐鲁大学）。[58] 济南共有 32 所公立中学及约 40 所小学。不过，很多小学仍然采取私塾的组织形式，与政府的教育部门没有什么联系。[59]

济南银行业的情况在民国初期的几年内变化不大，尽管大型官办银行都被更名，以体现民国的名义。民国初年，山东本地人可以在本省政府机构中担任更重要的职务，因此传统的中国银号在当时似乎很繁荣。向中国普通老百姓提供借款的机构不是银行，而是当铺。济南共有九家这样的当铺：有八家在旧城，剩余一家的地址则与北洋陆军第五师的营垣很近。[60]

尽管济南旧城依然是文化生活的中心，但它也越来越成为政府机构和学校的聚集地。西门大街保持着其重要的商业特色。1914 年，济南有 10 家书店，13 家印刷厂。旧城内大明湖畔靠近原来贡院的地方，有四家戏园，持续演出传统戏剧。贡院已被拆除，取而代之的是新的山东省咨议局大楼和山东省图书馆。戏园附近原本是娼妓聚集区。铁路开通以后，大多数娼妓都转移到了商埠区。[61]

商埠区是一个奇特的混合体，领事馆、外国侨民、西式商业建筑、中国旅店，以及挤满贫穷中国人的狭小丑陋的窝棚都在其中。商埠区内发展出一块新的娱乐区域。共有三个"茶园"，这里既有戏剧演出，也有独唱歌手的定期表演。济南仅有的一家电影院也位于商埠区内。[62]

不断增长的商业、政治和文化活动显示，越来越多的富有而有影响力的山东人来到了济南。一些人供职于新的政府机构中，其他人则寻求从济南各种新贸易的发展中获利。还有一些人到新式学校中读书。不过，普通人及其家庭很少迁来济南，因为他们无法在济南获得新的工作或者其他特殊机会。新的山东精英涌入济南，代替了居住在济南的许多外省精英，后者在清朝时期住在济南，在官府任职或者候补官缺。

小结

1912—1916 年间的两个戏剧性的事件在济南留下了印记：辛亥革命和第一次

世界大战。到1916年，辛亥革命对济南和山东的全面影响已经很清楚。而此时一战的全部意义却还没有展示出来。显然，民国早期的事件使济南成为山东省内中国人的权力中心。济南承担起了新型政治中心的职能，这不同于清朝时期它作为山东巡抚驻地所发挥的职能。同时，其他方面的发展也使济南作为金融和贸易中心的重要性不断增长，其重要性超越了济南过去历史上的任何一个阶段。

山东的革命曾受到温和的立宪派的声援，立宪派最首要的政治意图，就是要增强山东本地人的政治权力，并使山东不受中央的控制。他们接受了袁世凯对于新建立的中华民国的领导，期待着袁世凯会准许省自治权的发展。短期内袁世凯也是这样做的，但到了1913年下半年，袁世凯转而反对共和派及其增长省级地方权力的念头。1914年，袁世凯有能力阻止省的独立，但并不是通过重申中央机关的权力来实现的。相反，袁世凯依靠北洋军来建立中央对各省的控制。一旦袁世凯去世，北洋集团失去了真正的首脑人物，北洋集团内的将领们就开始为控制北京的中央政府施展起令人眼花缭乱的花招伎俩。我们将要看到，山东的士绅和中产阶级，从未成功地挑战过军界对省政府的主导地位。

一战使得在山东的外国势力之间的平衡发生了迅速的变化：日本取代德国成为最有影响的势力，英国的影响力则下降了。山东对日本人出现的最初反应是出奇的平静，因为山东领导人中的一股力量——与孙中山有联系的激进的革命党，通常来自山东的"齐"境——对日本反对袁世凯的做法表示欢迎。1916年反袁起义的失败，破坏了山东的政治势力与日本人之间的短暂联盟。那次惨败以后，"齐"、"鲁"两地的领袖紧密合作共同反日。几年之内，日本帝国主义成为山东首要的政治和经济问题。一战对经济的影响在1916年也还不能完全看清楚。一战最初对出口市场造成了破坏，但正如我们在下一章将要看到的，这场战争还促进了资本主义工业在济南的发展。

注释：

[1] 王湘岑，"关于山东独立的日记"，《山东近代史资料(第二分册)》，第113页。从1911年11月到1912年6月，关于济南的事件有超过20条报道。这些报道集中收录于《山东近代史资料(第二分册)》，第70—277页。而外国人的观察，仅有的是来自《北华捷报》中的通讯。也可参见山东大学历史系编，《山东地方史讲授提纲》，济南：山东人民出版社，1959年，第58—60页。

[2] 《齐鲁公报》，1911年11月15、16日，《山东近代史资料(第二分册)》，第87—97页；*North China Herald And Supreme Court And Consular Gazette*（《北华捷报和最高法庭与领事公报》），11 November 1911, p. 361。

[3] 李家驹1911年11月8日的回忆录，收藏于故宫档案馆编，"山东起义清方档案"，《山东近代史资料(第二分册)》，第263—264页。

[4] 王墨仙，"辛亥山东独立记"，《山东近代史资料(第二分册)》，第82页；郭孝成，"山东独立状况"，《山东近代史资料(第二分册)》，第250—251页。

[5] 故宫档案馆编，"山东起义清方档案"，《山东近代史资料(第二分册)》，第267页；"孙宝琦罪言"，《山东近代史资料(第二分册)》，第74—75页；*North China Herald And Supreme Court And Consular Gazette*, 16 November 1911, p. 361。

[6] 《齐鲁公报》，1911年11月15日，《山东近代史资料(第二分册)》，第103—104页。

[7] *North China Herald And Supreme Court And Consular Gazette*, 27 January 1912, p. 241, 3 February 1912, p. 296；"黄县革命史事"，《山东近代史资料(第二分册)》，第136—147页。

[8] 王墨仙，"袁世凯叛变革命与民五讨袁"，《山东近代史资料(第二分册)》，第285—286页；*North China Herald And Supreme Court And Consular Gazette*, 22 June 1912, p. 851, 29 June 1912, p. 915, 13 July 1912, p. 102。

[9] 王墨仙，"辛亥山东独立志"，《山东近代史资料(第二分册)》，第87页。

[10] *North China Herald And Supreme Court And Consular Gazette*, 25 January 1913, p. 232.

[11] Li Chien-nung（李剑农），*The Political History of China, 1840–1928*, New York: Van Nostrand, 1956, pp. 277–79；George Yu（于子桥），*Party Politics in Republican China: The Kuomintang, 1912–1914*, Berkeley and Los Angeles: University of California Press, 1966, pp. 91–92, 103–104。

[12] 王墨仙，"辛亥山东独立记"，《山东近代史资料(第二分册)》，第85页。

[13] J. T. Pratt, Tsinan Intelligence Reports, 4th Quarter 1913, F.O. 228/1913；关于1913年国会中18位山东议员的传记资料，载于佐藤三郎编《民国之精华》，北京：北京写真通信社，1916年。

[14] 叶春墀主编，《济南指南》，济南：《大东日报》，1914年，第44页；外务省情报部，《现代中华民国人名鉴》，东京：东亚同文会，1924年，第634页。

[15] *North China Herald And Supreme Court And Consular Gazette*, 5 July 1913, pp. 22–23；J. T. Pratt, Tsinan Intelligence Reports, 4th Quarter 1913, F.O. 228/1913.

[16] *North China Herald And Supreme Court And Consular Gazette*, 5 July 1913, p. 22.

[17] 参见 Li Chien-nung（李剑农）, *The Political History of China*, pp. 288–90; Jerome Ch'en（陈志让）, *Yuan Shih-k'ai, 1859–1916*, rev. ed., Stanford: Stanford University Press, 1972, pp. 156–159, 181。

[18] J. T. Pratt, Tsinan Intelligence Reports, 4th Quarter 1913, F. O. 228/1913.

[19] David D. Buck, "Educational Modernization in Tsinan, 1899–1937", in Elvin and Skinner, eds., *The Chinese City Between Two Worlds*, Stanford: Stanford University Press, 1974, pp. 189–190.

[20] J. T. Pratt, Tsinan Intelligence Reports, 4th Quarter 1913, F. O. 228/1913, 1st Quarter 1914, F. O. 228/1913.

[21] J. T. Pratt, Tsinan Intelligence Reports, 3d and 4th Quarter 1914, F. O. 228/1913.

[22] 同上。

[23] 此处对德国政策特征的描述参考了 Schrecker, *Imperialism and Chinese Nationalism: Germany in Shantung*, Cambridge: Harvard University Press, 1971, pp. 210–11。

[24] "Economic Development of Shantung Province, China, 1912–1921", Excerpts from Decennial Report of Tsingtau Customs, U. S. Department of Commerce, Trade Information Bulletin 70, 9 October 1922, p. 3. 还可参见 Schrecker, *Imperialism and Chinese Nationalism: Germany in Shantung*, pp. 233–38, 该书的结论基本与前者相同, 但表述不同。

[25] 对这次战役描述最多的英语作品是 Jefferson Jones, *The Fall of Tsingtau*, New York: Houghton Mifflin, 1915。

[26] 除了在几个地点建立军营, 日本人还在潍县、坊子和青岛建立了由他们控制的"民政署"。山东大学历史系,《山东地方史讲授提纲》, 第63页。

[27] 黄嘉谟,"中国对欧战的初步反应", 载《"中央"研究院近代史研究所集刊》, 第1期, 1969年, 第3—18页。

[28] Telegrams of T. J. Pratt at Tsinan to John Jordan in Peking, 13, 14, and 15 August 1914, F. O. 228/1913.

[29] Telegrams of T. J. Pratt at Tsinan to John Jordan in Peking, 18, 22, and 24 August 1914, F. O. 228/1913.

[30] Masaru Ikei, "Japan's Response to the Chinese Revolution of 1911", *Journal of Asian Studies* 25.2, February 1966: 213–26.

[31] James B. Crowley, *Japan's Quest for Autonomy: National Security and Foreign Policy, 1930–1938*, Princeton University Press, 1966, p.12.

[32] 李毓澍在其有关《二十一条》的著作中, 曾研究过日本外务省档案中《二十一条》的几份草稿, 但并没有声称军方支配了最初的起草过程。《中日二十一条交涉（上）》, 台北："中央"研究院近代史研究所, 1966年, 第169—181页。

[33] 高荫祖编,《中华民国大事记》, 台北: 世界社, 1957年, 第27—28页。

[34] 1915年5月25日《中日民四条约》中有关山东的条约全文, 参见 MacMurray, John V. A.,

comp., *Treaties and Agreements with and Concerning China, 1894–1919*, Washington, D.C., Carnegie Endowment for International Peace, 1922, 1: 1216–17.

[35] J. T. Pratt, Tsinan Intelligence Reports, 1st Quarter 1915, F.O. 228/1913.

[36] Telegrams of T. J. Pratt at Tsinan to John Jordan in Peking, 22 March 1915, F.O. 228/1913; 另参见 *North China Herald And Supreme Court And Consular Gazette*, 10 April 1915, p.79, 24 April 1915, pp. 276–77。

[37] Telegrams of T. J. Pratt at Tsinan to John Jordan in Peking, 5, 7, and 10 May 1915, F.O. 228/1953.

[38] Report of R. T. Eckfort, March 1915, F.O. 228/2707.

[39] 有关这些事件的经过，详见 Friedman, Edward, *Backward Toward Revolution: The Chinese Revolutionary Party*, Berkeley and Los Angeles: University of California Press, 1974。

[40] 有关1916年起义事件最重要的资料是居正自己的文章，《居觉生先生全集》，台北：出版社不详，1963年，第337—359页；王麟阁，"袁世凯叛变革命与民五倒袁"，《山东近代史资料（第二分册）》，第279—297页；潘荫南，"民国五年吴大洲在周村独立概略"，《山东近代史资料（第二分册）》，第341—342页；王遂善，"古愚轩痛定思"，《山东近代史资料（第二分册）》，第342—380页；J. T. Pratt, Tsinan Intelligence Reports, 1915–16, F.O. 228/1953, 以及 *North China Herald and Supreme Court and Consular Gazette*。

[41] 佐藤三郎编，《民国之精华》，第243页；Woodhead, H. G. H., ed., *China Yearbook*, London and Tientsin: Peking and Tientsin Times, 1924, p.977。

[42] "吕子人先生访问记录"，《山东近代史资料（第二分册）》，第228页。吕子人对自身事迹的介绍，也被包括居正的资料在内的其他资料所证实。

[43] 王遂善，"古愚轩痛定思"，《山东近代史资料（第二分册）》，第345页。

[44] J. T. Pratt 把日本对1916年起义的支持描写为"公开且恶名昭著"（open and notorious）。他在济南观察到，从1916年5月到7月上旬，日本军队接管了商埠区，并一直拒绝靳云鹏的部队进入。Tsinan Intelligence Reports, 2d Quarter 1916, F.O. 228/1983; *North China Herald And Supreme Court And Consular Gazette*, 22 July 1916, p.135。

[45] 王麟阁，"袁世凯叛变革命与民五倒袁"，《山东近代史资料（第二分册）》，第284页及其后。

[46] 高荫祖编，《中华民国大事记》，第35—36页。

[47] 潘荫南，"民国五年吴大洲在周村独立概略"，《山东近代史资料（第二分册）》，第341—342页。

[48] *North China Herald And Supreme Court And Consular Gazette*, 25 November 1916, pp. 417–18, 9 December 1916, p. 525, 17 February 1917, p. 327.

[49] J. T. Pratt, Tsinan Intelligence Reports, 3d Quarter 1918, F.O. 228/1953.

[50] 戈公振，《中国报学史》，上海：商务印书馆，1927年，第一四八页；Letter of T. J. Pratt at Tsinan to John Jordan in Peking, 11 March 1915, F.O. 228/1953。

[51] S. Wyatt-Smith, Tsinan Intelligence Reports, 2d Quarter 1918, F.O. 228/1983.

[52] 小川平吉编，《支那省别全志（第四卷·山东省）》，东京：东亚同文会，1917年，第79—80页；叶春墀主编，《济南指南》，第146页；Letter of T. J. Pratt at Tsinan to John Jordan in Peking, 11 March 1915, F.O. 228/1953。1911—1915年间在济南发行的报纸中，具有明显政治

倾向的报纸有《东鲁日报》,编辑是王士鹏(音译),并与北京国会中的国民党议员有联系;《新山东日报》,编辑王松亭(音译)是与进步党联系密切的山东省议员;《民德报》,与在济南的黄县贸易集团有联系。这些报纸都有300—400份的日发行量。

[53] 叶春墀主编,《济南指南》,第7页及其后。
[54] 冈尹大郎,《山东经济事情,济南をゆとして》,大阪:出版社不详,1918年,表1和表2。
[55] 叶春墀主编,《济南指南》,第102、116—117页。
[56] 同上,第137—141页。
[57] 同上,第62、143、145页。
[58] Balme, "Union Medical College at Tsinanfu", *Chinese Recorder and Missionary Journal* 46.11, November 1915:692–95.
[59] 叶春墀主编,《济南指南》,第24—42页。
[60] 同上,第86页。
[61] 同上,第141—144页。
[62] 同上,第145页。

第五章

军阀统治时期济南的政治权力
（1916—1927年）

我希望前面章节中有关政治史和社会史的介绍，已经将袁世凯去世前济南的政治权力与济南的经济、社会发展方向之间所存在的密切联系阐释清楚。1916年以后，我们曾经考察过的三股力量——经济变革、军事化程度的增长，以及不断扩张的外国势力——继续贯穿于济南历史之中。不过，袁世凯死后，政治和社会形势呈现出新的复杂状况，因而逐个研究某个问题似乎更加容易让人理解。本章主要关注政治权力问题，下一章则探讨社会经济问题。

袁世凯死后，出现在山东的主要政治角逐，是日本力图控制山东，以及中国人努力阻止这种企图。日本人的策略，从军事冒险转为外交和经济措施相结合，以寻求扩展在山东的控制权。为此，他们不仅跟北京的北洋政府打交道，也跟以济南为中心的山东省内的政治集团打交道。日本人发现北京政府——接连由袁世凯的北洋军旧部分化出的不同派系所控制——经常愿意在山东利益的问题上妥协以获取日本的资助。山东的一些政治领袖也与某些北洋权力集团联系在一起，这些权力集团控制着北京政府以及山东省最高行政职位的任免。其他山东人，尤其是山东的新商业集团（其兴起过程将在第六章介绍），以这些北洋派系的反对者的身份出现在济南，他们反对各北洋派系为了自身利益而牺牲山东地方利益的企图。

北洋集团的统治

袁世凯死后，他在北京的军队和僚属——统称为北洋集团，很快分裂为成员不断变动的竞争集团，都为继承袁世凯的权力而争斗。济南以及整个山东的政治，开始卷入北京的将领、官僚和政客之间的争斗之中。这一时期在济南掌权的各类官员，都采取了类似的策略。当被某届北京政府任命为山东的高官之后，他们便为那届政府机构的利益服务。一旦北京的权力格局发生变动，组建起新的内阁，希望能继续任职的山东官员便会开始赞成增加省里的自治权，这种观念总是能吸引省内的支持。尽管这种做法短期内会成功，但最终这些人还是会被北京新的权力联盟所指派的其他人所取代。

尽管我们也可以追溯每一次的权力变化，以及每次事件中影响权力平衡的因素，但其研究价值并不太大。表5.1"山东督军（1916—1928年）"和表5.2"山东省长（1919—1925年）"，在一定程度上显示了形势的复杂性。在这12年间，有11人曾担任过这两种职务。实权在这两个职位之间不断变动，而被任命的官员也像走马灯一样换个不停。

这些变动的原因在于，山东是北洋军事集团牢牢控制的华北省份之一。北洋陆军第五师驻守在济南，从而为历届北京政府控制济南的局势持续提供实用的手段。1911—1916年，袁世凯曾用同样的方式，使陆军第五师有效遏制了山东的地方利益集团。因此，山东的形势最终取决于北京的主政者。1916—1928年间，北京的政治权力掌握在一系列二流领导者手中。袁世凯的旧部段祺瑞，是其中最活跃、最有影响力的人物。然而，段祺瑞深陷北洋集团内部纷争和日本的阴谋之中，以至于到1919年，他统一中国的希望就已经全部破灭。但直到1922年，他仍然是一个重要人物，通过"安福系"这一官僚和将领的小集团发挥重要影响。

段祺瑞不信任山东督军张怀芝①，因此，早在1916年，他就将自己的亲信安排到济南担任若干重要职位。张树元成为陆军第五师的第二把手，确保段祺瑞对这一关键军队的掌控；陈干担任山东省政务厅厅长，从而使段祺瑞将山东省的财政收入和新官员的任命权掌握在手中；唐柯三任济南道道尹；马良被任命为济南镇守使。后两位官员是济南行政机构的主要负责人，但他们都是回民，所以在一定程度上得不到许多当地人的信任。这两人都是典型的心胸狭窄的武官，他

---

① 张怀芝，在担任袁世凯贴身私人卫队警卫时赢得了袁的信任。1908—1910年他在济南担任旅长，并在袁世凯去世前仅一个月时被任命为山东督军。他在济南几乎引起所有人的厌恶。英国驻济南总领事将他形容为"没有教养、举止粗鲁、衣着邋遢"，山东人则因为他的苛税政策称他为"张扒皮"（刘凤翰，《新建陆军》，台北："中央"研究院近代史研究所，1966年，第121—122页；S. Wyatt-Smith, Tsinan Intelligence Reports, 4th Quarter 1917, F.O. 228/1938）。

表 5.1 山东督军（1916—1928 年）

姓名	籍贯	任期起止	任期长度	离职原因
张怀芝	山东东阿县	1916 年 6 月—1918 年 2 月	21 个月	因不被段祺瑞信任而被调离山东
张树元	山东无棣县	1918 年 2 月—1919 年 12 月	22 个月	五四运动期间，由于对发动民族运动的学生和商人手软，而成为牺牲品
田中玉	直隶临榆县	1920 年 1 月—1923 年 10 月	46 个月	因为在临城劫车事件中有外国人被绑架，迫于外交压力引咎辞职
郑士琦	安徽定远县	1923 年 10 月—1925 年 5 月	19 个月	为承认张作霖在华北不断增长的权力，作为妥协，郑被调离
张宗昌	山东掖县	1925 年 5 月—1928 年 5 月	37 个月	被国民党的北伐军击败

资料来源：刘凤翰，《新建陆军》，台北："中央"研究院近代史研究所，1966 年，第 121 页；Boorman, Howard L., ed., *Biographical Dictionary of Republican China*, New York: Columbia University Press, 1967–71; Tsinan Intelligence Reports, 1916–1925, F. O. 228/3277。

表 5.2 山东省长（1919—1925 年）

姓名	任期起止	任期长度	政治派系
屈映光[a]	1919 年 8 月—1920 年 8 月	13 个月	靳云鹏的追随者
齐耀珊	1920 年 9 月—1920 年 10 月	1 个多月	临时任命
田中玉[a]	1920 年 11 月—1922 年 6 月	20 个月	起初是靳云鹏的追随者，后转投直系。兼任山东督军
王 瑚	1922 年 6 月—1922 年 9 月	3 个月	临时任命
熊炳琦[a]	1922 年 9 月—1924 年 11 月	25 个月	吴佩孚的追随者
龚积柄	1925 年 2 月—1925 年秋	9 个多月	此人不结党，在张宗昌的压力下离职

资料来源：Tsinan Intelligence Reports, 1916–1925, F.O. 228/3277。

a 担任省长期间是山东的主要掌权人物。

们对济南发展的贡献很少，但他们与段祺瑞在山东的其他支持者一起，在五四运动之前一直牢牢控制着济南。

当时，来自"鲁"境的两个山东人靳云鹏和潘馥，对北京和山东都是非常重

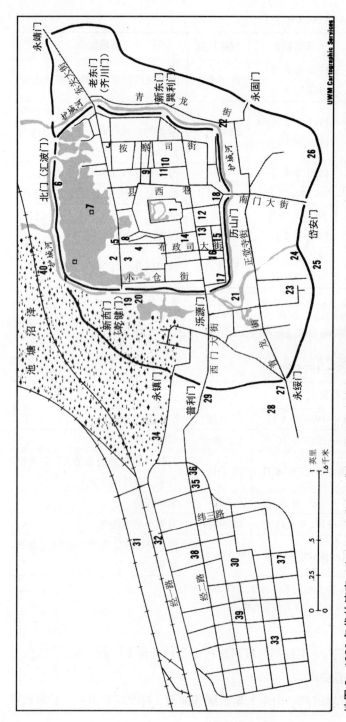

地图 2 1920 年代的济南。[根据小川平吉 编《支那省别全志（第四卷·山东省）》（东京：东亚同文会，1917 年，第 50 页）与 Frederic de Garis 编《中国指南》（Guide to China, 2d ed., Tokyo: Japanese National Railways, 1923, p.153）绘制而成。]

注：1. 督军公署和珍珠泉 2. 省议会 3. 省长公署 4. 道尹公署 5. 天地坛 6. 北极阁 7. 历下亭 8. 济南府学文庙 9. 历城县知事公署 10. 第 47 混成旅驻地 11. 济南省会警察厅 12. 黑虎泉 13. 中国银行 14. 山东高等师范学校 15. 济南商务总会 16. 中州会馆 17. 电话公司 18. 鲁丰纱厂 19. 济源造纸厂 20. 济南电灯公司 21. 趵突泉 22. 黑虎泉 23. 济南共和医院（齐鲁医院） 24. 广智院 25. 山东基督教共和大学（齐鲁大学） 26. 南署山东官产成所和军营 27. 山东法政专门学校 28. 陆军第五师驻地 29. 山东高等审判厅和济南地方审判厅 30. 商埠公园 31. 津浦铁路济南站 32. 胶济铁路济南站 33. 同仁会济南医院 34. 溥利面粉厂 35. 交通银行 36. 朝鲜银行 37. 英国领事馆 38. 三井洋行 39. 日本领事馆 40. 火车北站

要的人物①。在掌握了北洋政府的内阁或内阁以下级别的重要职务之后,从 1917 年开始,靳云鹏和潘馥设法将数目庞大的官方资金投资于"鲁"境,其中第一笔 300 万美元的借款用于改善京杭大运河。1921 年的"鲁"境项目集中用于改善济宁城。此外他们还计划筹集国内资金创办一所新的大学、一个专门的外贸市场,并促进工业发展。[1]

靳云鹏在另一项为山东提供的借款中也发挥了重要作用,这就是 1917 年 9 月的"中日实业公司借款"。这项借款的数额是 150 万美元,与"西原借款"同时直接提供给山东省政府,但没有人知道中日实业公司这笔借款的确切用途。不过,在借款完成的几乎同时,段祺瑞的追随者所控制的山东省政府,开始要避免民众出现反日活动。创办中日实业公司的目的,是方便日本人投资开采山东的自然资源,这显然效仿了德华山东铁路公司的模式。中日实业公司从未真正发挥它的这一职能,而这笔借款最主要的利息依然出自山东。[2]

靳云鹏和潘馥利用他们与北京的密切关系在山东省内建立权力,他们是此类山东人中做得最成功的。他们自然会利用这种权力为他们的家乡"鲁"境谋利益。靳云鹏能够一方面维护山东省的利益,另一方面尽力调和与在山东的日本帝国主义的关系,这是这一时期中国领导人的典型做法。山东的大多数重要人物与靳云鹏一样都为自身谋利益,他们也发现,在推动中国民族主义的同时与日本保持良好关系是可能的。

---

① 凭借担任山东都督(1913—1916 年)的资历以及与段祺瑞的密切关系,靳云鹏在北洋集团中崛起。袁世凯去世后,靳云鹏以段祺瑞的主要合作者的身份出现。他跟段祺瑞一样与日本人关系密切,但同时也忠于陆军第五师和山东的"鲁"境。靳云鹏职业生涯的巅峰,是其在 1919 年 9 月到 1921 年 11 月担任北洋政府的内阁总理,其任期中只有一次短暂的中断。那段时期,靳云鹏虽然能代表、却不能指挥段祺瑞在北洋集团中的追随者余部。他的政策表面上与段祺瑞相冲突,但实际上延续了段祺瑞反共和的主要方针,并沿袭了段祺瑞与日本的双边关系。

政治联盟不断变动的故事,也证明了靳云鹏所代表的两种基本政治利益之间有着深刻的矛盾。一方面,他为以其家乡济宁为中心的"鲁"境争取利益。另一方面,在国家政治层面上,靳云鹏在安排借贷、压制反日抗议等方面与日本联系密切,并成为若干中日合资企业的合伙人。1921 年 12 月,他被赶下总理职位,之后,他的权力和影响力急速削弱,到 1920 年代中期,他退休后住在天津,对山东的影响极少。

靳云鹏在山东最紧密的同盟是潘馥。潘馥也是济宁人,凭借其专业知识,他多次给靳云鹏提供财政和经济方面的帮助。比如,潘馥在 1914 年山东的财政重组中发挥了重要作用,为靳云鹏赢得了能吏的名声。

应该把靳云鹏和潘馥归为"官僚资本家",虽然他们活跃的时期比国民党统治时期早了十多年——国民党时期被视为官僚资本主义的发展高峰期。两个人都由于在北京担任要职而开始掌握重权,并通过职务牟取个人利益。他们既是官僚又是资本家的双重身份源自周馥的先例,周馥担任山东巡抚时入股德国人控制的德华山东铁路公司,也是最早在济南建立电话和电灯服务的过程中发挥重要作用的官员。对于来自安福系的官僚资本家而言,他们与之前的官僚资本家的不同之处是,谋求个人利益似乎是主要动因。官僚资本家在济南的经营情况显示,他们与买办集团之间的联系,比袁世凯统治下的官僚资本家与买办的联系要少。但是,官僚资本家和日本有着密切的联系,这意味着,无论作为政府官员还是作为工商业的重要私人投资者,他们都没有能力保护中国的利益。因此,这些官僚资本家发挥的爱国作用远不如买办。

袁世凯去世后的几年里,可以看到山东两大集团在济南的经济生活中公开竞争。靳云鹏和潘馥的处事方式属于官僚资本家的方式,这与山东商界的处事方式形成对比,我们将在第六章中对其进行详细描述。巧合的是,官僚资本家集团的主导人物代表了"鲁"境,而济南的商业势力大多数来自"齐"境。这样一来,两个集团之间的区域差异,也就构成了它们之间基本的经济与政治差异。

1916—1919年这三年间,这些不同的集团组成了济南的政治格局,并且他们共同形成了军阀时期控制与行使权力的一种模式。1916—1928年间,济南最有实力的人物都是军人,他们占据着省内两个最高行政职位(督军或省长)之一,同时掌控陆军第五师。这些军阀领导者的风格不仅包含了中国传统官员的成分,也有19世纪中期新出现的军阀做派。

军阀既需要忠诚的军队,也需要得到北京的某种许可,从而维持他在山东的地位。尽管并非中国所有地区都有必要与北京保持联系,但在华北地区,与权力变动频繁并逐渐被削弱的北京内阁保持某些联络依然重要。在张宗昌到来之前,山东的军阀们依靠他们与北洋集团的原有关系与北京保持联系,并控制陆军第五师。

济南的某位将领只要能与北京和陆军第五师保持良好关系,他就能够摆平其他权力集团以维持自己的权力。为巩固他的地位,他必须确保,行政部门、税收部门、济南地方政府以及军队中的关键职位,都由信得过的下属担任。他在任命官员时,不得不承受来自各方的压力:北京政府、靳云鹏和潘馥等北京权力集团中的山东人、日本人,以及聚集在济南的山东商人和士绅集团。自然,总是让各方都满意不可能的,军阀必须面对来自其中一方或多方的反对。军阀总是力图保持对省财政和陆军第五师的控制,这是在济南维持其政治权力不可或缺的两个因素。在这种形势下,济南的各个军事掌权者都效仿了袁世凯的手法(如第四章所述),即通过控制第五师和省财政来确保其在山东的权力。

1918年2月,段祺瑞集团的成员张树元升任山东督军,取代了粗鲁且不得信任的张怀芝。张树元与他的前任几乎完全相反。他受过良好的军官学校的教育,被看作是新建陆军德文学堂中德语最优秀的学生。后来他到日本接受了专门的士官培训,以其举止得体和良好的军人风度而出名。由于张树元对袁世凯态度冷淡,他被山东的士绅领袖怀念,被视为拥护共和并维护山东本省利益的朋友。[3] 五四运动期间,张树元镇压反日活动不力,因而失去了对山东省和济南的控制权,被更顺从地接受段祺瑞对日妥协政策的官员所替代。

张树元在位的前18个月局势非常平静。新的省议会在济南开始运转,北洋集团内部的争斗也没有过分侵入济南的政治生活。济南经济繁荣,张树元甚至在处理本省长期的财政短缺问题上也有所建树。他清剿鲁南地区猖獗的土匪,因而广受称赞。张树元治下的政府是山东在1911—1931年间最好的一届政府,但他在济南五四运动的风暴中被取代。靳云鹏将他的门徒、也是军官的田中玉安插在督军这个职位上,田中玉在济南任职将近四年①。

靳云鹏倒台后,北洋集团内部的一个新派系接过了北京的大权,即以吴佩孚和曹锟为首的直系。直系似乎很顾及山东当地人的利益,因为它较少受日本帝国主义的摆布,但实际上,直系在其他任何方面的管理都完全不称职。吴佩孚是直系首要的军队统帅,在操控北洋集团原有军界掌权人的过程中表现出彻底的无能。他能力不足的表现之一是,当他自己掌控北京政局的时候,田中玉却继续担任山东督军。尽管吴佩孚本身也是山东人,但他并没有从济南的陆军第五师那里得到多少支持,以至于无法由自己任命的人选来取代田中玉。

事实上,在山东或北京,并没有多少人追随吴佩孚模糊不定且缺乏权威的行事目标。到1925年初,直系开始越来越多地受到奉系军阀张作霖的影响。张

---

① 然而,当1921年秋靳云鹏的北京内阁摇摇欲坠时,田中玉却倒戈不再支持靳云鹏,从而保住了自己的职位。田中玉与靳云鹏的关系可以追溯到靳云鹏担任山东都督时期,当时田中玉任兖州镇守使。

作霖不像吴佩孚那样对干涉山东政治有所顾忌。他在1925年5月确保了对其旧部——山东人张宗昌的任命。这给济南乃至整个山东都带来了灾难性的后果。

通过前面简要的分析，我们可以清楚地看到由军阀政权演替所造成的济南现代化的障碍。尽管我们还会多次回来讨论这个主题，但从一开始我们就需要关注，军阀是如何在济南制造了不稳定的经济形势。首先，军阀的统治尽管以军事力量为基础，但仍然受到北京的其他军阀以及外国政府在内的各种外部政治势力的影响。其次，军阀统治频繁的突发性变化，使得任何有关经济的预测都很困难。因此中国的资本家——无论官僚资本家还是普通商人——时时刻刻都会受到阻碍。

1916—1919年间日本对山东的政策

袁世凯去世后，日本决定中止对中国的革命党的支持。当寺内正毅元帅在1916年组建日本内阁时，日本的对华政策转向一个新的方向。寺内政策的内容之一是恢复帝国主义列强之间的合作气氛，就像欧战爆发前的基本做法一样。在1917年2月和3月互换的一系列秘密照会中，英国、法国、意大利和沙俄政府都赞成互相合作，以支持日本在山东的利益要求。[4]①

寺内方案的另一部分内容，是对北京政府采取新的友好姿态。寺内之前曾任朝鲜总督，认为日本影响中国最可取的方式是，通过日本控制的银行资助中国的经济发展。[5]为了实施这个计划，他于1917年2月向北京派出一位关系密切的同僚，作为自己的私人密使。这位密使叫做西原龟三，这是一个即将在中国变得臭名昭著的名字。

作为北京和整个华北地区权力领袖的段祺瑞，接受了日本要与中国建立新的友好关系的提议，因为他意识到，自己需要大笔资金以实现武力统一中国的目标。从1917年1月到1918年9月，中日之间就一系列日本借款事宜进行谈判，旨在巩固段祺瑞的权力。其中有些借款采取了1917年横滨正金银行借款给中国

---

① 直到1919年凡尔赛会议进行商议时，有关这些照会的事情才被公开。当时，为了迎合日本人对山东的利益要求，列强之间的这些协议被提出来，作为偏袒性地处置德国人在山东权益的证据。

政府的所谓"二次善后借款"的形式，而其他借款则成为西原龟三与曹汝霖直接签证合同的所谓"西原借款"的一部分，曹汝霖即是段祺瑞对日政策问题的首席谈判代表。

西原贷款包括1917年和1918年签署的六个独立的协议，总额1.45亿日圆，其中只有第六笔借款直接涉及山东。根据该笔借款的协议，由日本政府控制的三家银行组成的财团，借款给北京政府2000万日圆，用于在山东境内建设高密—徐州以及济南—顺德这两条铁路（见地图4）。与其他几笔借款一样，这一协议也是由西原龟三和曹汝霖直接谈判，中国和日本的外交部门都没有介入。根据这一协议，新建铁路归中国政府所有，但铁路及其所有附属房产都要作为贷款的担保。[6]①

段祺瑞和寺内内阁的勾结在一定程度上起到了作用，但仍不足以使段祺瑞实现武力统一中国的计划。从中国民族主义的观点看来，借款协议本身严重有损段祺瑞的形象。甚至在北洋集团内部，也有人对段祺瑞的亲日态度感到不满。以冯国璋、曹锟和吴佩孚为首的直系更是如此。

1918年9月，在最后一笔西原贷款协议签署之后，中国驻日特命全权公使章宗祥，同意承认日本为德国在山东各项租借权益的合法受领人。[7]这一协议似乎实现了寺内对华政策的目标。然而，到1918年10月——仅仅一个月之后——寺内和段祺瑞都下台了，当1919年春再重提日本在山东的权益问题时，形势已经迥然不同了。

1914年以后日本对山东问题的考虑，非常容易通过参考满洲问题而得以展示。自1905年击败俄国后，日本通过工业发展、商业剥削、修筑铁路和派驻军队对满洲地区进行控制。他们已经发现，对整个满洲进行直接的行政控制既无必要也不可取。

在满洲，一个拥有海港的租借地（指大连——译者注）成了日本的军事、工业、商业和文化基地。南满铁路将这个基地与其腹地连接起来，并在日本的殖民政策中发挥了重要作用。日本将重工业设在内陆的合适地点，开采矿山和创办

---

① 除了二次善后借款和西原借款之外，在1917—1918年，作为寺内政策的一部分，其他日本资金也可以提供给中国。之前曾提到，1917年9月有一笔总数为150万美元的"中日实业公司借款"，即为其中一例。靳云鹏是该公司的中国董事之一（《支那》，第10卷第1期，1919年1月，第102—104页）。

加工厂。日本的商业集团和随后的有关轻工业,则设在了已有城市或者新的铁路枢纽中。日本军队在重要的交通站驻防,控制特定的电报和无线电设施,并建立自己的邮政局。日本领事代表、银行和零售商组成了日本的帝国主义网络。当日本接管山东时,这个计划已在满洲实行了将近 10 年。日本人在满洲的做法被照搬到山东,但也有一个重要的改动。[8]

1905—1907 年间,在决定日本的满洲政策方面,日本军部取得了主导权。一些日本政治家曾与外务省一起,向军部的强势地位发起挑战。由于大隈内阁和寺内内阁都在增强日军在满洲的地位,到 1917 年,这种争取文官政府主导性的运动归于失败。

军方利益和民间利益的分歧使日本人在满洲备受困扰,他们希望在山东能够避免这种情况。寺内的解决方案包括一项政策,既明确给予军方控制权,但同时又照顾到民间利益。寺内计划的要旨,就是在青岛建立一个军方主导的民政署。为实施他的政策,寺内任命秋山雅之介担任新成立的青岛民政署的民政长官,秋山雅之介是一位前任大将,同时也是寺内的私交好友。[9]

山东与满洲之间的相似处很明显:青岛与大连一样都有海港,都是日本管理的领地;胶济铁路则好似南满铁路。但是,为了避免曾在满洲出现的问题再次出现在山东,日本没有授权山东铁道拥有广泛的权力,而南满洲铁道株式会社则是日本在满洲首要的民政机构。[10] 淄川和金岭镇对于山东,就如同满洲的煤矿和铁矿对于满洲一样。博山被视为像鞍山一样的工业综合区。轻工业集中在青岛或济南,有一些更小的企业分散在胶济铁路沿线的潍县和张店。

日本接管并改进了德国人在青岛修建的所有设施。他们先是扩建了港口和码头,然后又增建仓库,并在商业区开辟新的地段,那里很快就进驻了日本银行和商业机构。所有的公共服务行业,包括电话和电力服务,都有所拓展。1913 年青岛的总人口将近 30 000 人,其中包括大约 1000 名日本人;到 1914 年,人口达到了 55 000 人。根据所知数据,在 1916 年寺内宣布其新政策之前,在青岛的日本平民人口数一直没有超过 3000 人。由于新政策对日本平民更为有利,到 1918 年,秋山雅之介治下的青岛,又增加了 16 000 名日本侨民。[11]

日本还通过其他方式,将青岛变成了一座日本城市。街道用日语命名;日语学校取代了德语学校,招收日本和中国学生。日本还接管了德国人建成的商业机构,如啤酒厂和大型屠宰场。当时,日本本土生产的食物不能满足日本本国的需求，因此青岛的发展很大程度上以出口食品加工为导向。日本人扩大了胶州湾沿岸的盐田规模，建起了几家蛋粉加工厂、一家面粉厂和一些花生油作坊，全都是为了出口到日本。日本的商业集团努力推动山东的甜菜和烟草种植，另外他们还购买华北的棉花出口到日本。[12]

1918年，在山东的日本商界出现了新的动向。民政署长秋山雅之介开始鼓励日本商业集团在青岛建立面向中国市场的轻工业企业。[13] 1918年永井纱厂投入生产，拥有20 000个纺锤，混合使用进口的和中国出产的长绒棉。1921年，第二家日本工厂大日本纺织公司也开始投入生产。日本人还在青岛建立了面向中国市场的火柴厂。[14]

胶济铁路起初由日军经营，但不久就转由日本铁道院管辖。日本的车务人员和行政官员占据着最重要的职位。1921年，共有1658名日本人和4233名中国人在胶济铁路工作。日本人扩大了在四方的德国机车厂的规模，这样1700名工人每月可以组装4—7节闷罐车厢。日本人也改善了胶济铁路，全线加设重轨，并进口了新的火车头、货车和客车车厢。[15]

在日本人的管理下，铁路运营急剧增长。1922年的总收入已经是1913年的两倍。与德国统治时期相比，日本人经营胶济铁路所获利润十分微薄，不过由于日本政府的货运以及博山煤矿的煤炭都是免费运输，所以铁路运营的实际利润要多得多。[16]

日本人也接管了与铁路并行的电报线路，不久还在青岛、济南建起了无线电发报机。海底电缆把青岛与大连、上海和九州岛连接起来。日本人在胶州湾租借地之外开设了九家邮政局和五个变电所。日本货币，即横滨正金银行发行的银元券，在胶济铁路沿线可以自由流通。[17]

日本还继承了德国的采矿权，并把注意力转移到淄川，要使位于博山谷地的淄川大煤矿恢复生产。日本人组建的"山东铁道管理部"负责经营煤矿，但日本的私人采矿公司也在博山参与开采。在一些项目中日本人是独资经营，但1919年以后，日本人与中国人组建合资公司的情况变得非常普遍。到1919年，为了供应九州岛的八幡制铁所，日本铁道院开始开采金岭镇的铁矿。[18]

济南之于山东，就如同沈阳之于满洲。两个城市都是中国现有的拥有一定商业功能的行政中心，也都由于铁路的发展而变得更为重要。不过，二者间的区别在于，沈阳是一个位于增长更快地区发展也更快的城市。

日本人接管胶济铁路以后,他们在济南商埠区建立了永久性的守备军和铁道警察。尽管遭到中国抗议,携带武装的日本部队还是闯进了济南的大街小巷。1914年最初的几个星期之后,日本军队总体上还算守规矩。随后发生在济南的唯一事件,是1916年商埠区内的一场骚乱,日本军队毁掉了20家中国店铺,还打伤了几个中国人。[19]

日本人把华北看作粮食和棉花的来源地,因此他们在济南和青岛发展了一些加工工业。1916年,日本人在济南安装了两台棉花打包机,这样从鲁西与直隶南部地区运送棉花,就可以减少货车数量。日本投资于济南的其他出口加工企业,包括几个花生油厂和一家蛋粉加工厂。[20]

许多日本贸易公司都在济南设有分部。除了三井那样的大企业,在济南建有营业机构的,还有青岛贸易商的分部以及一些独立的贸易企业,它们经营棉花、小麦、花生、牲口、兽皮,以及草帽辫、发网和饰带。日本商人一般把住宅和办公室都设在商埠区,日本人聚居区有他们自己的商会、一份日文报纸和一家小型的日本私人银行。1918—1924年间,日本侨民的人数在2000—3000人之间。[21]

1918年,当面向中国市场的工业开始在青岛发展的时候,济南经历了一场相似但规模较小的发展过程。济南的日资企业包括两家火柴厂和一家面粉厂。日资企业中规模最大、投资最多的是溥益糖厂,结果却是一场失败,工厂开张没有两年就关闭了。这家糖厂希望加工山东农民种植的甜菜,但农民更愿意种植其他农作物,所以糖厂从未获得过充分的原材料供应,以使工厂盈利。这家企业成立于五四运动后不久,当时日本人的控制已经变成一种可能引起麻烦的事情;所以,尽管日本人仍实际控制财务和管理,但工厂也让几个知名的中国人参与其中,让这个工厂看起来似乎是中国人在经营①。这是官僚资本主义模式的一种变形,中国官员和外国势力合作,在某个基本是外国投资的企业中担任体面的职位,并获得丰厚的报酬。1916年以后,中国官员与外国势力之间的这种勾结在山东变得更加普遍,并可能在1920年代初达到顶峰。当时中日双方就山东问题达成协议,使许多日本人寻找中国人在他们投资于山东的企业中担任挂名负责人。

日本政府控制的三家银行——横滨正金银行、朝鲜银行和台湾银行——都

---

① 这几个中国人,包括前任北洋政府国务总理钱能训,前任山东省长屈映光,以及中日实业公司总裁李士伟(Bertram Gilles, Tsinan Intelligence Report, 4th Quarter 1921, 2d Quarter 1922, F.O. 228/3277; *Chinese Economic Bulletin* 1.7, 1 April 1921: 6)。

在济南商埠区设有分行。日本领事馆在1918年建造了一栋新的更加宽敞的大楼。日本人在济南举办的其他事业,还有一所拥有100个床位的医院,于1918年向中国人开放。[22] 商埠区内出现了日本人开办的各式各样的商业和服务设施。在那些年中,日本人的涌入是商埠区取得急剧发展的主要原因。

日本人对山东的直接渗透并未超出济南的范围,很少有日本的商业或贸易公司在鲁南或鲁西地区维持常规业务。现存的厘金体系决定了这一分布模式。经由津浦铁路运送的货物必须要在几个关口缴纳厘金。日本商人只要把济南作为其经营中心,就可以免缴厘金。他们可以依靠中国贸易商把货物运到济南,然后日本人就能直接通过胶济铁路再把货物运往青岛,无需缴纳任何中国常关关税。[23]

日本在山东的境遇与之前的德国形成了鲜明的对比。德国人起初想把山东变成自己独占的利益范围,但最终放弃了这一计划。德国人没有做到的事情,日本人做到了,部分原因是欧战使其他国家无暇关注中国,部分原因是因为日本国内经济对山东出产的农产品、煤炭、铁矿石甚至是工业产品有很大消费需求,而德国则做不到这一点。与之对比,山东从未成为德国独占的势力范围,部分原因是德国的国内经济没有成为山东产品的出口市场。无论是德国人还是日本人,都没能使袁世凯屈从于他们的政策,但安福系,包括段祺瑞和靳云鹏,则更容易被摆布。日本有效地克服了中国官方对其帝国主义政策的抵制;然而正如下一节所示,日本在其他方面则遭到了反对。

山东之所以没有变成德国的利益范围,袁世凯的领导在其中发挥了重要作用。他的官办实业计划,以及最初对士绅和商人的鼓励,有助于在山东建立一种地方民族主义的抵制力量,而这正是满洲所缺乏的。因此,当日本人接管了德国的租借地,并试图采用满洲模式攫取山东权益的时候,他们发现山东的中国商业和政治势力,要比满洲的更为强大也更为团结。为了使山东屈服于日本帝国主义,日本人在他们短暂统治青岛期间,已经朝着这一目标迈出了凶狠的第一步。不过,受过教育的中国人中的民族主义精神的增长,特别是五四运动时期在国内几个规模最大的城市中这种精神的增长,以及山东问题成为民族主义的关注焦点,都阻止了日本帝国主义将山东"满洲化"的企图。

济南对日本帝国主义的反抗

当日本军队于 1914 年首次在山东登陆的时候,他们与中国居民之间发生了几十起摩擦事件。不过,这类事件的数量很快就降为极少。[24] 直到 1917 年,在山东省议会议员的领导下,中国人才开始抗议日本在山东的活动。议员们抗议日本在胶济铁路沿线多处设立民政署和邮政局。他们宣称这些做法侵犯了中国主权,并且为日本商业活动创造了不公平的竞争优势。[25] 随着日本本土对山东出口产品的需求不断减少,日本的投资者开始与中国企业竞争中国市场,济南商业领袖的不满日益增长。

1917 年 11 月,不顾日本领事的抗议,一次公开会议在济南召开,抗议日本人在潍县坊子设立民政署。私底下大家都知道,山东督军张怀芝支持这种反日情绪,但他又安排在大会召开前锁上了会议厅。尽管如此,会议还是在被锁上的会议厅外面召开了,并推选出代表把山东的情况汇报给北京,但段琪瑞亲日政府却对此置之不理。这次失败之后直到 1919 年,山东省议会和山东民众都再未采取任何重大的反日行动。[26]

1919 年一战结束后,北京内阁希望德国在山东的权利能够归还中国。众所周知,中国的外交官们,带着中国名正言顺的观点,向美国总统伍德罗·威尔逊(Woodrow Wilson)寻求帮助。1919 年 1 月,巴黎和会召开。2 月 25 日,几千人聚集在济南山东省议会大楼前的空地上,召开了一次公众大会,敦促将青岛和所有其他德国在山东的权利归还中国。山东省议会和其他各种代表性组织,包括山东省教育会、商会和农会,给巴黎发去电报,催促参加凡尔赛和会的代表们将青岛归还中国。[27] 这比五四示威运动早了两个多月①。

随后的九个星期中,在济南发生了集会和请愿活动,抗议巴黎和会的发展动向。英国驻济南领事,消息灵通的普拉特(J. T. Pratt),概括了五四之前的形势:

> 大约在今年年初,济南的一部分士绅开始意识到,他们几乎无法影响巴黎和会做出的决定,但和会上的决定可能使山东遭遇与朝鲜同样的命

---

① 在电报上签名的著名人士,包括来自章丘的山东银行总理张肇铨,来自曹州、倡导现代化的士绅王鸿一,和前山东省议会议长张公制。这三人在 1919—1920 年间成为领导济南反日运动的代言人。

运，于是他们在全省发起了一场包括公开集会、演讲和印刷宣传材料等形式的运动，目的在于引导民意下定决心反对日本的侵略，同时反对那些藏匿于高位的卖国贼，他们正将自己的国家出卖给外国人。[28]

山东人以济南为中心开展的这些行动，与在北京组织五四运动的人员无关。这一运动的领导权掌握在山东商界人士手中，他们与山东的进步士绅共同合作组织运动。他们既不包括"鲁"境派系中占据支配地位的官僚资本家，也和孙中山的政治追随者与同盟者没有多大关系。

五四运动在北京爆发后，民族主义浪潮迅速席卷中国其他城市，济南的请愿活动成为这一全国性行动中的一部分。1919年发生在济南的早期反日行动，其最重要意义不在于它比五四运动更早，而在于它是由商人和士绅领导的，而在五四运动中，学生和知识分子以一种新的形式参与进来，并对包括济南在内的所有中国城市的学校生活都产生了深远的影响。

五四运动的直接导火索，可以追溯到1919年4月，由正在凡尔赛开会的中国代表所发回的一系列电报。在这些电报中，由陆征祥率领的中国代表团向北京的外交部提出建议，中国国内对于其谈判立场的公开支持，将会增强中国在谈判中的分量。电报中特别提到了省议会、商会、教育会、农会及其他公众团体。外交部把这些意见转发给了各地的省长和省级政府，其中包括山东。[29]1919年4月中旬，遵循中国代表团的建议，山东省议会发电报给巴黎和会四巨头（指英国首相劳合·乔治、意大利首相奥兰多、法国总理克里孟梭、美国总统威尔逊——译者注）。其中一份有代表性的电报这样写道："自从日本人占领青岛并接收德国的所有权利，我们国家就提出反对。我们并不承认日本所继承的权利（德国的条约权利）。"（根据英文回译——译者注）[30] 这些电报还指出，日本宣称1918年9月章宗祥的外交照会中允许将青岛交与日本，但这从未获得中国国会的同意，因此是不具有法律效力的。在呈请书的最后，他们要求将青岛和胶济铁路归还中国。

4月20日，数万人在济南集会，抗议日本的要求。王鸿一和张公制作为代表，把这次会议的决定送往北京，就是那时，他们发现北京变得更愿意接受他们的意见。[31]

4月30日，凡尔赛宣布，德国在山东的全部权利将转交日本。5月2日，约有 3000 人①在济南示威,要求将青岛归还中国。5 月 4 日,在北京发生了第一次大规模的示威行动。第二天,济南再次爆发示威活动;5 月 7 日,1000 多名学生、工人、商人和省议会议员在山东省议会大楼前空地集会,抗议巴黎和会的决定。[32] 五四运动在北京发生后,在这一宏大的民族主义运动中,济南的反日运动与中国其他城市一样,也成为全国普遍的学生罢课和商界抵制日货的行动的一部分。

1919 年的 5 月和 6 月,济南的反日运动效仿了北京"十人团"的做法。北京的学生把"十人团"作为组织手段之一,用以组织罢工和抵制日货行动。来自济南的中学学生和教会大学的学生,参与了大部分示威行动。商人们大都以参加抵制日货行动为荣,某些公司,尤其是上海的百货商场的分店,还为示威者提供食品和资金。两家最大的中资银行,山东银行和中国银行,其银行总理也都公开支持抵制日货行动。

济南的抵制日货行动开始于 5 月 24 日。学生们在济南各指派区域内巡查,散发反日宣传单,在街角向群众发表演说,并检查商店里摆放的商品。商人们通过贸易协会开展抵制日货行动。对每一笔交易都安排有互相监督的机制,这样库存的日货处理掉之后,不准再购进新的日货。[33] 在持续了大约一个月的运动期间,普拉特写道:"运动表现得适度和自我克制。由于相互间感受到这种良好的出发点和爱国主义情感,士兵、警察和学生之间没有出现摩擦。"[34] 济南抵制日货行动的其中一条规则,就是无论出于何种目的,都不能使用日本控制的胶济铁路。

示威行动让济南的日本人感到不安。日本领事向山东督军张树元提出抗议,但没有威胁要进行军事干预。然而,从 7 月开始,在新任青岛守备军司令的指挥下,日本人开始以与前不同的方式做出回应。之前日本人只满足于在自己控制的中文报纸《济南日报》上发表文章反对五四运动。7 月 1 日,一个日本铁道警察在济南逮捕了一名中国学生,这名学生阻止一个中国手推车夫将粮食运送到货运列车车厢上(粮食被运往日本)。学生被逮捕的消息传遍全城,大批人群聚集在山东省长公署门前,要求将这名学生立即释放。[35]

---

① 这里采用的参与示威的人数,引自《山东省志资料》中关于五四运动的专刊,即使如此,与北京 5 月 4 日的示威者只有几百人相比,山东的这一人数似乎还是有所夸大。

随后的几天里，中国人在济南继续示威，形势紧张。7月7日，一名中国商人的店铺被蓄意破坏，他曾在反日行动中表现突出。同一天晚上，一群中国人在商埠区攻击了日本侨民举行的元宵节巡游活动。形势依然令人不安。7月20日，一群人攻击并焚毁了《昌言报》的报馆。

《昌言报》在1919年4月才刚开始发行，由艾庆镛主办，艾庆镛是一位狂热支持段祺瑞的著名山东籍人士。与济南的其他报纸一样，《昌言报》也卷入了1919年有关山东问题的斗争。《昌言报》的立场是强烈反对五四运动和抵制日货行动。在7月20日召开的公众大会上，民众对这份报纸的愤怒情绪极度高涨。尽管一些演讲者试图阻止人群，愤怒的人群还是冲出了省议会走上大街，捣毁并焚烧了整个报馆。三天后，山东省政府宣布禁止所有的公开示威行动，并于7月31日发布了戒严令。[36]

与此同时，山东省政府内部的人事变动也在进行。尽管一度对济南的局势失去控制，软弱的督军张树元仍继续留任，而山东省长和济南道尹则被撤职。代替他们的是北京段祺瑞集团所任命的两个亲日派官员。在两位继任者来到济南之前，济南镇守使马良开始镇压反日运动。1919年7月23日，三位著名的济南回民被逮捕，罪名是宣传布尔什维克主义。8月3日，不顾7月份发布的禁止一切示威活动的命令，济南几百名学生抗议马良逮捕这三名回民。马良的反应是抓捕了16名示威者，并将数百人羁押在济南第一师范。在有名望的中国人和外国领事的干预下，学生们被释放；但那三名回民仍被处决，尽管并没有任何证据可以证明他们有布尔什维克主义言行。[37]

新任山东省长屈映光于8月9日到达济南，他对马良不得人心的行动表示支持。在8月3日的示威和逮捕行动之前，普拉特这样写道：

> 商人们逐渐认识到抵制日货行动是一把双刃剑。他们拒绝购买日本的糖、棉纱和其他任何货物，但现在这些绝对必需物品的库存已经耗尽，他们发现找不到其他新的供应渠道。而且他们发现，像山东督军（张树元）和济南镇守使（马良）这样的军阀，愿意与日本人做生意并获取厚利。……到处风传一些当红的政党领袖已被安福系（由段祺瑞领导，靳云鹏也在其中）买通，其中一人尤其值得怀疑。因此，抵制运动很有可能在几天内土崩瓦解。[38]

相反，马良的专横行径使得抵制运动重新兴起。不过出于自保考虑，商人们又开始使用胶济铁路运送货物到济南。尽管如此，他们的抵制行动对铁路业务还是产生了相当大的影响：1919年7月到8月，铁路货运的利润仅有平时的一半。抵制日货行动一直持续到1920年前几个月。[39]

安福系与日本人如此明显地串通一气，镇压济南和山东其他地方的反抗，使得反日情绪在1919年余下的日子里持续高涨。随着持续的反日抵制运动进入1919年夏季和秋季，爱国商人由此遭受到更大的损失，但却给亲日分子带来了意外之财。在这种形势下，商界对民族主义抵制运动的支持力度不断减弱，并最终终止。商人们对日本的看法并未改变，因为反日运动将于1920年及其后重新出现，尽管其行动方式对商人们所提出的要求，已不再像1919年的抵制与罢工运动的要求那样，让商人们的利益蒙受损失。

济南在五四运动中的公开示威、学生的热情参与及推举市民代表，都构成了政治表达的新形式①。与中国其他地区相似，这一行动最终在济南催生出反孔教、反基督教的马克思主义团体。不过，这些团体一般规模都不大，并面临着省政府和外国人的双重压制。

1920年5月，在济南一所省级学校中担任基层行政职务的王翔千，组织起"马克思学说研究会"，与李大钊在北京建立的研究会采取同样的模式。济南的研究会开始只有几个人，规模很小，但其中一位成员后来成为小说家，他曾以研究会的活动为素材写过小说②。王尽美是山东省立第一师范学校的学生，也是王翔千的亲戚，他作为济南共产主义小组的代表，参加了1921年7月在上海召开的中国共产党第一次全国代表大会。这次会议之后，济南的积极分子按照会上

---

① 这段时期，约翰·杜威(John Dewey)恰好在1920年新年之前到访济南，并作了一系列演讲。由胡适给他做翻译，杜威发表了题为"The Child as a Living Organism"（作为生命有机体的儿童）、"The Social Values of Education"（教育的社会价值）和"The Roots of Western Civilization"（西方文明的根源）等演讲。1920年1月1日，在杜威最后一个演讲之后，因为山东省长企图禁止学生参与学生联合会，在济南爆发了新的动乱（*North China Herald*, 10 January 1920, p. 67）。关于杜威对济南形势的反应，可参见"Shantung as Seen from Within", *New Republic* 22.274, 3 March 1920: 12—16.

② 王意坚(1908年出生)，笔名姜贵，是王翔千的侄子，文中提及的小说题为《旋风》。参见 Timothy Ross, *Chiang Kuei*, New York: Twayne, 1974, pp. 26—32; 王意坚，"风暴琅琊"，选自《无违集》，台北：幼狮文化公司，1974，第5—108页。

制定的政策，集中精力组织工人运动。作为其计划的一部分，他们出版了一份周报——《济南劳动周刊》，它看起来像是对高度民族主义的日报《大民主报》的补充。[40]

这一出版计划并没有获得多大成功，英国驻济南总领事翟比南报道说，这份报纸"由于缺少支持而过早地走到了尽头。即使与长江流域各省相比，山东的工人阶级也极为落后，……组织化的工业主义，且不论其未来如何，离这个省份还很遥远。"[41] 翟比南的判断是正确的，因为中国共产党在山东所开展的工作在1922年的某个时间终止，一直到1927年，当为北伐做准备的组织人员在济南城内外出现的时候，共产党才又重新开始活动。

与国民党有联系的政治领袖，跟马克思主义者们的关系也很密切。王乐平是五四运动时期国民党的主要支持者，他创办了一份带有强烈共和色彩的报纸《齐鲁日报》。王乐平与王翔千、王尽美一样，都是富有的王氏家族的成员，这个家族以"齐"境的高密和诸城县为中心①。辛亥革命期间，王家的成员在其家乡地区发挥了突出作用，并与同盟会保持联系。除了他的报纸，王乐平还经营一家书店（指齐鲁书社——译者注），以经营孙中山的著作、其他政治小册子和社会主义著作为特色。1920年代早期，王乐平停止了其在济南活跃的政治活动；大约同时，由王翔千和王尽美领导的济南共产主义小组也停止了活动。无论是国民党还是共产党在济南都无法生存，这显示出外国势力、军阀和地方势力联合起来，对这些政党及其观点形成非常强大的反对力量。[42]

白种人在五四运动期间也持反日态度，几乎完全站在中国民族主义的一边；而日本人，由于这些年来他们的行为遭到批评，作为回应，日本人经常指责英国和美国的传教士煽动中国人。日本人批评传教士是文化帝国主义者，最初这种批评几乎没有产生影响，但到了1924年，民族主义运动转而反对传教士和基督教会。反基督教的示威行动越来越普遍，他们谴责传教士侵犯了中国主权和文化情感。[43]

---

① 当姜贵去济南上学的时候，王乐平就是他的担保人；当时他的叔父王翔千正住在济南，在王翔千的影响下，年轻的姜贵不久就加入了马克思主义学说研究会（王意坚，"风暴琅琊"，《无违集》）。

青岛与胶济铁路归还中国

1919年5月,当《凡尔赛和约》签署的时候,日本似乎已经巩固了其在山东的地位。然而,中国政府拒绝在和约上签字。为改变中国的态度,日本在凡尔赛的代表团发表声明,声称将在未来某个不确定的时间将胶州湾租借地归还给中国。1919年8月,美国总统威尔逊和日本外务大臣内田康哉透露了一个非正式协定,据此协议,日本将把胶州和胶济铁路归还中国,但仍将接收德国之前所获得的其他经济利益。[44]

从签署《凡尔赛和约》到1923年日军最终从山东撤军的这近四年间,为了实现威尔逊和内田之间的协定,他们展开了大量外交活动。这几年日本的政策一贯遵循的原则是,日本坚持保留对胶济铁路、山东煤矿,以及日本政府或私人资本投资其中的所有企业的控制权,尤其是财政上的控制权。[45]当1923年日军最终撤出山东时,这些目标都已达成,尽管在某些生产设备的所有权方面,日本对中国做了一些必要的妥协。

中国人从一开始就对日本提出的有关山东问题的任何提议都持一种强烈怀疑的态度,这种态度始终没有改变过。早在1920年,日本发言人就提出希望直接与中国谈判,但中国民族主义的舆论立刻就开始担忧北京内阁可能会出卖国家。考虑到段祺瑞和靳云鹏的先例,这种担心是有充分理由的。1920年春,济南的反日商人和士绅们,给中国的各家报纸、教育家及其他社团领导人发出大量电报,为争取推迟谈判寻求支持。4月,反对者们在上海发起抗议直接谈判的示威行动。济南的示威行动声称,除非推迟谈判,否则就要组织学生罢课、开展新一轮的抵制日货行动并拒绝缴税。[46]

由于1920年初公众的呼吁,山东问题被搁置了一年多。1921年9月,日本政府再次向北京政府正式提出这一问题。当时的国务总理靳云鹏仍然被迫拒绝讨论这个问题,因为除了那些极端亲日派,各方的意见都仍然不能接受直接与日本谈判。然而,将山东问题作为即将开始的华盛顿裁军会议内容的一部分进行讨论的建议,得到了许多中国人的认可,包括济南最直言不讳的民族主义领袖。[47]最终,1921年12月,中日代表团同意在华盛顿举行特别会谈解决山东问题。当在美国谈判日期临近之时,济南再度发生了示威行动,但此时中国人分成了激进和保守的两派,学生和一部分新闻界人士反对中国与日本进行任何接触,更温和的教育家和商人则认为或许中日可以达成协议。

这段时期,也是王尽美领导的共产党和王乐平领导的国民党在济南影响最大的时期。与《齐鲁日报》和《大民主报》一起,这两个主要由学生组成的团体全力支持抵制与日本谈判。济南的学生们在12月举行了大型集会反对谈判,并重新开始了抵制日货的行动。那些拒绝抵制日货的商铺被捣毁。更温和的商人们则通过商会发表看法,批评学生们的做法。[48]

在华盛顿的中国代表团中包括一些山东人,他们因其诚实和反对日本帝国主义的立场而闻名。因为美国被认为是相当值得信赖的,所以温和的舆论主张,应该根据谈判的结果对谈判本身进行评价。1922年1月,中日会谈的官方声明公开,济南既没有欢呼雀跃也没有公开反对,只是接受了这一结果。那个时候,学生团体由于坚决反对这一结果,因而在中国国内失去了大量的支持;结果在山东问题的解决方案宣布之后,共产党和国民党的影响力都迅速下降。[49]

华盛顿会议就三个重要问题达成协议:(1)胶州租借地归还中国,(2)胶济铁路由中国赎回,(3)对德国在坊子、淄川、金岭镇所有矿产的处置。会谈之初,日本同意放弃对包括青岛在内整个胶州租借地的行政控制。他们还同意无条件移交德国人留在青岛的一切设施,但对日本政府投资予以改善的那部分设施,日本坚持要中国作价赎回。因为日本曾开展了大量建设,因而这也就意味着中国为此要投入相当多的成本。[50]

如何对日本的私人投资进行处置,这是最敏感的问题之一。日本的私人公司、工厂和房产维持现状,但中国坚持赎回日本投资者沿胶州湾建成的大量盐场。华盛顿会议的代表们同意,成立一家中日资金各半的联合公司,来管理之前德国在山东的矿厂。1922年8月,以三井财阀理事长佐藤(Takuma Dan)为首的日本矿业界,在东京会见外务大臣内田康哉,以推进实施这些安排。最终在1922年12月,鲁大公司成立。鲁大公司的中方参与者包括若干山东知名人士,如靳云鹏、潘馥,以及山东银行总理及济南反日商人团体的领袖张肇铨。当然,在鲁大公司,日本人拥有多数股权并将控制权掌握在自己手中,只让少数特定的山东人和高官分享一小部分利润。[51]

铁路问题最为棘手。中国人原希望赎回铁路,但是他们发现无论是政府还是民间,都不可能筹到足够的资金。在济南和中国其他地方,对直接向日本借款的做法都会产生强烈的反对情绪。经过长期的讨论,1922年1月底,中国同意以日本持有中国有息国库券的方式交换铁路所有权。[52]

华盛顿会议之后,北京政府和日本政府又进行了多项交易。与其他地方一样,济南人担心北京政府依然有可能再将国家出卖给日本。最终在1922年12月,在北京签署了一大批条约、协议和企业文件。根据相关条款,为补偿日本在青岛完成的建设工程,中国政府向日本支付200万美元现金,及利率为6%的国债,这笔国债将于1937年11月到期。鲁大公司也于此时开始正式运营。中国最终以价值4000万日圆(金本位)的中国国债赎回胶济铁路,这笔国债利率为6%,同样是15年期。这笔国债以胶济铁路的收入作担保;此外,日本人还保留了车务长和会计长各一个职位。[53]

尽管国外和中国的许多观察家都赞扬青岛回归是外交上的一次重大胜利,但《北华捷报》上刊登了一种更为实际的观点:"当然,她(中国)名义上收回了对失地的主权,以及像胶济铁路和胶州盐场这类国家资产,但为了得到这些资产,她不得不根据条款将这些资产抵押给日本,这让资产的赎回看上去遥不可及。"[54]

对日本而言,山东问题的解决结果意味着,原先一战时期日本是独立处理相关事务,现在则大大退回到美国所赞成的经济合作式帝国主义的状态。日本政府在山东保留了重要的经济利益,其形式有中国国债,还有在山东的矿山、工厂和商业方面的私人投资,包括鲁大公司在内。日本不再期望武力控制山东,但日本依然是山东省内最有影响力的外国势力。

山东问题的解决,在两个主要方面影响了山东随后的历史进程。第一,山东对日本有重大利益关系,这决定了日本今后对山东的大部分政策。如果任何事干扰到日本人的投资,或者导致中国拖欠胶济铁路债券收益的偿付,日本都会有巨大损失。[55] 当1925年日本决定支持张宗昌,及1927年和1928年日本担心国民党接管山东的时候,这些因素发挥了重要作用。在1927年和1928年,日本觉得自己在山东的利益受到"威胁",以至于日本首相向青岛和济南派出了远征军。

山东问题的解决在随后几年的第二个主要影响与中国内政有关。中国在遭受屈辱的时期被剥夺的各种财政和行政权力,在山东问题后又返还给了中国。于是中国的各个权力集团迅速行动起来,纷纷宣称自己享有这些权力。在争抢热潮中(1922、1923年),主要参与竞争者是段琪瑞及其安福系的支持者、旧北洋集团中的直系,以及集中在济南有地位有钱有势的山东人。直系任命了管理青岛和胶济铁路的官员,这些官职可以获得大量收入,他们获得了这些新职位中的大多数，这并不奇怪。在济南的山东当地利益集团的领袖们，包括温和的商人和士绅团体的领袖都很愤怒。北京的官僚——包括许多亲日派——将攫取五年来反日斗争所获得的经济利益，出于对此的怨恨，山东人开始抨击应对这些安排负责的所有中国官员。英国驻济南领事声称，他们谴责一切，"漠视铁的事实"，并反对"可能安排实施的任何条款"。真正的问题不是谁将从归还中国的权益所带来的新的收入中获利，而在于北京政府的军阀集团是如何轻易地就控制了局势。这个插曲揭示了，在北京的国内敌手面前，济南的商人和士绅是多么的软弱。

山东省的软弱领导力

衡量山东政治势力最好的尺度是济南的山东省议会。在1914年袁世凯成功打压了国会和各省议会之后，山东省议会变得日益软弱和腐败。大规模的欺诈和公然的贿选，成为1918年和1921年选举的显著特征。选举完毕之后，议会也不能进行任何有意义的立法工作。议会在当时唯一的重要贡献是，它在五四运动时期成为公众论坛，并在1919年和1920年支持反日运动。[56]

1921年议会选举后，围绕新议会的议长席位又展开了一场旷日持久的争夺。参与的主要竞争者是谢鸿焘，他与靳云鹏及安福系的联系十分密切。他的对手一个是张肇铨，一位很有实力的济南银行家、章丘帮的领袖，也是"齐"境的代表人物。另一个对手是王鸿一，一位来自鲁南地区曹州的士绅改革家、教育家。议长选举的选票价格每张在3000—5000美元之间。1922年的某个时刻，当谢鸿焘看似要在唱票表决中失利时，亲安福系的督军（指田中玉——译者注）指使流氓和士兵在议会厅制造了一场骚乱。经过一年的犹豫不决，议会对三位候选人全部放弃，折衷的结果是选择了来自青州的基督徒商人宋传典。[57]

谢鸿焘因为其亲日倾向而被排除出候选名单。谢鸿焘的反对者希望由山东地方商界保留山东的经济权利和机会，这些地方势力不会将这些利益出卖给日本人。有趣的是，谢鸿焘的反对者既有来自"齐"境的也有来自"鲁"境的，他们分别支持两个不同的候选人——张肇铨和王鸿一，并在这件事上有一年多的时间无法达成合作。古老的地区差异仍然比现代制度的驱动力更为强大。因此，山东地方势力是如此分化，基本无望去领导山东，他们在争夺青岛控制权的斗争中的失败也就几乎是不可避免的了。

这些银行业、商业和工业的领袖人物是济南的新精英，但却输给了军阀及其官僚盟友。比起山东地方势力，安福系能确保有更多的资金以发展更大的工业企业，他们也能够在山东的财政问题上勉强维持平衡。地方精英无法克服彼此间的分歧，以挑战安福系的操控地位。1914年以来，地方精英的人数增加，在经济事务中势力更大，但他们掌控山东政治的能力却没有显示出相应的提高。胶州归还中国是对其力量的重大考验，然而省议会中关于议长选举的内讧，以及"齐"、"鲁"这种省内区域间的竞争，却削弱了他们的力量，山东地方领袖被北京官僚与日本人结成的联盟完全击败。

1916年之后"齐"、"鲁"两大集团未能成功地团结起来，这表明山东的普遍的情况是，其在经济和政治上都未能进行充分的整合。山东不存在统一的省级领导力，能使自身与北京和日本人抗衡，现存的地区利益、个人利益和经济利益，将省的领导权切割得支离破碎。

暗无天日的军阀割据：张宗昌的统治

尽管济南在1916年以后就处于军阀统治下，但直到1925年张宗昌成为山东军务督办，军阀统治的全部效应才降临到这座城市。张宗昌在其起伏不定的职业生涯中，最初只是一个默默无闻的军人。在1922年第一次直奉战争中，他加入张作霖的部队，他从这个满洲军阀手中接过的第一个任务就是进攻山东。张宗昌带领大约4000人的部队在山东半岛登陆，自称"山东自治军"，以期吸引具有省务自治精神的人，这种精神在1911年之后在中国政治中变得十分重要。张宗昌声称得到了若干知名山东籍官员的支持，这些官员退休后寓居青岛①。但陆军第五师成功地遏制了他的部队，他在几周内撤回满洲。[58]

张宗昌第二次来到山东，并就此留了下来。1925年初，冯玉祥倒戈，削弱了直系的力量，而张作霖则在北京变得越来越强势。来自满洲的张作霖，希望通过将友军转移到中国东部沿海地区，以此巩固自己的新权力。作为这个计划中

---

① 张树元、马良和唐柯三，都与段祺瑞和安福系有联系。他们于五四运动时期被迫离开济南，之后住在青岛，并经常参与到这类阴谋中。

的一部分,张宗昌转移到了江苏,以徐州作为根据地。当 1925 年 2 月张宗昌造访济南时,立刻有传言说,他很快要成为山东军务督办。[59]。

由于张宗昌残暴而荒淫的名声,山东省的领导人送给他 20 万美元,让他离开山东,但这笔钱只是让他更渴望留下来。前军务督办郑士琦悄然下野,张宗昌于 1925 年 5 月 7 日继任,一起到来的还有他的妻妾和可怕的白俄兵。为了宣示自己的到来,他即刻发布了戒严令。很快,由于他施行的政策,济南的经济和社会生活遭到严重破坏。在张宗昌统治的前六个月,尽管他已经设立了七种新的商业税,济南的学校还是因为缺乏经费而处于关闭的状态。为了在全省部署军队,张宗昌停止了胶济铁路的常规交通运营,这减缓了商业发展。[60]

张宗昌不能容忍排外运动,并通过重罚民族主义示威者,制止了上海"五卅惨案"后在山东发生的反日、反英示威运动。他还很快在济南的政府机构中安插了自己任命的官员①。张宗昌关闭了张肇铨掌控下的山东银行,开设了自己的"山东省银行",并印刷了大量没有准备金支持的纸币。张宗昌如此轻易而迅速地处理掉了济南最有权力的商业机构,表明在 1920 年代中期,相对于山东的商业势力,军阀拥有更大的权力。而且,这仅仅是个开始。

到 1927—1928 年的冬天,山东的局势变得骇人听闻。《北华捷报》的一位通讯员在调查了最近遭受水灾的临清地区之后,评论道:"移民到满洲似乎成了山东穷苦人唯一的自救方法"。[61] 除了鲁西北遭受水灾,鲁南一些地区的军事行动也毁坏了庄稼,打乱了收割活动。1927 年夏天,在济南附近发生了大旱和蝗灾,从济南向西北蔓延,涉及山东和直隶大部分地区。英国驻济南领事估计,1928 年春,山东有 370 万人在冬季的饥荒来临之前已经一贫如洗。[62]

在冬季,这种局势导致了一股不寻常的闯关东浪潮。越来越多的农民逃离了家乡,而不是像许多移民以前那样,每年从满洲返乡。冬季海港结冰封闭,大多数移民只能乘火车。成千上万的人涌向济南和山东、河南、直隶的其它铁路枢纽,在等火车的日子里,他们在城外建起棚户区,或者挤在城墙脚下遮风避雨。

英国领事阿弗莱克(J. N. Affleck)这样描述这一景象:"每天在济南火车站,都能看到排成长队的移民等在售票处——男人、女人和孩子——挣扎着从这个

---

① 张宗昌自然坚持要陆军第五师撤出山东。1925 年 5 月驻防权的移交,宣告这支由袁世凯建立、自 1899 年以来在济南政治和社会历史中起过重大作用的部队,结束了其对山东的影响。

无法生存的地方逃离。一天早晨,发生了一起骚乱,在这些苦命的人中,有人发现自己买到的票是骗子卖的假票,……;然而,这些骚乱者却被查出给枪毙了。"[63] 据估计,那年冬天有超过100万人从山东移民到满洲。

到1928年初,济南的大多数商业活动都已陷入停顿,但这对张宗昌来说一点也无所谓。又一场战争近在眼前,他需要更多的钱。他开始彻底没收银行存款准备金,大量商业公司干脆关门了事。

张宗昌在济南征收23种商业流通税,从而给商业带来了具有毁灭性的后果。即使像亚细亚火油公司这样的外国公司也发现,在济南做生意几乎是不可能的,而在山东内陆地区,张宗昌的军队洗劫了英美烟草公司的大宗货物。士兵和土匪的勒索困扰了农村很多年,但在1927—1928年冬天,在济南遭遇散兵游勇的抢劫已变得稀松平常。[64]

所有这些都是这一模式的一部分:以城市为根据地的军阀部队,不仅破坏了城市商业,还打破了城市与其腹地的联系,迫使农民组织自卫武装以抵制缴税、反抗征兵,有时甚至建立他们自己的地方政权,作为对济南军阀强盗式统治的反抗。[65]

本章所讨论的日本帝国主义在山东的历史以及军阀统治下的悲惨故事,并不只是对暗淡的政治历史的描述。日本从1914年公开的军事帝国主义策略,转变到1920年代中期更微妙的经济帝国主义策略,以及济南军阀的破坏性和让山东走向衰落的统治,这些历史所造就的形势,明显抹杀了济南实现城市工业现代化这种西方模式的任何可能性。在济南,无论经济和社会的变革多么迅速或动力多么强劲,帝国主义和军阀势力都会破坏任何可能取得的成果。外国政府——不仅是日本,还有包括美国在内的其他国家——的主要的政治目标在于保持、有可能的话扩展他们在山东的出口贸易、省内交通体系以及中国国内贸易中的影响。日本是上述势力中最重要的一支力量,本章的研究集中显示了,日本是如何阻止了中国人掌控他们在自己国家的贸易和投资的。

袁世凯之后,济南的军阀统治不仅不得人心,也收效甚微。袁世凯至少还宣称自己是中国民族主义的维护者并对抗日本,对于中国的发展方向也有一种远见。(此处为作者一家之言。——译者注)他的继任者们既缺乏他的爱国主义,又缺乏他的远见。中国公众的政治发展并未达到足够的水平,从而使政府机关必须既得人心又有效率。但是在缺少民众支持的情况下,济南的一系列军阀统治者也惊人的碌碌无为。对于如何统治济南和山东，从而最好地维护民众的利益，他们无一例外都缺乏任何真正的观念。他们拥有的唯一目标，就是保护他们自身及其军队的短期政治和财政利益。

下一章将对 1916—1928 年间济南的经济和社会生活进行详细的研究，并集中关注山东商界和政界领袖同时反对军阀和日本人的努力。但在本章对政治历史的介绍中，我们已经涉及了关键的实例，即在 1900 年之后，那些进步而拥有现代思想并一度在政治和经济领域兴旺发展的山东人，他们的力量遭到了日本人和军阀的破坏。

注释：

[1] 《国闻周报》第 3 卷第 13 期，1926 年 4 月 11 日，第 46 页；American International Corporation and China, Agreement for the Grand Canal of Shantung Province, 7% Improvement Loan, in MacMurray, comp., *Treaties and Agreements with and Concerning China, 1894–1919*, Washington, D.C., Carnegie Endowment for International Peace, 1922., 1：1287–93；*North China Herald And Supreme Court And Consular Gazette*, 14 October 1916, p. 13。

[2] 《支那》（双月刊），上海，第 10 卷第 1 期，1919 年 1 月，第 102—104 页，第 10 卷第 10 期，1919 年 10 月，第 7 页；Bertram Giles, Tsinan Intelligence Reports, 1st Quarter 1922, F.O. 228/3277。

[3] S. Wyatt-Smith, Tsinan Intelligence Reports, 4th Quarter 1918, F.O. 228/3277。

[4] Peter Duus, *Party Rivalry and Political Change in Taisho Japan*, Cambridge：Harvard University Press, 1968, chapter 4；Takeuchi, Tatsuji, *War and Diplomacy in the Japanese Empire*, New York：Doubleday, 1935, p. 191。

[5] W. L. Godshall, *Tsingtau under Three Flages*, New York：Macmillan, 1929, pp. 229–32, 499–502；W. W., Lockwood, *The Economic Development of Japan*, Princeton：Princeton University Press, 1968, p. 517。

[6] MacMurray, comp., *Treaties and Agreements*, 1：1450–53；仁井田陞等编，《亚细亚历史辞典》，东京：平凡社，1960 年，第 8 卷，第 235—236 页。

[7] 1918 年 9 月 24 日"中日密约"，中华民国外交部档案，1906–27，"中央"研究院近代史研究所，南港，台湾，第 1605 号。

[8] Lockwood, *The Economic Development of Japan*, pp. 50–52；Kungtu Sun and Ralph Heunemann, *The Economic Development of Manchuria in the First Half of the Twentieth Century*, Cambridge：Harvard East Asian Monographs, 1969, pp. 19–41。

[9] Craig Canning, "The Japanese Occupation of Shantung in World War I", Ph.D. dissertation, Stanford University, 1975, chapter 5。

[10] Lockwood, W. W., *The Economic Development of Japan*, Princeton：Princeton University Press, 1968, pp. 50–52.

[11] 在青岛的日本人口数量于 1922 年达到了最高值, 为 24100 人, 之后, 由于中国将对青岛回复行使主权, 日本人口开始减少。参见 "Economic Development of Shantung Province, China, 1912–1921", U. S. Commerce Reports, Trade Information Bulletin 70, 9 October 1922; de Garis, ed., *Guide to China* (1923 edition), pp. 170–78; Godshall, *Tsingtau under Three Flags*, pp. 190–246。

[12] Lockwood, *Economic Development of Japan*, p. 386.

[13] 我要再次感谢 Craig Canning 有关日本政策的这一洞见。

[14] 史禄鹏(音译), "山东被日军占领全录"(此处文献未能查阅原文, 题目根据本书原著中的拼音回译——译者注), 载于中华民国外交部档案中名为"山东问题照档"的文件中, 但并未列入 Kuo T'ing-i (郭廷以), ed., *Sino-Japanese Relations, 1867–1927: A Check List of the Foreign Ministry Archives*, New York：Columbia University, East Asian Institute, 1965。

[15] 史禄鹏(音译), "山东被日军占领全录", 第一部分, 铁路。

[16] 1921 年的铁路利润回报率约为 7.5%。史禄鹏(音译), "山东被日军占领全录", 第一部分, 铁路。

[17] 史禄鹏(音译), "山东被日军占领全录", 第四部分, 邮政和电报。

[18] 史禄鹏(音译), "山东被日军占领全录", 第二部分, 采矿; *Far Eastern Review* 17.2 (February 1921)：145–48。

[19] 史禄鹏(音译), "山东被日军受害全录"(此处文献未能查阅原文, 题目根据本书原著中的拼音回译——译者注), 载于中华民国外交部档案中名为"山东问题照档"的文件中。

[20] Report from A. Archer at Tsingtao to John Jordan in Peking, 16 October 1919, F.O. 228/3803.

[21] 冈尹大郎,《山东经济事情, 济南をゆとして》, 大阪：出版社不详, 1918 年, xv–xvi 页。

[22] Bertram Giles, Tsinan Intelligence Reports, 4th Quarter 1918, F.O. 228/3277.

[23] 冈尹大郎,《山东经济事情, 济南をゆとして》, 大阪：出版社不详, 1918 年, 附录 A。

[24] 史禄鹏(音译), "山东被日军受害全录"。

[25] S. Wyatt-Smith, Tsinan Intelligence Reports, 4th Quarter 1917, F.O. 228/1983.

[26] S. Wyatt-Smith, Tsinan Intelligence Reports, 1st Quarter 1918, F.O. 228/3277.

[27] 1919 年 2 月 22 日、26 日的电报, 载于文件 "The Paris Peace Conference and the Shantung Question", 中华民国外交部档案, 1906–27, "中央"研究院近代史研究所, 南港, 台湾, 第 1606 号。

[28] Letter of T. J. Pratt at Tsinan to John Jordan in Peking, 2 July 1919, F.O. 228/3256.

[29] 陆征祥在 1919 年 3 月 28 日将这些意见电报告知北京。北京的回电在 4 月发出。中华民国外交部档案, 1906—1927 年, "中央"研究院近代史研究所, 南港, 台湾, 文件"山东问题照档", 31—42 条。

[30] 同上, 38—42 条, 1919 年 4 月 26 日、27 日。

[31] 张公制、邵次明、杜星北,"关于山东学生'五四'运动的回忆",《山东省志资料》,1959 年第二期,第 20—29 页。

[32] 李澄之口述、史学通记录,"回忆五四运动在济南",《山东省志资料》,1959 年第二期,第 1—19 页。

[33] *North China Herald and Supreme Court and Consular Gazette*, 7 July 1919, p. 628; Letter of T. J. Pratt at Tsinan to John Jordan at Peking, 2 July 1919, F. O. 228/3256.

[34] Letter of T. J. Pratt at Tsinan to John Jordan at Peking, 17 June 1919, F. O. 228/3256。

[35] Pratt 将这群人描述为"几乎完全由体面人物组成"。Letter from Tsinan of 2 July 1919 to John Jordan in Peking, F. O. 228/3256.

[36] 方传桂、王群演,"砸昌言报馆始末",《山东省志资料》,1959 年第二期,第 74—89 页; Report of J. T. Pratt, 5 August 1919, F. O. 228/3256。

[37] *North China Herald and Supreme Court and Consular Gazette*, 23 August 1919, pp. 474–75.

[38] Letter of T. J. Pratt at Tsinan to John Jordan at Peking, 29 July 1919, F. O. 228/3543.

[39] Letter of A. Archer at Tsingtao to John Jordan in Peking, 17 October 1919, F. O. 228/3257; 方传桂、王群演,"砸昌言报馆始末",《山东省志资料》,1959 年第二期,第 83—84 页。

[40] 李澄之口述、史学通记录,"回忆五四运动在济南",《山东省志资料》,1959 年第二期,第 18—19 页; Chow Tse-tung(周策纵), *Research Guide to the May Fourth Movement*, Cambridge: Harvard University, 1963, items 382, 461, 462.《大民主报》得到了美国教会的某些支持,被日本人视为亲美报纸。

[41] Bertram Giles, Tsinan Intelligence Reports, 1st Quarter 1922, F. O. 228/3277.

[42] 张文秋,"刘谦初烈士生平略历",《山东省志资料》(1960 年第三期),第 68—70 页;李绪基、曹振乐,"'五四'在山东",《山东省志资料》,1959 年第二期,第 58—60 页。

[43] 1919 年 5 月 29 日、30 日在日文报纸《青岛新闻》(Seito Shimpo)上刊登的反英和反美文章的翻译稿,参见 Letter of T. J. Pratt at Tsinan to John Jordan at Peking, 1919 年 6 月 5 日, F. O. 228/3256; H. King, Tsinan Intelligent Reports, 1st Quarter 1924, F. O. 228/3277。

[44] W. W. Willoughby, *Foreign Rights and Interests in China*, Washington, D. C.: Johns Hopkins University Press, 1927, 1: 277–78.

[45] 同上,1: 279–80。

[46] 1920 年 1 月、2 月、4 月的电报,中华民国外交部档案,1906–27,"中央"研究院近代史研究所,南港,台湾,第 R-1608 号; *North China Herald and Supreme Court and Consular Gazette*, 31 January 1920, p. 280。

[47] Bertram Giles, Tsinan Intelligence Reports, 3d Quarter 1921, F. O. 228/3277.

[48] 李绪基、曹振乐,"'五四'在山东",《山东省志资料》,1959 年第二期,第 62—63 页;还可参见对这两个团体的出版物的描述,Chow Tse-tung(周策纵), *Research Guide to the May Fourth Movement*, Cambridge: Harvard University, 1963, items 382, 383; Bertram Giles, Tsinan Intelligence Reports, 4th Quarter 1921, F. O. 228/3277.

[49] Bertram Giles, Tsinan Intelligence Reports, 1st and 2d Quarter 1922, F. O. 228/3277.

[50] Willoughby, *Foreign Rights and Interests in China*, 1：297–302.

[51] 俞物恒,"鲁大公司之历史",最初刊登于1928年出版的《矿业周报》,转引自陈真、姚洛、逢先知合编,《中国近代工业史资料》(第二辑·帝国主义对中国工矿事业的侵略和垄断),北京：三联书店,1958年,第674页; *North China Herald and Supreme Court and Consular Gazette*, 22 August 1922, p. 590; Bertram Giles, Tsinan Intelligence Reports, 2d Quarter 1922, F. O. 228/3277。

[52] "胶济铁路股份有限公司筹备局第一次宣告",北京,1924年,中华民国外交部档案,1906–27,"中央"研究院近代史研究所,南港,台湾,第R-110108; Bertram Giles, Tsinan Intelligence Reports, 1st Quarter 1922, F. O. 228/3277; Willoughby, *Foreign Rights and Interests in China*, 1：304–16; *North China Herald and Supreme Court and Consular Gazette*, 4 February 1922, pp. 287–88。

[53] J. Brown Scott, comp., *Treaties and Agreements with and Concerning China, 1919–1929*, Washington, D. C.：Carnegie Endowment for International Peace, 1929, pp. 89–129.

[54] *North China Herald and Supreme Court and Consular Gazette*, 23 December 1922, p. 780.

[55] 在青岛,新建的日本纱厂只是日本持续发挥影响的最明显的标志。"Tsingtao Today", *Chinese Economic Journal* 1.1, January 1927：48–52。

[56] S. Wyatt-Smith, Tsinan Intelligence Reports, 2d Quarter 1918, F. O. 228/3277; Bertram Giles, Tsinan Intelligence Reports, 3d Quarter 1921, F. O. 228/3277.

[57] Bertram Giles and A. H. George, Tsinan Intelligence Reports, 3d Quarter 1921 through 1st Quarter 1923, F. O. 228/3277; *North China Herald and Supreme Court and Consular Gazette*, 4 February 1922, p. 290.

[58] Boorman, Howard L., ed., *Biographical Dictionary of Republican China* 1：122–27; Tsinan Intelligence Reports, 1920–22, F. O. 228/3277.

[59] H. King, Tsinan Intelligence Reports, Semi-annual, October 1924-March 1925, F. O. 228/3277.

[60] H. King, Tsinan Intelligence Reports, Semi-annual, March–October 1925, F. O. 228/3277.

[61] *North China Herald and Supreme Court and Consular Gazette*, 15 October 1927, p. 99.

[62] H. King, Tsinan Intelligence Reports, March-September 1928, F. O. 228/3824.

[63] J. N. Affleck, Tsinan Intelligence Reports, October 1927–March 1928, F. O. 228/3824.

[64] J. N. Affleck, Tsinan Intelligence Reports, September 1927–March 1928, F. O. 228/3824; *NCH*, 24 December 1927, p. 527.

[65] 戴玄之,《红枪会,1916–1949》,台北：食货出版社,1973; Roman Slawinski, "The Red Spears in the late 1920s", and Lucien Bianco, "Secret Societies and Peasant Self-Defense, 1921–1933", in Jean Chesneaux, ed., *Popular Movements and Secret Societies in China, 1840–1950*, Stanford：Stanford University Press, 1972, pp. 201–24。

第六章

军阀统治时期济南的经济社会生活

截止到1916年,在外国帝国主义者、中国官员和山东现代化推动者的共同努力下,济南的经济社会生活发生了深刻变化。然而济南却不完全属于现代社会,虽然它已不再是典型的高墙壁垒的晚期传统中国城市。帕克(A.G. Park),济南齐鲁大学的一位美国社会学教授,试图捕捉赋予济南这种非同寻常的新旧混合和中外交融:

> 在这座城市中我们发现了古代、中世纪和现代城市交织的特点。城墙、护城河和狭窄的街道是古代和中世纪城市的特色;贸易中心、行会和家庭作坊是中世纪城市的特色;铁路、工厂、商埠区里宽阔的街道、学校、电灯和电话线以及没有围墙的商埠区,则是现代城市的特色。[1]

阶层和文化差异是存在的,但是许多不同的势力混合在一起,共同创造了济南的经济社会生活。接下来我们会对济南这种杂糅式的生活进行更加详细的探讨。

资本主义黄金时代的济南经济(1916—1923年)

中国的民族资本主义在一战期间繁荣一时,这经常被认为是外国竞争者退出的产物。[2] 因为从大约1916年到1920年代早期这几年中,中国工商业确实经历了一段大幅扩张和盈利的时期,从而改变了中国很多城市和城镇,包括济南。1922年,一位途经济南的美国旅行者观察到,"在德国人造的长长的黄河大桥上火车隆隆作响,这提醒旅行者,济南的苦难日子结束了,而同时,山东省的省会以自己的烟囱宣示了自己。面粉厂是这些螺旋型上升的烟雾的主要制造者，而就在10年或15年以前，面粉厂所在的地方只不过是一片坟地。"[3]

由于要参加欧战，许多欧洲国家被迫在许多行业中撤出在华贸易，这是事实；但是我们仍然很难将中国商业的繁荣仅仅归因于欧洲人的撤出，尤其是在山东省和济南市，因为在一战期间，日本在这里的经济活动实际上是增加的。山东的海外贸易确实因战争受损，但主要贸易行业都是一片繁荣，包括上文引用评论中的面粉业，这些行业都与国内市场紧密相连。因此，看起来比较合理的解释，是将济南的经济发展更多归因于国内贸易的增加——由于铁路的发展，国内贸易持续扩张——而非由于一战时期中国商人经历的任何暂时性的竞争优势。

就旅居山东的日本人而言，最初他们感兴趣的是从山东出口产品到日本以满足日本国内经济，因此并不会与中国企业的发展有很大竞争，尤其在针对中国国内市场的产品方面。不过，1919年以后，青岛的日本人开始建立工厂，生产面向中国国内市场的产品。在这一点上，济南才受到日本人竞争的严重伤害。

1920年代中期，中国经济无力继续维持繁荣，中国的工商业势力在国内和国际经济中遭遇到大量不利的局面。1920年代中期发生的事件对济南打击尤为严重。在张宗昌统治之下，经济早已受到严重损害，此时青岛又重新回到中国政府控制之下，使得济南的经济更加被削弱。从1900年一直到1923年，山东的中国民族经济势力，更偏爱在中国政治权力的所在地做生意，即中国控制的济南，而非外国控制的青岛。青岛重新获得自由后，许多中国公司，尤其是来自天津和上海的公司，将其山东办事处由济南转移到更方便和更宜人的海滨城市青岛。[4]

1916—1925年，济南继续作为山东、直隶南部、山西和河南的商品集散地，主要商品是粮食、棉花和花生。第二等级的贸易行业包括农村手工艺品，如丝绸（包括所有半成品和成品）、草帽辫和棉布。山东的传统手工艺行业如刺绣和花边则有所衰退，这在很大程度上源于中国服装款式的变化。此外，外国消费偏好的变化，对手工艺品市场也有很大影响。[5]

中国商人承担了济南的大部分贸易。外国贸易商从这些中国商人手中购进货物，他们通常由驻青岛、天津或上海的外国公司总部的代理商进行。济南的中国商人，像中国其他地方一样，根据籍贯组织了各种社团。山东商人继续主导济南的贸易，其中最有势力的商人社团，即"商帮"，代表"齐"境各处。其他行会也存在于济南,既有由外省官员和商人组成的会馆,也有共同的贸易组织商行,但它们都不如山东商帮重要。历史比较悠久的会馆,如山陕会馆或河南会馆,其权势在20世纪明显下降。这一时期重要的非山东商业势力代表,是来自上海、天津和广东的商人,并且相比较于传统的正式的会馆形式,他们更偏好比较非正式的商帮形式。[6]

山东商帮中最强的四大商帮,其涉足领域呈多元化特点。这四大商帮都涉

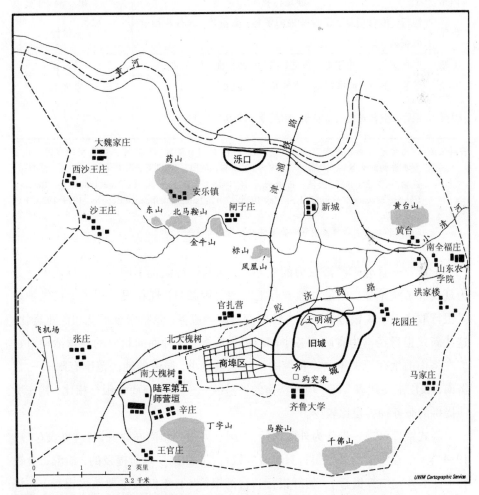

地图3　1928年的济南及其直接腹地。[根据孙宝生编《历城县乡土调查录》(济南:历城县实业局,1928年)绘制而成。]

足银行业、粮食贸易和面粉业,三个商帮涉足布匹贸易的不同贸易环节,两个商帮涉足煤炭行业。这四大商帮的商业活动见表6.1。四大商帮的家乡都位于小清河沿线,这是1890年代晚期由官方投资疏浚的一条航道,横穿"齐"境,把济南与沿海地区连通起来。这显示了这些商帮在近期的崛起,在19世纪末20世纪初,随着"齐"境的经济扩张,这些商帮显然也发达起来。[7]

表6.1　1920年代初在济南的主要山东商帮

商帮	涉足行业 a	领　　袖
章丘	银行,粮食贸易,煤炭开采和贸易,面粉业,养蚕业和丝绸刺绣,仓储	张肇铨
历城	粮食贸易,公用事业,报业,银行,面粉业,棉织业	马官和
寿光	盐业,银行,粮食贸易,煤炭贸易,面粉业	张采丞
桓台	银行,粮食贸易,面粉业,棉纺业(1930年后)	苗杏村 穆伯仁

资料来源:三岛赖忠,《华北民族工业の发展》,1942年,转引自陈真、姚洛、逄先知合编,《中国近代工业史资料》,北京:三联书店,1958年,第一辑,第300—307页;冈尹大郎,《山东经济事情,济南をゆとして》,大阪:出版社不详,1918年,第31—36页;"New Industry at Tsinan", *Chinese Economic Monthly* 1.5, May 1925:12–17;Tsinan Intelligence Reports, 1919–1926, F.O. 228/3277.

a 按照各行业对所提及商帮的重要性对行业进行排序。

银行业一直处于经济权力的核心,济南的银行业也不例外。银行业仍然分为现代和传统形式,但是办理省际汇兑的山西票号,现在很大程度上已经被新式银行取代。新式银行提供全方位的商业金融服务,包括资金汇兑和商业贷款。这些新式银行经常为省政府各个部门提供服务,这种面向政府的经营活动对它们在济南的生存至关重要。传统的钱庄规模较小,服务的地区范围有限——在济南,钱庄主要代表"齐"境和济南的贸易区——并且与商业银行相比,钱庄所能提供的服务种类也比较少。[8]

新式银行可进一步分为外国银行、中国官办银行和商办商业银行(见表6.2)。1914年后,在济南的外国银行只有日本银行;正如前一章所提及的,横滨正金银行(日本外贸结算银行)、朝鲜银行和台湾银行(日本两大主要殖民银行)在济南都有分行。此外还有一个小型日本商业银行——济南银行,服务于日本侨民中的商人。[9]

表 6.2 1923 年济南的新式银行

	银　行	营业额排序	主要控股者
外国银行	横滨正金银行	—	日本政府
	朝鲜银行	—	日本政府
	台湾银行	—	日本政府
	济南银行	—	日本私商
中国官办银行	**中国中央政府开办的银行**		
	中国银行	2	交通系
	交通银行	7	交通系
	中国实业银行	6	交通系
	盐业银行	15	盐政当局
	殖边银行	9	段祺瑞
	山东省政府开办的银行		
	山东银行	1	章丘帮
	山东实业银行	5	历城帮
	东莱银行	3	青岛帮
中国商办银行	**山东股**		
	通惠银行	4	桓台帮
	山东当业银行	10	不详
	山左银行	12	黄县帮
	道生银行	14	寿光帮
	泰丰银行	16	桓台帮
	齐鲁银行	17	历城帮
	其他股		
	大陆银行	8	天津
	上海商业储蓄银行	11	不详
	中华懋业银行	13	不详
	明华商业储蓄银行	18	上海

资料来源:"Banking and Currency in Tsinan", *Chinese Economic Monthly* 1.8, August 1925:23–28;何炳贤主编,《中国实业志·山东省》,上海:实业部国际贸易局,1934 年,一(辛)至八(辛)页;冈尹大郎,《山东经济事情,济南をゆとして》,大阪:出版社不详,1918 年,第 160 页;孙宝生编,《历城县乡土调查录》,济南:历城县实业局,1928 年,第 160—161 页;H. G. H. Woodhead, ed., *China Yearbook 1921–1922,* London and Tientsin;Peking and Tientsin Times, 1912–39, pp. 317–319。

中国银行济南分行，作为济南第二大银行，是中国中央政府的主要金融部门，其经理们也成为济南杰出的地方领袖。代表中央政府的其他官办银行，在济南的商业活动中则没有起到很大作用①。

山东银行自1913年成立以来，就一直是山东省政府的官办银行。作为民国初期普遍主张地方自治的产物，山东银行摈弃了处理省财政事务的传统手段。来自章丘的张肇铨是一位精明、温和的商业和政治领袖，1913—1925年间，他一直控制着山东银行，直到张宗昌强迫山东银行歇业。山东银行在山东省内影响力非常大，因为它凭借包括天津和上海在内的10家分行，负责处理山东的大部分普通税款缴付。该银行发行的钞票在济南和山东广泛流通。[10]

张肇铨是20世纪早期济南具有代表性的新式商人，他任山东银行总理，这只是他在济南长期而有影响力的职业生涯中的一小段插曲。张肇铨与章丘商帮有联系，通过担任济南钱业公会会长，张肇铨一直保持与章丘商帮的这种联系。济南钱业公会是一个以山东人为主的银钱业户组织，其成员大多数是从济南"福德会馆"这一由晋商控制的旧式银钱业行会中脱离出来的。张肇铨同时还担任济南总商会会长、山东商务总会总理、山东省议会议员以及国会成员。1920—1921年间，他担任山东省财政厅长，其间他试图削减开支和控制贪污，以解决山东面临的严重财政问题。1921年，因为与直系在税收政策上存在分歧，张肇铨失去了省财政厅长的职位。军阀惧怕张肇铨这种正直的当政作风，因为这会削弱军阀对山东地方收入的控制。张肇铨和田中玉之间的分歧，是说明袁世凯死后商人和军阀之间存在严重分歧的重要范例，正如袁世凯打压日益强大的地方势力，是其掌控山东16年历史的特点一样。虽然在与军阀的斗争中失败，但张肇铨仍是济南政治事务中的重要人物。在青岛回归中国之时，他成为中日合资的鲁大公司的投资人，该公司主要掌控之前德国人拥有的矿业权。[11]②

以张肇铨为代表的地方商人势力，与以袁世凯和刘恩驻为代表的官督商办

---

① 常勉斋，五四运动期间中国银行济南分行行长，是商界中抵制日货的主要支持者（张公制、邵次明、杜星北，"关于山东学生五四运动的回忆"，《山东省志资料》，1959年第二期，第22页。袁大启，1914年任中国银行济南分行行长，是济南的公民党党员（叶春墀主编，《济南指南》，济南：《大东日报》，1914年，第44页）。

② 至于张肇铨与日本人的交往有多深，我无从获知，但其生涯的大部分时间都服务于中国的民族主义政治，肯定至少强过任何一位山东籍的安福系成员。

势力不同，也不同于以靳云鹏和潘馥为代表的官僚资本主义势力。整体来看，这些商人很少与旧式士绅的一般观念相冲突，但是他们仍然比这些士绅更进步。他们与士绅都希望中国能建立起一个强有力的地方代议制政体，将政府置于其控制之下，并利用政府促进工商业发展。这些地方商业势力是中国资产阶级的核心力量。

另一个有官方联系的银行是山东商业银行，1915年由马官和创办。马官和是一位来自东部沿海地区日照的杰出实业家，偏好投资于专营公用事业，包括官办报纸、电力设施、电话和公共汽车公司。虽然马官和的家乡位于沿海地区，但他却与历城商帮有紧密联系。1920年代早期，别人赞誉他比济南的大多数官员都更有权势，但马官和的民族主义情绪不如张肇铨强。[12]

第三家官办的山东省银行是东莱银行，1918年创办于青岛。该银行经营规模一直很小，直到1923年青岛回归中国，东莱银行随之成为处理青岛税务的主要银行。东莱银行总部设在青岛。东莱银行济南分行经理于耀西，在1928年5月济南惨案之后，成为"济南临时维持会"的重要人物。东莱银行与天津金融圈有联系。[13]

在济南经营的商办商业银行中，通惠银行特别值得一提。该银行规模并不特别大，但它由济南的桓台商帮领袖穆伯仁和苗杏村控制。桓台商帮在济南出现得最晚，在1914年左右出现。关于穆家人们知之甚少，苗家则来自桓台县的重要商业城镇索镇，出身于一个富裕的地主家族。在索镇，苗家从事过粮食贸易、榨油和中药材生意。该家族于民国初年将一部分生意转移至济南，并且在1930年代，该家族成员担任过山东商务总会总理及韩复榘的顾问。[14]

济南传统的银号在1920年代仍然具有很大的影响力和重要性，其中有些银号与小型新式银行的资本量相当。实际上，大型的传统银号与小型新式银行的差别很小。最后，还有一群商人兼业投资于银行业。这些商人主要从事粮食和商品贸易，由于贷款事项而涉足银行业。[15]

在1923年张宗昌的新法令颁布之前，济南的货币状况都处于混乱状态之中，因为所有商人都可以合法地发行纸币。1920年前后，有超过1000种不同种类的纸币在济南流通，其中最被广泛接受的是横滨正金银行和山东银行发行的纸币。

济南的零售业仍然由很多专门经营一种或几种商品的小店铺承担。例如，有216家店铺经营中国手工布鞋，56家店铺经营皮鞋。在济南有59家印刷厂，为了印制公开出版的刊物和书籍，以及在济南流通的各种纸币，这些印刷厂整日忙碌不停。[16]

如同所有的中国民族工业一样，济南的工业也在1914—1921年间极度繁荣。一家新棉纺厂、数家新面粉厂、一家甜菜糖厂、肥皂厂，以及其他食品加工及家庭必需品的相关工业都开始投入生产（见附录A）。工业发展中有几个特征值得一提。

济南鲁丰纱厂的故事，揭示了很多关于济南的经济权势人物的轨迹。早在1915年，潘馥就开始筹建该工厂，但是直到1917年，在靳云鹏和其他与段祺瑞有联系的人的支持下，工厂才得以正式建立。该工厂使用日本机器，于1919年投入生产。为确保经营成功，投资者取得了专营权，在方圆50英里（约80公里——译者注）范围内禁止建立任何其它纱厂。[17]①

纱厂、甜菜糖厂和造纸厂，占这一时期工业投资资本总额的比重超过50%。这些企业都有若干显赫的政界后台：甜菜糖厂的后台包括靳云鹏和潘馥，而造纸厂的后台则有济南镇守使马良。对济南官僚资本所发挥的这种明显作用[18]需要进一步解释。在民国，政界的显赫人物经常凭借其名望而投资实业或银行业，而他们的名声和影响力，也成为这些投资项目的一大特征。大多数情况下，这些官员并不是要通过大量投资实业来巩固他们的名望，而是想要利用这些机会积累个人财富。在上述三种企业类型中，大多数官员（靳云鹏、潘馥和马良）都以亲日闻名，所以他们参与投资就意味着，大量日资将会注资这些企业。既然这些官员的政治与经济利益都与投资经营密切相关，他们就会对所投资的企业进行相当程度的控制。与此同时，一些偏好官方支持的投资项目的实业家（如马官和、刘恩驻），也在这种项目中投资。遗憾的是，我们几乎不可能清楚地了解，在济南的这些大型实业项目背后，经济与政治，以及中国与日本势力是如何交织在一起的。然而，有一点很清楚，即此处讨论的这种资本——我称之为"官僚资本"，

---

① 这种特殊的专营政策在济南司空见惯。丛良弼拥有的裕兴织染厂（他同时还在济南拥有火柴厂）也享有类似的专营政策。这一机制无法用于限制外国竞争对手，因为外国人可以无视这种专营权。外国公司还试图取得专营权，以此来排除中国竞争对手。正如第三章所提到的，早在1903年，德国人拥有的德华山东矿务公司就试图阻止中国采矿商人采用机械采矿，后来在一战期间，日本人也曾企图取得新式粮食碾磨机的销售专营权。

因为其很明显来源于中国晚期传统社会的官督商办哲学——主导了向新式企业的方向发展的投资领域。

普通商人通常对这些官方的介入敬而远之,并专注于自己最熟悉的商业行业。这一特点在济南的面粉业中体现得最为明显。济南有10家面粉厂,占济南工业总投资的30%,是山东商帮从事的主要工业领域。表6.3列举了1914—1925年间在济南经营的各个面粉厂。虽然生产的大多数面粉都供济南本地消费,但也有一些出口到日本,因为1914—1921年间,中国是一个面粉出口国①。这一时期,各面粉厂定期购买新机器,以在竞争中处于有利地位。[19]

表6.3 1914—1915年间济南的面粉厂

面粉厂名	资本（万元）	创办年份	控股者
丰　年	100	1913	章丘帮
济　丰 a	100	1916	济宁帮
成　丰	100	1920	桓台帮；苗家
民　安	100	1920	济宁帮；张怀芝
惠　丰	50	1917	桓台帮；穆家
华　庆	50	1920	寿光帮
恒　兴	40	1920	不详
茂　新	25	1916	江苏
正利厚	20	1920	不详
同　丰	20	1923	不详

资料来源:"New Industry at Tsinan", *Chinese Economic Monthly* 2.4 (January 1925):13;何炳贤主编,《中国实业志·山东省》,上海:实业部国际贸易局,1934年,四二一(丁)至四四零(丁)页;三岛赖忠,《华北民族工业の发展》,1942年,转引自陈真、姚洛、逄先知合编,《中国近代工业史资料》,北京:三联书店,1958年,第一辑,第301—305页。

　　a 1925年关闭。

然而凭借低价展开竞争的做法,在济南面粉业中并无立足之地。当1916年茂新面粉厂（由江苏商人投资创办）首次在济南开业时,它试图以低于济南一般市价的价格水平出售面粉。其他面粉厂家对这个新来的面粉厂施压之后,其价格不久就回升至其他厂家所实行的价格水平。[20]

---

① 即使在1919—1921年华北大饥荒的时候,山东依然在出口小麦。

面粉业对山东商人的吸引力，有助于解释济南的实业家的性质。面粉厂的投资人，通常来自势力强大的山东商帮，他们都与济南的粮食市场有密切联系。这些商帮中的许多成员，都把粮食贸易看作是自己的主营业务，而且他们之所以涉足现代面粉业，是因为他们之前已经介入传统的磨坊磨面生意。与此同时，这些有钱人都不愿冒险投资于他们所不熟悉的新技术产业中，如铁路和公用事业。总体来看，这些人也明显回避官办项目，但是我们不清楚，他们到底是害怕企业因受政治影响而管理失当，还是仅仅因为保守而不愿涉足崭新的投资领域。

日本企业集中在青岛，但是济南也有一些日本人控股或经营的小型工厂。有两家日本火柴厂，生产的火柴比丛良弼的振业火柴厂的火柴较便宜，但质量也较低；1920—1922年间，有日本人支持的华丰制针厂在济南经营。日本的其他工业投资与出口加工有关，第五章对此已有讨论。[21]

济南的劳动者

山东省外大量招募山东人外出作劳力，这成为20世纪济南就业形势中的新内容。闯关东、军阀征兵，以及雇佣苦力到海外务工，这都成为民国时期山东劳工状况中的常规性特点。向满洲移民甚至是从清末开始就一直在大规模进行。大量山东人加入到移民浪潮中，尤其是在山东半岛地区，既有逃荒者，也有鼓励移民的实业家。而直到1923年，才有来自"齐"境的议员在山东省议会中提出议案，主张在山东的财税收入中拿出数百万元，用于促进满洲的工业项目。[22]1900—1925年间，估计有超过1000万人永久移民满洲，但在这一点上并没有一个准确的数字。[23]

对于前途黯淡的年轻农民来讲，征兵为他们提供了另一条出路。1921年，一度有八个军阀和北洋政府陆军部同时在山东征兵；征兵有时是自愿的，有时则是强制的。正如前面所指出的，当军队解散后，这些士兵试图回到家乡，从而成为农村地区的一个主要问题。[24]

到海外作苦力，是那些年间山东劳工的第三条主要出路。随着满清灭亡，对这一途径的有效控制——实际上通常就是一种奴役）有所削弱。一战期间，英国招募了数千名山东人到欧洲战场进行劳工服务。1917年六个月间，有7万名山东人顺胶济铁路远赴欧洲。[25]

1924年济南有30万人口（见附录B），其中劳动力约有17万人，包括男人、女人和儿童。有些妇女和儿童受雇于工厂，但大部分都在家中工作，糊火柴盒、织发网或做其他手工工作。现代工厂只雇佣约1万名这种手工工人，其中约5600名男工人、3500名女工和900名童工。鲁丰纱厂雇佣最多，有3000名工人，而铁路修配厂、甜菜糖厂和造纸厂则都只招1000人。估计有3万人受雇于济南的各类店铺，15 000人为搬运工人，拉人力车或推车——或者条件好的话，驾驶畜力车。当时人们几乎都不知道有卡车。[26]

大多数产业工人（包括男工人）都住在厂区。现代工厂的工作和居住环境虽然拥挤和危险，但比起在家中工作的济南人的通行标准来，工厂仍然要好很多。工厂提供的月工资，从童工的2美元到技术工人的20美元之间不等。在1920年代中期的济南，一个月15美元就能养活一个五口之家，一个月7.5美元就够一个单身成年人生活。工厂平均工资为每月7.5美元，而人力车夫或推车夫每月起早贪黑能挣10—18美元。工厂的工作时间为每天10—14个小时，14个小时是更为普遍的情况。那些在自己家中或店铺中工作的人，则要工作更长时间。很少有商铺关门休息，哪怕一星期中只休一天。大多数雇工，包括产业工人，按照当地农历的节庆习俗安排，一年有15个假期。[27]

按照今天的观点，对于济南的中国产业工人来说，工资和工作环境的标准是具有高度剥削性质的。然而产业工人只占济南劳动力总数的不到10%，而且其工作条件通常要优于成千上万的苦力和拉车者，也优于那些在家中或小作坊做手工生产的工人。此外，当农村的穷苦人在深冬时节聚集在济南时，产业工人们一定会感慨自己的确幸运得多。考虑到济南的产业工人的数量、军阀对任何民众组织的憎恨，以及大多数外国人对中国工人"布尔什维克"运动更加具有反动性质的恐惧，中国的实业家相比之下反而显得比较开明和仁慈，他们能够和善地理解中国劳动人民的需求和问题。当然，没有证据表明，资本家和劳工之间的分歧，以某种方式阻碍了中国民族工业在济南的成长。

在济南，第一次由工人引发的动荡的迹象，是马克思主义学生团体组织工人运动的结果，他们鼓励济南的三个火柴厂（两个日本工厂，一个中国工厂）的女工为争取更好的工作条件与工资而罢工。在满足了女工的部分要求之后，中国工厂很快恢复生产。然而，针对日本工厂的罢工却很困难，因为日本开始雇佣人破坏罢工，并且最终破坏了工人的罢工。1921年，济南发网铺的男童工也举行罢工，原因是他们的工作时间增加，工资却没有相应增加。1922年初，鲁丰纱厂也发生罢工，最终通过给工人增加可观的工资而告结束。[28] 所有这些劳工运动迹象的出现，都处于由共产党和自由学生组织共同支持下的学生宣传和组织劳工运动的高峰时期。在共产党遭到镇压后，这种对工人罢工的促发作用有所下降。然而值得注意的是，如果济南是典型的，那么相比较于外国资本家，中国资本家会更开明地对待工人；1921—1922年间的第一次罢工浪潮，可能会促使中国资本家采取更开明的立场，以便削弱工会组织。

山东的日本势力痛恨任何形式的中国工会。日本政府在控制胶济铁路期间，

图5　1920年代普利门外的新建设。新的两层和三层的建筑，结合了中国传统的和西式的建筑风格。人力车、马车和偶尔出现的汽车穿梭在济南的街道上。可将此城墙外的景象，与图2中的旧城商业街以及图8中的1970年代的街道作比较。[由鲍德威(Bruce M. Buck)根据《山东名所写真帐》(大连：大连美术印刷所，1930年) 手绘而成。]

不容忍任何中国劳工组织的存在，并且在博山谷地的淄川煤矿，日本官方也成功地破坏了工人组织成立矿工工会的计划。[29] 中国官方也反对这种新型工会，但似乎比较喜欢熟练工人组织的协会。1923年，济南的泥瓦匠和木匠要求工资增加25%，而山东省政府并没有反对。根据谢诺（Jean Chesneaux）的观点，这些师傅和工人组成的"混合型协会"，在五四运动之前十分典型，但在1920年代，这些组织继续主导着济南的劳工组织。它们之所以得到鼓励，正是因为其组织原则模糊了工会倡导的阶级路线，因而对于济南的所有权势集团都比较容易接受。[30]

但在1922—1923年中国铁路工人运动的短暂活跃期间，山东省政府对津浦铁路工人的劳工组织活动实施了镇压。在胶济铁路，当管理权归还中国时，诸如"工人同志协会"的劳工组织出现。胶济铁路出现的第一次罢工发生在1923年，当时源于济南和北京之间出现的劳工对抗，争议的焦点是哪个城市该为胶济铁路的特定路段提供工人，而并不涉及任何经济问题。罢工者质疑北京指派的经理，最终结果是象征性的更换了管理层，让济南人加入管理层。[31] 因此，这次罢工，代表济南本地的劳资双方取得了团结和胜利，也表明马克思主义工会运动的无产阶级的、阶级取向的组织原则，在济南失去了立足之地。

行政管理和政府

关于济南历史最完整且有揭示性的资料是济南的行政管理，从这些资料中我们可以相当清楚地看出，现行的政府体制最能符合谁的利益。在济南，通常以安福系为主要代表的军阀势力，占据了省、道及县政府中的高层职位。虽然这些军阀势力经常在政治问题上与较为爱国的山东商人立场对立，但商人也从济南的这种行政模式中获益匪浅，尤其是在警察、法庭、学校和慈善事业的运作中。

济南的政府组织机构图，能够表明传统中国社会晚期的政府所特有的责任重叠状况，一些新的政府部门——它们有时负责实施促进现代化的重大项目——出现在早已臃肿不堪的科—局—所这一组织机构中的奇特缝隙之中。1920年代，除了学校和军队的行政部门，约有50个不同的政府部门和办公点散布在济南城中各处。总体来看，新的政府部门喜欢设在商埠区，而旧的政府机构则依然在旧城里。包括公立学校系统在内，济南的公共部门共雇佣了大约35 000人。[32]

北洋政府在济南的办事机构，成为促进济南现代化的重要力量。津浦铁路为政府运营，职工由1000名熟练的办公人员组成①。中华邮政是与北京联系密切的另一大官僚系统。外国人占据着邮政系统中的高层管理职位，并且在济南掌管山东全省的重要邮政设施。盐务署和外交部也在济南派驻代表。除了外国人的邮局之外，中央政府通常都会任命官员任职于这些中央派出机构，任命的官员也需要得到山东督军的认可。

山东督军控制着主要的省级行政职位——省长，并通过省长控制着省财政厅、教育厅、实业厅和全省警察处，以及省高等检察厅和省高等审判厅。督军同时也控制济南道尹及其掌管的济南地区的11个县，以及历城县知事。济南道尹和历城县知事这两个职位，又可控制济南及其周边地区的河防局、初级审判厅、学校、警察所等相关部门。此外，督军一般统领陆军第五师，并可任命济南镇守使，济南镇守使通常则统领督军公署掌管的大批部队。无论是名义上直属于中央政府的陆军第五师，还是督军公署掌管的第47混成旅，都一直驻扎在济南，合计军力约有13 000人或14 000人。[33]

困扰山东省政府多年的问题是钱的问题——即保持山东财政体系的完整性，以便维持政府的日常运作。1913—1914年，袁世凯削减了政府开支，但1916年后，军阀统治的政府却显示了其在财政管理上的无能。省里的预算是一种特殊的行政虚构，因为他们绝少上报军事开支的任何数据，即使上报，其虚报的数据也是远远低于他们维持其军队所用花销的实际数字。1922年公布的山东省预算（见表6.4），表明政府收入高度依赖土地税以及与土地相关的其他收入，这跟清朝的财政特征一样。虽然此时很多其他省份已经开始在某种程度上更依赖商业税收，但直到1930年代，山东仍然依赖土地税。

军费开支可能已达到省长公署开支的2—3倍，但军费开支的准确数字却几乎从未公布。根据1922年的山东省预算，军队需要军费568 000元，占到扣除省长公署开支之外山东全省财税收入的30%。然而，实际上这只是军费总额中的一小部分。这笔开支的最主要来源，是为中央政府征收的税款，但军阀能够——而且通常确实是——占用这些税款。此外，军费通常都是隐藏于民政预算中的。在战事期间，当军阀在短期内需要额外军费时，他们会公然挪用民政预算经费为

---

① 铁路工人因为与行政职员有别，所以被列为济南的产业工人。

表 6.4　1922 年的山东省预算

收支项目		数额（元）	所占比例（百分比）
收入	土地　土地税	1 267 000	67.0
	地租	28 000	1.1
	土地开垦	199 000	10.6
	杂项	48 000	2.6
	小计	1 542 000	81.3
	消费税和经营许可费	291 000	15.5
	其他税种	45 000	2.5
	非常规性收入	13 000	0.7
	合计	1 891 000	100.0
支出	行政	263 000	19.9
	财政	230 000	17.4
	教育	741 000	56.0
	实业	89 000	6.7
	合计	1 323 000	100.0
盈余		568 000	

资料来源：Bertram Giles, Tsinan Intelligence Reports, 3d Quarter 1921, F.O. 228/3277。

自己使用，并通过提前征税和发明新的特殊税种来筹集资金。[34]

　　济南各种行政系统中的高官，都不符合现代化推动者的标准，甚至也不符合开明的传统秩序维护者的标准。这些官员大都是与安福系有联系的二流军官或官僚，之所以选中他们，主要是他们忠于安福系，而不是由于他们的聪明才智、对公共福利的关注或行政能力。即使有些人确实有能力，他们可能也不会在位很长时间，因为解决济南行政部门中任何问题的典型方法，就是更换行政官员。督军会时不时在一些重要职位上卖官鬻爵，以赚取额外收入。例如1921年财政紧绌时期，济南道尹的职位以5万元的价格卖给了一个江苏人。[35]

　　靳巩于1918—1923年间担任历城县知事五年，是唯一一位任期较长的官员。靳巩是在五四运动时期的动荡中唯一一个保住了其重要官职的济南官员，当时学生和商人的爱国情绪爆发，把自督军以下的所有其他重要官员都赶下台。靳巩设法让自己既被日本人接受，又被山东当地民众接受。靳巩留学日本并娶了日本太太，但他却赢得了中国商界的支持，因为在任何涉及外国人的纠纷中，他都维护中国商人的利益。靳巩的案例清楚地表明，在济南，支持中国商人的利益，可以使自己在较基层的仕途中有所作为。[36]

山东的商人和地主势力发挥最大影响力的领域，是教育和慈善事业。在另一个研究中我已详细讨论了教育的发展，指出这一时期教育系统是如何形成了一种更强的城市偏向，并因而吸引全省各地的儿童和年轻人进城求学的。[37]在济南的现代教育制度成熟的过程中，旧式士绅的权力在1915年左右明显减弱，并被在西式学校中接受过教育的教师所取代，凭借职业化的现代教学方法，这些教师要求在学校管理中不断提高自己的地位。这些教师遵从的教育趋势，正是由直白表明其现代化立场的"全国省教育会联合会"及其主办的杂志所设定的。在济南读书的学生学的是根据西方教育实践所制定的课程，里面有大量的民族主义和自由政治哲学的成分，这与农村学校仍然十分传统的教育方法形成强烈对比。

慈善事业也表现出同样的变化。士绅们的传统做法是捐善款资助或直接管理慈善机构，但现在他们放弃了这种做法，并且将这种资助慈善事业的责任推给了政府，同时让那些声称支持现代或国外做法的人，去管理济南的救济院、照顾寡妇的全节堂和施粥厂。广仁善局是1880年代创办的一个敌视基督教的士绅组织，1900年以后在济南仍继续存在。广仁善局拥有并经营五家公共机构：孤儿院、养老院、会馆、施粥厂和育婴堂。1900年后，广仁善局不断改善这些机构的经营状况。1917年，山东省长建立了山东慈善事业公所，接管了广任善局的所有机构。[38]当时济南以及其他地方的有钱有势者，成功地让民国政府承担起了原本由地方人士所承担的这种传统责任，广仁善局只是其中一个案例。[39]

济南习以为常的地方优势中最明显的表现之一，就是济南的税收收入中，留给自己做开支的税款比上缴给省财税的税款要多。安福系的军阀和山东的商人、士绅势力共同合作制造了这一局面，这成为济南行政管理中一个长期存在的特点。帕克简洁地概括了这一情况：

> 要查明济南政府的收入来源有一定困难。济南所征缴的一些税项为道或省的税。济南的各种政府机构的经费花销，可能是济南所征缴的税收的两倍，并且省政府不得不在一定程度上支持济南。[40]

济南最引人关注的新部门是警察部门，它在1920年代中期演变为负责城市管理的主要部门。警察部门得到省、道、县和商埠区行政当局的支持，这些行政当局都有权监督警察部门的运作。济南的山东省会警察厅有 1750 名巡警，承担着城市管理中多个部门的一般职能，其组织和运作都借鉴日本的模式。警察厅发布房屋建筑许可，并检查房屋、工厂、道路交通、报馆、戏园、娱乐、市场和屠宰场。因此，如果这些领域要根据任何现代标准来操作，警察厅都负有管理责任。警察厅下设有 40 人的消防处，以及负责监督街道清扫、粪便处理、垃圾收运以及传染病防治的卫生处。警察厅掌握所有重要的统计资料，包括人口调查记录和户口编查资料。此外，他们还向车辆、船只、娼妓、戏园和娱乐活动征收经营许可费。16 个警察所分布在济南各处，在每一处居住区协调管理上述职能。[41]

学校、警察、审判厅、甚至是税收系统的机构安排，都支持济南的民族商人势力。所有这些特点，我们都可以在发达的资产阶级社会中发现。而济南的不同之处在于，督军等地方执政官更多的时候与商界处于严重的对立状态。导致这种对立的主要原因之一，是军阀要满足省外势力的要求，既有中国国内的要求，也有外国人的要求。同样重要的是，军阀通常对税款收入贪得无厌，因此，当中国商界提出各种合作计划，希望既满足军阀的要求，又避免破坏济南的商业基础的时候，贪得无厌的军阀往往会破坏这些合作计划。然而，军阀总是急需现款，所以不会承担任何长期的合作计划。此外，对钱的这种迫切要求，经常会使军阀向中国商人征收非常有害于商人利益的税种，结果这只会使商人更加对军阀的统治避之唯恐不及。

总之，有一点很清楚，即 1916 年后，在济南有很多商业势力——既包括官僚资本家也包括更严格意义上的商业资本家——愿意与能维护自己的商业利益的任何中国政权合作。然而，军阀的特征使得资产阶级不可能全力支持军阀，而且在大多数情况下，商人们害怕军阀是不值得信任的盟友这一担心都是有道理的。

济南的商人和地主势力影响济南行政管理的主要途径，仍然是代议制机构。到 1920 年代末，正式选举产生的政治机构已经消失，商会成为最重要的代议制机构，尽管它们只代表商人群体。1913 年以后，教育会、农会和省议会的重要性在下降。事实上，之前详述的山东省议会在济南的失败历史，为那段时期困扰山东政治的困难提供了最好的解释。

济南的社会生活

1920年代中期济南约有30万人口。旧城的人口密度和商埠区的建筑密度都明显增加。因为济南能保护居民免受土匪之灾，所以很多住在乡下的人尤其是乡下的有钱人都搬到城里居住。可得到的人口数字（见附录B）低估了济南的发展，因为济南的城市边界在1900年重新做了划定，因而之前的很多"乡区"不再包含在内。关于乡区人口变化的资料无从获得，但是因为比起城市来，穷人在这些乡区的村庄里更容易找到避难地和援助，所以城市近郊的农村人口在这一时期也有可能快速增加。

遗憾的是，自从阿姆斯特朗概括了1880年代济南的情形（见本书第31—32页）后，他没有机会生活在1920年代，从而看到当时济南的社会结构的变化。然而，阿姆斯特朗对社会群体的划定，有助于理解济南的社会变迁的实质。他划分的前两个群体，在任官员和候补官员，已经不符合现在的情况，因为济南不再供养大量从外省调来的候补官员。在任的官员大多是山东本地人，或者在济南长期供职的人。相比较于阿姆斯特朗的时代，不论是在军务上还是在一般行政职位上，军人的地位都要更加突出。退休官员（通常是山东人）仍然很活跃。候补官员这一群体消失了，但在1920年代，省议会议员扮演着与候补官员类似的角色，因为这些通过选举产生的议员，经常会爬到更有利可图的官位上，从而使自己的职业生涯更进一步。

阿姆斯特朗所划分的接下来三个群体是富有的士绅、中产阶级（由大夫郎中、教书先生、僧侣和商人构成）和工匠。根据马克思主义的阶级分析，这些群体——资产阶级和小资产阶级——是民国的关键阶级。根据毛泽东对中国现代历史的解释，富有的士绅为避难而进城，这是无产阶级无法在城市中组织起来的主要原因，因为根据毛泽东的解释，这些封建地主与外国势力和中国资产阶级勾结在一起镇压无产阶级。[42]

关于1900年以后富有山东人居住地的选址，有一些零散的证据，这似乎证实了毛泽东的观点，即有钱有势者在城市中聚集。这些人来到城市，进行其商业化程度越来越高的投资活动，接受现代教育，或者找到适合其现代教育经历的工作位置。像济南这样的城市也比乡下安全，而且可以提供乡下没有的舒适生活和消遣活动。

也有证据表明,士绅在乡村的领导地位在 1920 年代早期有所下降。在乡下,官办学校衰落了,在其校址上出现的另外一种学校不采用现代教学课程,因此无法成为全省官办学校系统的一部分,而当时在济南和其它大城市,这种官办学校得到蓬勃发展。与此同时,乡村的混乱正迫使乡民联合起来以求自保,但却不像官办的团练,而是具有强烈的秘密会社色彩。传统士绅总是试图争取官方的批准,从而支持自己的活动,但是士绅与学校和当地警察所的活动则缺乏这种联系,这清楚地揭示出,士绅的影响力不再像以前那么大。[43]最近,马若孟 (Ramon Myers) 在他对这段历史时期里华北农村的研究中总结道,家庭中的劳动力数量决定了一个临界点,当跨越该临界点后,若财富有所增加,农民家庭将更多投资于商业,而不是耕地。随着家庭中财富的增加,他们会将自己的主要活动集中于集镇,并将自己的耕地交给别人代为打理。[44]

济南商业职能的发展,吸引了大量商人来到济南。这些商人的领袖不再是济南本地人,因为所有有势力的山东商界人物,都代表来自山东其他地方的商帮。有些商人搬来济南,是因为大城市相对安全。例如,一个小银号原本在周村,但在 1916 年遭到反袁军队的劫掠后便搬入济南。[45]

阿姆斯特朗划分的大夫郎中、教书先生和僧侣这一群体,在这一时期仍然存在,但经历了显著的变化。这一群体中的任何一个行业,都不再由具有中国传统学养的人所支配。1920 年代,济南的教师大多是新式师范学校培养出来的,并且超过三分之一的执业医师接受过西医培训。[46]这些人代表着济南文化取向上的重要变化,即依照西方的文化形式和价值观而发展。

阿姆斯特朗所划分的工匠仍然存在,但现代工业的出现,创造了一个不同于技术工匠的产业工人阶层。技术工匠,尤其是在店铺中做学徒的技术工匠,保持了大部分的传统特征和其传统的行会组织。济南当时有 3500 多家店铺,许多都由技术工匠经营。

阿姆斯特朗划分的最后一个群体是仆役、士兵、劳工和乞丐。在这 40 年间,这些群体的绝对数量都有所增长。虽然没有估算的数字表明哪些人属于这一群体,但军队的增加,以及交通、商业和工业的发展,都需要大量的新工人,所以他们在济南人口中的相对重要性可能有所增加。

阿姆斯特朗在他对济南社会生活的描述中,忽略了小官僚和办事员。在 1920 年代,这些公职人员至少与 19 世纪晚期一样人数众多。然而他们大都不太满意自己的生活,因为在民国初年,他们长期遭受财政短缺和工资拖欠之苦。

1900年后在济南出现了两个重要的社会群体,并且很自然,这在阿姆斯特朗的研究中是找不到的。一个是学生阶层。当然,总数达12 000人的小学生年龄太小,无法发挥任何政治作用,但约2500名中学生和1200名高等院校学生则非常重要。[47]在五四运动及随后的活动中,他们表现出了与其人数不相称的巨大影响力。1880年代的学生只在科考期间聚集于济南,与此形成鲜明对比的是,1920年代的学生阶层常年居住在济南,并且是一股更大、更活跃和具有强烈民族主义情绪的力量。

另一个人数急剧增长的社会群体是外国人。1920年代早期,在济南约有1700名日本人和230名欧洲人。传教士及其家属总计可能有150人。此外,还有外国技师协助运营铁路、电灯公司和电话公司。与学生群体一样,在生活方式、政治权力和经济重要性方面,外国人发挥着与其人数不相称的巨大影响力。[48]

在济南的西方人中美国人最多,共计75人。这一时期来到山东的美国传教士越来越多,既有新教传教士又有天主教传教士,天主教的主教座堂仍然在洪家楼。1918年,山东基督教共和大学(齐鲁大学)开学,该大学由12个新教差会共同创办,其中有五个英国差会,六个美国差会,一个加拿大差会。齐鲁大学建成后,新教传教士在济南有了一个新的传教中心。齐鲁大学得到加拿大政府的批准,根据加拿大相关政策进行管理和授予学位。建造大学校园的经费,很多都由万国收割机公司(International Harvester Company)创始人的遗孀麦考密克(Cyrus H. McCormick)夫人捐赠。鲁斯(Henry Robinson Luce)的父亲路思义(Henry Winters Luce),负责接收麦考密克夫人的捐赠。1924年,齐鲁大学的年经费预算为31.5万美元,教员中有51名外国人和24名中国人[49],有学生330人。齐鲁大学合并了之前就已存在的医道学堂和广智院。基督教针对学生的另一大计划是"基督教青年会"(YMCA)。基督教青年会于1913年在济南建成开放,1924年搬到商埠区一处更大的地方。[50]

尽管袁世凯死后中国军阀混战愈演愈烈,但在那些年间济南明显远离武装暴力。在1925年5月张宗昌的军队接管济南以前,济南的正规军警力量很少发生问题。虽然济南处于相对和平之中,周边的乡村却是土匪猖獗。许多土匪以前都当过兵,他们先是被军阀征募到军队中,然后因为军队解散而被遣返回山东,但工作却没有任何着落。这些土匪活动的乡村地区,没有中国军队或日本军队的常规驻点。尽管如此，抢劫、盗窃和武装袭击，仍然时不时地在济南城内和商埠区发生。[51]

土匪很喜欢来济南消遣。一个臭名昭著的土匪帮来到济南，并霸占了一个妓馆淫乐几天，然后回到乡下再进行抢劫和绑架。土匪也来济南购买武器、弹药和其他用品，并且如果需要的话也会来济南寻医问药。与土匪做交易的大多是外国人，因此中国当局无法完全控制局面。[52]

并非所有的不法分子都是出于自愿而来到济南，因为这里有山东高等审判厅，审判全省各地的罪犯。处决犯人的地点，在山东省会警察厅附近的一个特殊刑场，处决犯人依然是一个重要的公共景观。几个罪犯的首级，以及戴着手枷的犯人，仍然是旧城各主要城门的寻常景观。[53]

当然，济南的生活也有其比较文雅的一面。外国人以齐鲁大学为基地，又办起了诗文会，举办讲座和音乐演奏。这种外国文化，仍然与许多有钱、有教养的中国人的品味不同，他们更喜欢中国形式的诗歌、历史、牌局和戏园。

外国人创办了一个叫做"济南府俱乐部"（Tsinanfu Club）的联谊组织，其风格与亚洲其他地区的殖民主义俱乐部风格相同。1923年，一个风格相同的中国人俱乐部在济南出现，它服务于有钱有势的中国人。中国剧院上演独特的山东地方戏曲，它仍然是受大众欢迎的娱乐方式。据说毛泽东的夫人江青，就在济南开始其舞台生涯。济南也有多家电影院。[54]

济南的主要民政问题是控制鸦片和卖淫活动。鸦片及其衍生物是济南的一大社会诟病。虽然山东几乎不种植鸦片（鸦片大多来自满洲及其他省份），但是在中国人和外国人经营的很多旅馆、饭馆和酒馆里，都可以购买和吸食鸦片。直到1918年，日本人和朝鲜人还在加剧鸦片贸易的蔓延，因而受到人们的谴责；但是当白俄难民来到济南时，他们得到了同样的坏名声。[55]

鸦片销售很难控制，因为参与销售的外国人，可以利用法外治权逃避中国法律的制裁。此外，警察的工资通常会拖延五六个月才发，所以他们也乐于接受贿赂；甚至济南的审判厅长和其他审判官也牵涉到鸦片贸易中来，他们或者是鸦片吸食者，或者是鸦片贸易商。济南有多家药房兼营提炼鸦片。[56]

帕克发现，1923年，济南有1080名妓女，在530家有执照的妓馆中接客。伶人和妓女总不免遭受污名，因为她们不敢奢望能嫁给有身份的男人，哪怕只是作有钱有势者的妾室。然而，因为大多数中国妇女都在自己的家院中过着被高度限制的生活,所以这些年轻的伶人和妓女成了济南市民的社会生活中心。最高级别的女伶人,以山东"大鼓"伶人为代表。通常,一个或两个年轻女子,在一个年纪较大的女人的带领下唱大鼓。比较普通的妓女,则成群地住在妓馆里。商埠区一建成,就立刻成为娼妓行业所喜好的开设地点。一贫如洗的家庭,会将女儿卖到妓馆。吸食毒品对于妓女和嫖客是常有的事情。事实上,妓馆是毒品销售的主要来源,销售的毒品包括新近流行的吗啡,它是由日本人和朝鲜人引进济南的。[57]

洪水和饥荒是 1920 年代早期山东的主要问题。1921 年秋,在一场 40 年来雨量最大的降雨之后,30 个县报告称发生水灾。受灾最严重的地区在济南以西,大运河与黄河的交汇处,利津县以东。在靠近直隶湾的利津,黄河决口,决口处宽达 6000 英尺(约 1838 米——译者注),洪水导致 20 万人无家可归,而且这一决口长达一年都没合拢。虽然黄河水位达到了济南黄河堤防的最高位,但在济南城内却没有发生严重的水灾。[58]

1920—1922 年,华北发生大饥荒,济南以西地区普遍处境恶劣。中国和外国的救济队,都开展了大量救济活动。这一时期,救济的通常形式是雇人参与公共工程建设工作,尤其是公路建设,以食品做报酬。尽管济南地区也有一些此类以工代赈性质的公路建设工程,但大部分建设工程都是在鲁西北的饥荒区实施的。[59]

济南各种各样的社会问题,与 19 世纪晚期的形势是一脉相承的,这十分引人关注。济南出现了越来越多的商业活动,也引进了规模较小的工业,但是这并没有造成一系列新的社会问题,即西方城市—工业社会中的有关社会问题。济南的恶习,鸦片和妓女,为旧恶习,其主要问题,洪水、饥荒和难民,也是中国传统社会中常见的老问题。

西方城市—工业社会中一些特定的新社会问题,确实也在济南开始浮现,但它们并没有像更常见的问题那样吸引人们的关注。例如,有人致力于监狱体制改革、提高女性权利、颁发医师执照、甚至是控制工厂雇佣童工。可以预见的是,这些努力所产生的社会效应微不足道,大众的关注点跟以前一样,依然放在传统的社会问题上。

这一时期,只有少量新的公共服务在济南开始运营。自来水服务被提上讨论议程,而且张肇铨也主持创办了一家自来水公司,但在 1930 年代之前,济南一直饮用天然泉水。1925年中期，联结济南和青岛的长途电话服务开始投入使用。1922年，济南电话公司约有3000个用户，并一直购进较先进的设备。[60]

1921年中一个较短时间内，曾经尝试在北京和上海之间提供航空邮递服务，但结果发现，无论是飞机还是飞行员都成本太高，因此难以为继。邮政服务在一些较不引人注目的方面继续发展，其中有新建的济南邮政大楼，以及济南设立的七个邮政分局。济南邮政大楼建成于1920年，有100英尺（约30米——译者注）高的砖结构塔楼，并有自己的发电机和水暖气锅炉。该楼是济南最现代化的建筑。[61]

整个商埠区在战争期间发展迅速，而且到1917年，其原有范围内的所有可用土地都已被投入使用。1919年，又新拓了一块商埠区，面积约为原有商埠区总面积的三分之一。商埠区有许多二层的砖结构建筑，还有一些三层建筑，而最大、最壮观的建筑，一般都是领事馆、银行和洋行。

旧城住宅的特点是，墙基由条石垒起，再往上一米高的位置用当地产的砖砌成，瓦屋顶。条件不好的家庭的房子，则是用晒干的粘土砖为材料，茅草屋顶。最穷的人则栖身于小街巷里搭建的窝棚中。[62]

小结

从1914年一直到1925年5月张宗昌督鲁的这段时期，代表了济南正在崛起的民族资产阶级城市文化的黄金时期。那一时期，外国的影响力尤其强大，但是济南的文化仍然表现出外国与传统元素相结合的特点。商人与职业技术人员（正是由于西方对中国的影响，才出现了他们这些职业），共同奠定了中国新文化的基调，但他们却总是因为缺乏政治权力，而无法按照他们的意愿左右济南的局势。虽然他们成功地抵制了日本侵占山东利益最野心的计划，但他们依然无法为自己和其他中国商人完全赢回山东的经济权利。同样是这批山东人，他们深入参与到山东和国家的政治活动中，但却输给了安福系；所以这段黄金时期的一大特点，就是山东地方势力的政治软弱。当国民党最终接管济南时，济南进入了第三个完全不同的时期。这将是下一章的内容。

注释：

[1] A. G. Parker, *Social Glimpse of Tsinan,* Tsinan：Shantung Christian University,1924, p. 1.

[2] 关于这一时期的总体描述,参见湖北大学编,《中国近代国民经济史讲义》,北京：高等教育出版社,1958 年,第 301—352 页；也参见 M. C. Bergère, "La bourgeoisie chinoise et les problèms de dévelopment économique (1917–1923)", *Revue d'histoire moderne et contemporaine* 16.2, April-June 1969：246–67。

[3] Harry A. Franck, *Wandering in North China*, New York：Century, 1923, p. 226.

[4] "Tsingtao Today", *Chinese Economic Review* 1.1, January 1927：48–52.

[5] 冈尹大郎,《山东经济事情,济南をゆとして》,大阪：出版社不详,1918 年,第 230—245 页。

[6] 孙宝生编,《历城县乡土调查录》,济南：历城县实业局,1928 年,第 101 页。关于广州的情况,参见 Edward J.M. Rhoads, "Merchant Associations in Canton,1895–1911", In Elvin and Skinner, eds., *The Chinese City Between Two Worlds*, Stanford：Stanford University Press,1974, pp. 97–108。

[7] 冈尹大郎,《山东经济事情,济南をゆとして》,大阪：出版社不详,1918 年,第 32—33 页；三岛赖忠,《华北民族工业の发展》,1942 年,转引自陈真、姚洛、逢先知合编,《中国近代工业史资料》,北京：三联书店,1958 年,第一辑,300—307 页。

[8] 关于传统钱庄经营的详细描述,参见 Susan Mann Jones, "Finance in Ningpo：The 'Ch'ien Chuang,' 1750–1880", In Willmont, ed., *Economic Organization in Chinese Society*, pp. 47–48；Susan Mann Jones, "The Ningpo Pang and Financial Power at Shanghai," in Elvin and Skinner, eds., *The Chinese City Between Two Worlds*, pp. 73–98。

[9] 《支那》,第 10 卷第 1 期,1919 年 1 月,第 87—104 页。

[10] 何炳贤主编,《中国实业志·山东省》,上海：实业部国际贸易局,1934 年,第七(辛)页；"Banking and Currency in Tsinan," *Chinese Economic Monthly* 1.8, August 1925：25。

[11] S. Wyatt-Smith, Tsinan Intelligence Reports,1st Quarter 1918；Bertram Giles, Tsinan Intelligence Reports,3d Quarter 1921 and 2d Quarter 1922, F.O. 28/3277.

[12] Bertram Giles, Tsinan Intelligence Reports,3d Quarter 1921, F.O. 28/3277；"Banking and Currency in Tsinan," *Chinese Economic Monthly* 1.8, August 1925：27.

[13] 外务省情报部,《中华民国满洲国人名鉴》,东京：东亚同文会,1933 年,第 8 页；何炳贤主编,《中国实业志·山东省》,上海：实业部国际贸易局,1934 年,第六(辛)页。

[14] 三岛赖忠,《华北民族工业の发展》,1942 年,转引自陈真、姚洛、逢先知合编,《中国近代工业史资料》,北京：三联书店,1958 年,第一辑,第 301—305 页。

[15] "Banking and Currency in Tsinan", *Chinese Economic Monthly* 1.8, August 1925：27–28.

[16] 孙宝生编,《历城县乡土调查录》,济南：历城县实业局,1928 年,第 148—152 页；"Banking and Currency in Tsinan", *Chinese Economic Monthly* 1.8, August 1925：23–28。

[17] "New Industry at Tsinan", *Chinese Economic Monthly* 2.4, Jan 1925：12；Bertram Giles,

Tsinan Intelligence Reports, 3d Quarter 1921, F. O. 28/3277; *North China Herald and Supreme Court and Consular Gazette*, 15 March 1907, p. 548.

[18] "New Industry at Tsinan", *Chinese Economic Monthly* 2.4, Jan 1925:14 ff.; 冈尹大郎,《山东经济事情,济南をゆとして》,大阪: 出版社不详,1918 年,第 73—74 页。

[19] "Flour Industry in Tientsin", *Chinese Economic Journal* 6.4, October 1932:pp. 290–99; "Advance in Flour Milling in China", *Far Eastern Review* 21.1, January 1925:75–79.

[20] *Chinese Economic Bulletin* 227, 27 June 1925:373.

[21] "New Industry at Tsinan", *Chinese Economic Monthly* 2.4, January 1925:13ff.; Oka, 冈尹大郎,《山东经济事情,济南をゆとして》,大阪: 出版社不详,1918 年,第 84—85 页; 孙宝生编,《历城县乡土调查录》,济南: 历城县实业局,1928 年,第 152—161 页。

[22] C. Walter Young, "Chinese Labor Migration to Manchuria", *Chinese Economic Journal* 1.7 (July 1927):613–33.

[23] 根据何炳贤主编,《中国实业志·山东省》,上海: 实业部国际贸易局,1934 年,第六十一至六十四(甲)页中所做的估计。

[24] Bertram Giles, Tsinan Intelligence Reports, 3d Quarter 1921, F. O. 28/3277.

[25] J. T. Pratt, Tsinan Intelligence Reports, 2d Quarter 1916, F. O. 228/3277。Letter of F. J. Griffith at Tsinan to Bishop Illiff in London, 23 February 1917, Archives of the Society for the Propagation of the Gospel (London).

[26] A. G. Parker, *Social Glimpse of Tsinan*, Tsinan: Shantung Christian University, pp. 18–20.

[27] 同上。

[28] Bertram Giles, Tsinan Intelligence Reports, 4th Quarter 1921 and 2d Quarter 1922, F. O. 28/3277.

[29] B. G. Tours, Tsinan Intelligence Reports, 1st and 3d Quarters 1923, F. O. 28/3277.

[30] B. G. Tours, Tsinan Intelligence Reports, 3d Quarter 1923, F. O. 28/3277; Jean Chesneaux, *The Chinese Labor Movement, 1919–1927*, Stanford: Stanford University Press, 1968, pp. 119–23.

[31] 同上, pp. 187–201; H. King, Tsinan Intelligence Reports, Semi-annual, October 1924-March 1925, F. O. 28/3277; *North China Herald and Supreme Court and Consular Gazette*, 4 February 1925, p. 258.

[32] 孙宝生编,《历城县乡土调查录》,济南: 历城县实业局,1928 年,第 24—29 页。

[33] 同上,第 25—27 页。

[34] S. Wyatt-Smith, Tsinan Intelligence Reports, 1st Quarter 1918, F. O. 28/3277.

[35] Bertram Giles, Tsinan Intelligence Reports, 3d and 4th Quarter 1921, F. O. 28/3277.

[36] A. H. George, Tsinan Intelligence Reports, 4th Quarter 1922, F. O. 28/3277.

[37] "Educational Modernization in Tsinan, 1899–1937", In Mark Elvin and G. William Skinner, eds., *The Chinese City Between Two Worlds*, pp. 192–98.

[38] 孙宝生编,《历城县乡土调查录》,济南: 历城县实业局,1928 年,第 30—31 页; A. G. Parker,

Social Glimpse of Tsinan, Tsinan：Shantung Christian University, pp. 22–24。

[39] 关于中国其他地方的情况,参见多贺秋五郎,《宗谱の研究》,东京：东洋文库,1960 年,第 578—580 页。

[40] A. G. Parker, *Social Glimpse of Tsinan*, Tsinan：Shantung Christian University, pp. 8–9。

[41] 同上, pp. 6–7。

[42] 毛泽东,《毛泽东选集(第二卷)》：第 220—222、316—317 页。

[43] Liao T'ai-ch'u (廖泰初), "Rural Education in Transition：A Study of Old Fashioned Chinese Schools (ssu-shu) in Shantung and Szechuan", *Yenching Journal Social Studies* 4.1, August 1948：19–67；B. G. Tours, Tsinan Intelligence Reports, 3d Quarter 1923, F.O. 228/3140；Kuhn, Rebellion and Its Enemies in Late Imperial China, pp. 211–25；戴玄之,《红枪会 (1916—1949)》,台北：食货出版社,1973 年。

[44] Myers, Ramon, *The Chinese Peasant Economy: Agricultural Development in Hopei and Shantung, 1890–1949*, Cambridge：Harvard University Press, 1970, pp. 50–60, 288–91。

[45] 冈尹大郎,《山东经济事情,济南をゆとして》,大阪：出版社不详,1918 年,第 104—105 页。

[46] 孙宝生编,《历城县乡土调查录》,济南：历城县实业局,1928 年,第 185—93 页；A. G. Parker, *Social Glimpse of Tsinan*, Tsinan：Shantung Christian University, p. 15。

[47] 孙宝生编,《历城县乡土调查录》,济南：历城县实业局,1928 年,第 50—53 页；A. G. Parker, *Social Glimpse of Tsinan*, Tsinan：Shantung Christian University, pp. 24–27。

[48] Report of H. L. Milbourne, United States Vice Consul, in Arnold, Julean Arnold ed., *China: A Commercial and Industrial Handbook*, Washington, D.C., U.S. Government Printing Office, 1926, p. 733。

[49] Charles Corbett, *Shantung Christian University (Cheloo)*, New York：United Board for Christian Colleges in China, 1955, pp. 145ff.；B. A. Garside, *One Increasing Purpose: The Life of Henry Winters Luce*, Taipei：Mei-ya Publications, 1967, pp. 121–123, 247；W. A. Swanberg, *Luce and His Empire*, New York：Scribners, 1972, pp. 46–48。

[50] *North China Herald and Supreme Court and Consular Gazette*, 23 August 1914, p. 292；B. G. Tours, Tsinan Intelligence Reports, Semi-annual, March-October 1924, F.O. 228/3277。

[51] Bertram Giles, Tsinan Intelligence Reports, 2d Quarter 1922, F.O. 228/3277。

[52] 三原会社非法销售武器军火,1917 年 9 月,中华民国外交部档案,1906—1927,"中央"研究院近代史研究所,南港,台湾,第 R-0710；たくまだん (Nanike Saichi) 和其他人非法销售武器,1925 年 9 月,中华民国外交部档案,1906—1927,"中央"研究院近代史研究所,南港,台湾,第 R-0714。

[53] *North China Herald and Supreme Court and Consular Gazette*, 5 January 1924, p. 8；S. Wyatt-Smith, Tsinan Intelligence Reports, 1st Quarter 1918, F.O. 28/3277。

[54] J. T. Pratt, Tsinan Intelligence Reports, 4th Quarter 1918, F.O. 228/3277；B. G. Tours, Tsinan Intelligence Reports, 3d Quarter 1923, F.O. 228/3277；Chung Hua-min and Arthur C. Miller,

Madame Mao: A Profile of Chiang Ch'ing, Hong Kong: Union Research Institute, 1968, p. 14.

[55] S. Wyatt-Smith, Tsinan Intelligence Reports, 2d Quarter 1918; Bertram Giles, Tsinan Intelligence Reports, 3d Quarter 1921, F. O. 228/3277.

[56] B. G. Tours, Tsinan Intelligence Reports, 3d Quarter 1923 and 2d Quarter 1924, F. O. 228/3277.

[57] A. G. Parker, *Social Glimpse of Tsinan,* Tsinan: Shantung Christian University, pp. 14–15.

[58] Bertram Giles, Tsinan Intelligence Reports, 3d Quarter 1921 and 2d Quarter 1922, F. O. 228/3277; O. J. Todd, "Taming 'Flood Dragons' Along China's Hwang Ho", *National Geographic Magazine* 81.2, February 1942: 205–34.

[59] Andrew J. Nathan, *A History of the China International Famine Relief Commission,* Cambridge: Harvard East Asian Monograph, 1967.

[60] Ronald A. Keith, "Tsinan, A Chinese City", *Canadian Geographical Journal* 12.3, March 1936: 153–60; *Chinese Economic Bulletin* 18, 10 June 1922: 7.

[61] *Chinese Economic Bulletin* 20, 8 July 1921: 4; *North China Herald and Supreme Court and Consular Gazette*, 14 February 1920, p. 419.

[62] A. G. Parker, *Social Glimpse of Tsinan,* Tsinan: Shantung Christian University, pp. 21–22.

第七章
国民党统治济南的十年
（1927—1937年）

1927年秋，蒋介石的军队一部进驻鲁南，张宗昌似乎溃逃在即。但在国民党内部，在武汉的左派政府与长江下游较保守的蒋介石政权之间，却发生了意见分歧，这推迟了国民党对山东的进攻。因此，张宗昌暂且得以苟延残喘，并继续统治济南直至1928年5月。济南和山东已经历经了两年的经济破坏和政治动乱，在1927年后，济南又历经三年才得以重建稳定的政府和社会秩序。在这期间，济南遭受的破坏，比19世纪和20世纪的任何其他时候都更多。山东其他地方的局势也大都同样糟糕，土匪横行、军队劫掠、收成欠佳、洪涝饥荒，使人想起19世纪五六十年代的情况。

1927年后，国民党在济南和山东建立统治权的困难来自两方面，首先是国民党内部的派系争斗，而更重要的，则是与日本的关系问题①。就济南来讲，国民党内部的重要争斗，主要是蒋介石的追随者与开明军阀之间的争拗，特别是冯玉祥和阎锡山，他们在蒋介石跟共产党和国民党左派决裂后，开始支持蒋介石的北伐军。下面我们先来看一下与日本的关系问题。

---

① 最近关于国民党统治下中国国家整合的研究认为，国民党之所以没能建立一个统一的国家，原因在于其内部政治。参见 T'ien Hung-mao（田弘茂），*Government and Politics in Kuomintang China, 1927–1937*, Stanford: Stanford University Press, 1972, 和 Robert A. Kapp, *Szechwan and the Chinese Republic: Provincial Militarism and Central Power, 1911–1938*, New Haven: Yale University Press, 1973。然而就山东而言，国民党之所以无力将山东省，以及华北其他地区，整合成南京国民党政府牢固统治的统一国家的一部分，其主要原因则在于与日本的关系，而不是国民党的内部因素。

1928 年 5 月的济南事件

1927 年 4 月，日本若槻礼次郎内阁下台，外相币原喜重郎卸任，日本的对华政策也随之发生变化。币原喜重郎的外交政策，是将经济帝国主义与国际合作相结合。这一思想，是日本在华盛顿会议的立场及随后归还青岛给中国的基础。币原喜重郎对华政策的特点是，允许中国恢复包括关税自主权在内的主权权利，相应的，中国则要允许日本在中国从事贸易、实业和投资活动。

日本政界的许多权势人物，包括军队、一些老牌政客，以及某些商人和知识分子在内，都感到这种外交方式，不恰当地让日本的国家利益从属于英美同盟的利益。他们坚持日本应该在中国和满洲确立特殊的权益，就像在 1914—1921 年间所做的那样。[1] 田中义一组建的日本新内阁，由币原喜重郎的政敌组成。田中义一本人是一个笃信日本传统价值观的军官，他认为币原喜重郎的外交政策是对这些价值观的背叛，并提出日本应该采用"积极的政策"来维护自己在亚洲的地位。田中义一认为，日本在满洲的特殊权利是日本的最基本利益。

田中义一的对华政策是中国近代史上的重要篇章，因为面对日本在 1927—1929 年间的要求，蒋介石不得不首次应对日本明白无误的军国主义扩展策略。日本的这种军事冒险主义，导致了 1931 年的"九一八事变"和 1937 年的全面对华战争。所有这三个案例，都证明了蒋介石无力阻止日本的侵略。

国民党与日本之间的矛盾在 1927 年第一次北伐战争中出现，当时国民党军队曾在中国的城市中辱骂和打伤外国人。尽管在广州、武汉、南京和其他地方发生了这些排外事件，但蒋介石本人的政策，则明显的是试图一方面坚持政治上的民族主义，另一方面又采取现实的策略以顾及外国人的在华经济利益。这一点在"宁汉分裂"之后表现得更为明显。到 1928 年春蒋介石重新开始北伐时，国民党对待外国人的政策变得温和起来。换言之，蒋介石显然想要避免损害英国、美国、日本及其他外国列强既有的在华经济利益。

如果日本继续奉行币原喜重郎的对华政策，或许蒋介石的处理方法会奏效。然而，田中义一的新主张却与蒋介石有冲突，因为田中义一的"积极政策"无法容忍新的国民党政府所表达的政治民族主义，并坚持要求满洲不能置于任何中国政府的统治之下。1920 年代末，各国政府的外交官都曾顾及中国这种新的民族主义策略，只有日本抵制这种策略，并制造了严重的军事和外交事件。

1927年秋，当国民党军队极有可能进抵济南时，田中义一派遣日军进驻青岛和济南。国民党停止了进攻，但日本与新的南京政府之间爆发冲突的危险似乎很严重，以至于蒋介石亲往日本会见首相田中义一。田中义一告诉蒋介石，日本在满洲的地位，不能受到以政治上统一中国为目标的军事行动的威胁；蒋介石则坚持，中国所有领土，包括满洲，都必须统一置于他的政府统治之下。[2] 田中义一试图使蒋介石确信，国民党在长江领域下游已经有足够的权力，也有足够的问题要处理。但蒋介石拒绝接受这种将其统治限定在一部分领土之内的企图，正如他后来断然回绝了其他外国人的一些建议，那些外国人建议他只统治中国的一部分，而不是"一个中国"的政策。

田中义一的政策背后有一种观念，即把国民党视为一种地方权力，这种观点成为1930年代日本对国民党的主导性观念。理解日本人、尤其是那些日本军官对中国的看法的唯一途径，就是首先接受日本关于蒋介石的看法——日本认为，蒋介石只是中国最强大的军阀，但他没有能力统一中国。这种看法，最终使得日本将山东归为华北地区的一部分（即认为华北是独立于南京政府之外的，而山东也是独立的华北的一部分——译者注），更促使日本在1930年代进行了对中国领土的一系列蚕食行动。[3]

蒋介石未能与田中义一经过谈判实现妥协，返回国内后，继续进行其武力统一中国的军事行动。1928年2月，蒋介石的代表与其新盟友冯玉祥和阎锡山会面，商讨针对北方军阀部队的进攻计划。蒋军计划于3月沿津浦铁路北上进攻，而冯军则分兵进攻直隶和山东。[4]

以满洲军阀张作霖为首的军阀集团，通常被称为北方的反动武装（the opposing northern armies），在1927—1928年的冬天也进行大规模的重组。山东防务的主要负责人是孙传芳，因为其指挥才能和军力都优于张宗昌。张宗昌的军队花名册上有10万士兵，但他的部队的花名册，跟他发行的纸币一样都不可信。张宗昌驻防济南并保护胶济铁路，孙传芳则据守济宁与徐州之间的地带，阻击国民党即将到来的进攻。[5]

根据计划，南京政府的军队于3月展开"二次北伐"，蒋军与冯军协同作战。4月21日北伐军攻陷济宁，三天后如坐针毡的北方领导人在济南举行会议。张作霖北京政府的内阁总理——山东人潘馥参加了会议。随后，孙传芳开始沿津浦铁路退往天津，而张宗昌则沿胶济铁路退往沿海并逃往满洲。[6] 山东落入国民

第七章 国民党统治济南的十年（1927—1937年） 155

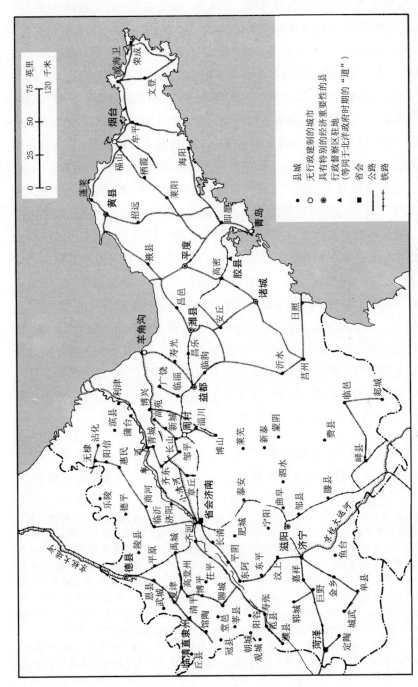

地图 4 1930年代的山东。(翻印自 "Education Modernization in Tsinan, 1899–1927", by David D. Buck（鲍德威），*The Chinese City Between Two Worlds*, Mark Elvin and G. William Skinner ed., Stanford University Press。翻印该地图，得到斯坦福大学出版社出版的许可。版权自1974年起归斯坦福大学董事会所有。)

党联军手中,并且各路军队都会师济南,在这里,国民党军队可以最快最便捷地渡过黄河,并继续向北方的天津和北京追击①。

在这一节骨眼上,首相田中义一按照其原定计划派日军进驻济南,正如他前一年所声明的,如果济南的局势需要日本出兵保护日侨的生命和财产,日本就会派遣军队。1928年春,田中义一多次发表讲话,指出日本需要积极行动以保护其在华利益。关于山东,他有一段声明,揭示了日本对山东局势的担忧,从而为日本在1928年2月的干涉行动进行辩护②:"这是不可避免的,只因为在中国当局无视其国债相关义务,并且保护外国人的生命及财产不力的情况下,在必要时我们应该采取自卫措施。"(着重号为作者所加——译者注)[7] 日本这种表达方式表明了日本对胶济铁路的关注。要记住,日本归还胶济铁路给中国的交换条件,是日本持有北京政府4000万日圆的国债。田中义一提到"国债相关义务"是想指出,日本不会允许新成立的南京政府否认这些义务或其他未偿付的财政债务。因此,虽然田中义一公开讲的是保护日本人的生命安全,但只有在日本政府的财政利益受到国民党政府的威胁时,他才会采取行动。

4月19日,日本政府从天津驻军中抽调300人派遣到济南,并宣布,日本将由本土经青岛派遣一支5000人的师团增援济南。第二天,日本外务省分别照会南京政府和北京政府,声称为保护日本侨民和投资,日本必须行动。[8] 来自日本本土的第一批军队由福田彦助率领,于4月27日抵达青岛。福田彦助师团长发出的通告,再次揭示胶济铁路在日本政策中的重要性(由英文回译——译者注):

> 日本政府声明,胶济铁路对山东的(日本)企业至关重要,因此它直接和紧密地与日本侨民在该省的利益相关。如果任何一方在该省切断交

---

① 关于随后日本人和国民党军队在济南发生的冲突,有很多解释认为,国民党军队可能会避开济南,甚或日本首相田中义一认为,蒋介石已经同意绕开济南。这基本是不可能的,因为国民党可以利用济南的泺口黄河铁路桥又快又简单地渡过黄河,而如果放弃济南,则只能采取非常不方便的渡船方式。此外,国民党沿两条主要交通线津浦铁路和胶济铁路的追击,也会因此而被延缓。绕过济南,也会使山东省的首要政治中心落入日本人手中,并且在日本的公开叫嚣下,蒋介石将会放弃坚持中国主权的民族主义立场。所有这些原因,都使蒋介石的军队必然要占领济南。参见 Akira Iriye, *After Imperialism: The Search for a New Order in the Far East, 1921–1931*, Cambridge: Harvard University Press, 1965, pp. 193–98.

② 田中义一发表这一讲话的时候,正值日本国会解散并举行大选。田中的党派"立宪政友会"希望能重新执政,但选举似乎势均力敌;因此,为了从支持竞选对手的选民那里争取支持,田中义一强调日本的经济利益。田中义一在选举中保住了其首相职位,而且没有改变其对华政策,但此后在他的言论中,日本的经济利益再也没有像此次讲话中受到如此的重视。

通，或进行其他破坏，日本军队会认为有必要立即采取措施阻止。[9]

当福田彦助的军队沿胶济铁路由青岛向济南进发时，发现胶济铁路已有两处被国民党军队切断，并且另有两处被封锁。国民党对胶济铁路的这些行为，无视日本所声明的立场，这似乎成为福田彦助随后在济南进行挑衅行动的导火索。[10]

4月30日，最后一部分北军撤退时，炸毁了济南的泺口黄河铁路桥。桥墩并没有倒塌，但铁路服务被迫停止。成千上万行进中的南京政府的军队涌入济南——其中既有冯玉祥的军队，也有蒋介石的军队。大桥的状况，使之无法继续追击北军，因此5月2日到3日晚，有超过4万军队驻扎于济南。蒋介石本人于5月2日上午抵达济南，并公开声明反对国民党军队进行任何滋扰活动。[11]蒋介石做这些声明的目的，是向日本人保证，他完全理解日本所公开宣称的对于日本侨民安全的担忧，因此日军没有必要留在济南。

同日下午，蒋介石会见日本驻济南总领事西田畊一和日本派遣军指挥官——当时是小泉大佐，他自天津率领300人的派遣队到达济南，成为首支抵达济南的日本军队。小泉大佐同意移除日军在商埠区内设置的路障。蒋介石对维持法律和秩序负有全责，但日军继续留守日本人的办事处和住所。[12]

双方达成协议后数小时，福田彦助率领一部分日军从青岛抵达济南，并成为新任日本派遣军指挥官。5月3日上午9：30左右，当中国军队出现抢夺行为时，尽管中日双方的军事指挥官和外交官仍然保持联系，但福田彦助并没有与蒋介石协商，而是直接采取了行动。[13]日军开始向国民党军开火，济南事件开始。

随后的首轮战斗持续到5月5日。日本人重新控制了商埠区，而国民党军队则退回旧城。在这三天的战斗中，日方有25人伤亡，而中方则估计伤亡上千人。5月5日，福田彦助与蒋介石同意暂时停火，国民党军队撤出济南。5月6日早晨，蒋介石率领其军队向南撤退至泰安，在那里建立国民党山东省政府。[14]

虽然大部分国民党军队撤出济南，但就像蒋介石在南京中央陆军军官学校中发表的关于济南惨案一周年的演讲中所解释的那样，他认为有必要留一些部队在济南，以防止授予日本人以出兵占领的口实，即声称因为国民党无力维持秩序，日军才要占领济南。蒋介石离开济南时，已意识到福田彦助很有可能会对留守济南的少量国民党驻军再度发动袭击，但他告诉国民党的指挥官们，为了中国的民族荣誉,需要你们做出这些牺牲。[15]

5月7日,在新一批人数为2000人的日军抵达济南后,福田彦助向旧城内的国民党军队发出要求其投降的最后通牒。虽然福田彦助声称日军是在中方挑衅后行动的,但没有证据支持这一论点;事实上,他是单方面行动的,没有得到日本的军部或内阁的授权就再次对济南实施攻击。[16]他开创了日本军事指挥官未经日本当局授权就在中国进行军事行动的先例。

济南事件的第二阶段于5月8日早晨开始,日本大举炮轰济南旧城。在飞机、大炮、装甲车与优势兵力的结合下,日本在济南取得绝对的军事优势。在接下来四天中,济南两道城墙的多个城门被毁。大量建筑物被毁,其中既有重要的公共服务设施,也有许多私人住宅。日本人一开始进攻,蒋介石就允许国民党军队撤退。5月10日,国民党军指挥官李延年和苏宗辙率军撤出济南,但在撤退沿线,他们遭到日军的伏击。最终于5月11日,在济南总商会和济南商埠商会的安排下,双方停火。在第二轮交火中,日方宣布有150人伤亡,而中方有3000人被打死,受伤人数不详。[17]

济南事件是日本军事挑衅的明显例子。国民党不会从在济南与日军交火的过程中得到任何好处,并且所有证据都表明,蒋介石及其部下一占领济南,就一直想方设法以妥协来维持和平。5月3日,在首轮交战爆发时,还存在为解决争端而做的合理安排,但福田彦助却对这些程序置之不理。第二轮交战是日本更加明目张胆的军事挑衅。尽管日本在济南采取了这些行动,但中国没有收到任何实质性的外交补偿,并且事实上,停火条款对日方相当有利。

停火条款有效期限为一年,从1928年5月到1929年5月,并且日本仍然控制胶济铁路,并继续占据济南。日本在济南的出现,延缓了蒋介石将张宗昌的残部赶出鲁东地区的计划。就在与日本达成谅解之时,蒋介石与冯玉祥就谁将控制山东省发生分歧①。冯玉祥想将控制山东,作为自己在华北应得的个人地盘的一部分,而南京政府则希望将山东纳入自己的控制,而不依赖任何强势的军官。

---

① 1929年2月,南京政府与日本政府就济南事件的主要问题达成协议,但因为南京代表的请求,协议的签署及日军的撤退都被延迟。1929年3月26日,中日就济南事件签订的《"济案"协定》的内容包括,日本从山东撤军,中国人承诺负责保护在山东的日本侨民的安全。很长时间内人们一直认为,在南京政府外交部长王正廷,与日本驻上海总领事重光葵所举行的这一系列谈判中,还包括关于中国的关税自治权以及日本人在满洲的地位等内容的基本协议。在这些谈判中,南京政府的立场是温和的民族主义,即认可日本人继续在满洲维持主导性地位。

因此他们请求日军不要迅速撤离山东，以使南京有更多时间调遣军队对付冯玉祥。[18]

1916年蒋介石曾在山东参与反袁起义，这次起义获得日本的大力支持。此后，山东人对国民党和蒋介石的信任度就一直不高。1927—1929年，蒋介石反日，但是他的领导却在济南导致了公开的战争，并彻底扰乱了山东的文官政府的秩序，造成极度混乱的局面。在这种局势下，国民党和蒋介石在山东和济南也没有得到更多的支持。

1928—1929年间的济南局势

济南商会成为与驻扎济南的日军的主要联络人。在商会安排停战后，张宗昌政府中的警察总办重返旧职，以恢复济南的秩序。到6月初，旧城内的劫掠已经停止，大多数店铺得以复业。

然而，贸易的中断却使济南贸易区内发生严重混乱。鲁西北的手工织棉工没有棉纱可织，因此布匹告罄。津浦铁路在济南以北都无法使用，因为铁路路基和列车车辆均在战事中遭到严重损坏。1929年秋，鲁西北庄稼歉收，导致出现严重饥荒。在济南周边附近，土匪盛行，许多距离济南较远的集镇，包括周村和章丘，都遭到土匪的袭击。在济南城内，许多商家破产，其中既有大商行，也有小散商。[19]

从1928年5月直到1929年5月日军撤离济南，济南地方商界对济南旧城和商埠区的管理令人满意，但在已经在泰安成立山东省政府的国民党的坚定分子看来，济南商界这样做，不可避免地沦为了日本人的工具。给予济南商界的污名可能是不适当的，因为他们这一身份是由南京强加的。然而，对于在1930年代位居山东省政府要职的年轻的民族主义的国民党党员，以及济南久已确立的地方商界领袖来说，这种解释并无助于改善双方的关系。

与此同时，泰安的国民党政府也令所有人失望。济南惨案半年后，《密勒氏评论报》（*China Weekly Review*）评论道："（自从1928年5月国民党在泰安建立政府以来）文官和军官们在山东的所作所为，其实更应该说是他们无所作为，他们碌碌无为的记录，超过了之前的军阀们所创下的所有记录。"[20]

韩复榘政府

当1929年春日本准备从山东撤军时,蒋介石与冯玉祥在谁该统治山东这个问题上发生争执。冯玉祥认为他应该统治山东,而且事实上,冯玉祥的部下孙连仲,在济南惨案后已经在名义上获得对山东的控制权。但是孙连仲的管辖范围只限于津浦铁路以西地区。在鲁东地区及山区,形形色色的军官、地方势力及日本人掌握着实际控制权。

到1929年4月末,蒋介石与冯玉祥之间的分歧似乎已经非常严重,以至于大家都传言说双方要动兵。就在蒋冯之战一触即发时,冯玉祥的两名部下韩复榘和石友三,改投南京政府麾下。为冯玉祥写传记的作者评论道:"当时及以后的观察家,都无一例外的将这些投敌行为归因于数额庞大的贿赂……这些投敌行为使冯玉祥目瞪口呆。事实上,这可能是冯玉祥一生中最重要的事件。"[21] 1930年9月10日,韩复榘转投蒋介石的努力得到回报,他被任命为山东省政府主席。[22]

韩复榘担任省政府主席,使济南惨案后两年半的政治不确定性得以结束。在韩复榘的统治下,山东省政府重新走上正轨。在其六年的任期中,韩复榘被证明是一位受欢迎且有效率的统治者,这也是自袁世凯之后政策连贯时间最长的一届政府。但他是坚决独立的人,按照自己的想法来管理山东,而不执行国民党的政策。在他的政府中,位居重要的民政和军队职位的人,都是忠于他的军官,还有少量受过大学教育的官员,并且其政府的特点是,位居省政府高位的官员职位都非常稳定。他所任命的许多官员,在韩复榘跟随冯玉祥期间都是韩复榘的同僚;他的几个亲戚也都官居要职。不过,在省政府的基层官员中,例如县长,则人员变动很快。[23]

韩复榘对孙中山不以为然,他认为孙中山过于受西方和马克思主义思想的影响。因此,他试图限制孙中山思想的传播,即使是国民党认可的非马克思主义形式的思想。韩复榘只是容忍国民党,并试图尽可能地削弱国民党的权威。1930年代,在济南最敢于直言的国民党活动家是张苇村,他是国民党山东省党部的主任委员,他于1935年1月2日被暗杀,传言为韩复榘授意。[24] 自然地,在韩复榘的顾问团中,与蒋介石有联系的军人再无立足之地。韩复榘在山东整个的任期中,他的行事仿佛与蒋介石平起平坐,只是权力略小一点。

在 1933 年的一次演讲中,韩复榘描述了其管理方法(由英文回译——译者注):"山东只是一只残破的碗,我正尽自己所能去修补它。我将把民众的福利置于一切之上。只要一件事情对人民有利,那么我就去做,否则就不做……哪怕我头顶上有飞机炮弹。"[25] 韩复榘治理山东的构想,深受传统父母官模式的影响。作为省主席,韩复榘定期到全省各地巡视检查属下工作,在巡视中,他对优秀官员给予表扬,对背离其要求的官员则立即进行处罚。在济南,他习惯于亲自到法院审理一些平常的案件。他塑造了一种节俭、勤政和正直的个人形象。[26] 结果,他获得了山东各阶层和各地人士的广泛支持。韩复榘的领导也给外国到访者留下了极好的印象。鲁斯(Henry Robinson Luce)于 1933 年在济南与韩复榘会面后,称赞韩复榘为中国政坛一颗"崛起的新星"[27]。

山东省的财政管理,是韩复榘所主张的用保守方法建设山东的一个例子。自从民国成立以来,山东的财政几乎一直处于持续的危机状态。韩复榘任命一名跟随他 20 年的部下王向荣为山东省财政厅长,从而改变了这种状况。王向荣着手重建以前的税收结构。创新并不重要,他也没有寻找新的财政收入来源。这一措施不能称之为改革,因为上级并不禁止基层不定期的征收,而这通常对于地方官员和富人很重要。王向荣也暂缓进行新一次的土地调查,土地调查会使纳税负担分摊得更公平,大地主将承担较大的份额。相反,王向荣遵循中国传统的财政智慧,只注重征收和上缴全额的常规土地税。[28]

韩复榘担任省主席不到一年,就恢复向南京政府定期上缴税款,并在其任期内从未间断。在山东,张宗昌的财政制度所导致的混乱结束了,这一新面貌的标志,是新的省级银行的建立及发行新货币。到 1930 年代中期,王向荣建立了一个有效且持久的税收制度和财政管理。当然,相比中国的其他省份,山东更多依赖传统的征税方式,即土地税:1930—1936 年,山东省的财税收入,63.9% 来自土地税,而当时全国的平均水平是只有 36% 来自土地税。[29] 韩复榘的政府之所以如此依赖土地税,部分原因是,南京政府直接控制着山东的另外两大收入来源——青岛港和胶济铁路。济南惨案之后南京政府立刻做出安排,直接管理这两块肥肉,让韩复榘无从插手。

韩复榘坚定地致力于重建中国乡村的社会关系,这也与其保守主义观点相符合。韩复榘于 1929—1930 年担任河南省政府主席期间,就已经在一位受人尊敬的保守派儒学思想家梁漱溟的帮助下开始乡村建设运动。梁漱溟认为，复兴乡村中的传统社会关系，有助于中国人解决其所面临的重大的经济、政治和社会问题。韩复榘调任山东省政府主席后，继续支持梁漱溟。他也敦促南京政府发起这种运动，并反复劝说山东士绅踊跃参与这一运动。[30]

山东的主要乡村建设计划，集中在"齐"境的邹平和"鲁"境的曹州实施。在这两个地方，梁漱溟都试图借用传统的村庄领袖，以从事新的扫盲、学校标准化、作物改良和公平交易等计划。这些计划在两地的实施成效都相当理想，但在邹平尤其要好。梁漱溟认为他建立了一种可行的改革方式，并应该在更大范围推广。韩复榘当然愿意，但是要在全省推行这一计划，他既没有资源也没有时间。

虽然由于篇幅所限，在这里无法详细评估梁漱溟的乡村建设运动，但应该注意到，在关于中国应如何解决其农村的危机这一问题上存在争论，而乡村建设运动则提供了一个较为保守的重要选择。与国民党的计划不同，梁漱溟的建设方式，并没有试图在乡村植入一个新实体——政党——作为地方政治进程中的主要元素。这就是山东的乡村建设运动，与国民党在江西和浙江进行的乡村改良运动之间的主要区别。[31]梁漱溟和国民党的计划，都试图以农村的传统社会经济关系为基础。国民党试图驾驭这些力量为自己服务，而梁漱溟则乐于看到它们重新组织起来并发挥功能。第三种方式，也是最终运用于全中国的方式，是毛泽东的方式，这种方式摧毁了农村既有的社会—政治精英阶层，并以中国共产党指导下的新的领导方式取而代之。

梁漱溟的乡村建设运动，使韩复榘获得了成功的改革派统治者的美誉，其乡村建设运动可与中国的其他任何人相媲美，包括蒋介石在内。韩复榘赢得了许多中国精英的支持，尤其是华北的保守派。这些保守派不信任蒋介石，他们认为蒋介石是一个激进的军人革新者，而其革新的依据，是孙中山并不令人信服的政治哲学。

在山东内政的其他方面，韩复榘也强调重建传统交通网络并予以改进，其方式是进行道路建设、运河建设，以及扩建电报电话线等。例如，他支持重开小清河，并使之现代化，小清河的疏浚曾是山东最早实施的现代化工程之一。在这一工程中，韩复榘致力于振兴这一历史悠久的交通动脉，这对于"齐"境许多强大的商业势力来说都很有用。然而，他却反对过快的工业化。[32]

韩复榘为山东所制订的计划的总方向，对于工商业势力来说并不特别有利。对传统土地税的依赖，减少了实行包税制的机会，而且在韩复榘对银行业的安排中，对财政稳健的考虑，远远多于对中国民族资产阶级的贸易和实业活动能否盈利的考虑。根据19世纪晚期的标准，韩复榘的措施是开明的；但是根据1930年代的标准，考虑到中国其他大城市中民族工商业者的迅速成长，韩复榘的措施显然是保守的。韩复榘本质上是一个保守主义者，他畏惧工业化造成的不利的社会影响，并希望中国社会回归旧秩序。

即使是韩复榘自己的政府，也没有一致地遵从他对于改进农村基础设施和重建农村传统精英阶层的偏好。例如，韩复榘的省教育厅长何思源，是一个有美国教育背景的年轻的国民党党员。何思源主政教育系统时期的政绩记录表明，他支持在大城市地区发展教育。济南依然保持着其作为山东现代教育中心的地位，拥有全省最好的学校、教师和教学设施。何思源努力改进济南的中小学，聘用现代师范学校的毕业生为教师。同时，济南的学校中有大量的教师是国民党党员。[33]

国民党明显的介入山东省，但这似乎并没有困扰韩复榘；他信任他的年轻厅长，因为何思源总是一方面遵从国民党的政策，另一方面小心翼翼地培养他与山东保守的士绅领袖之间的关系，使这两方面平衡起来。韩复榘对于济南等城市中的这种新思想一般比较宽容，但是在农村，他采用梁漱溟的思想，梁漱溟对国民党的城市偏向政策持怀疑态度，认为这无法完成改造中国农民的任务。何思源遵从韩复榘的意愿，不坚持在山东的农村学校中也实施国民党制定的现代教学课程。[34]

韩复榘与蒋介石之间的分歧并不限于意识形态问题，而是扩展到实际的政治问题上。这些分歧最终导致韩复榘的死，但在第一回合当中，韩复榘经常比蒋介石略胜一筹。韩复榘的第三路军由三个师和一个旅组成，其军官都忠于韩复榘。但这并不是驻扎山东的唯一军队。冯玉祥的两位前部下——马鸿逵和孙连仲——也在山东驻有大量军队，而张宗昌的前部下刘珍年，在1930年后继续驻军于山东半岛。[35]

蒋介石有理由对都在同一区域活动的冯玉祥的旧部——由韩复榘、马鸿逵和孙连仲率领——有所畏惧，这无异于在邀请冯玉祥重新插足华北。结果，韩复榘得到南京政府的支持，将马鸿逵的第十五路军和孙连仲的第二十六路军调离山东。然而刘珍年的情况就有所不同，因为他在1928年二次北伐期间转投南京政府，并得到承诺让他继续盘踞山东半岛作为其独立辖地。最初，刘珍年控制着烟台地区，不受国民党干涉，但在1929年秋，他允许南京政府的代表在当地接管税务管理工作，并建立国民党党部。[36]

韩复榘反对刘珍年自己搞独立王国，他希望将自己的势力扩展至山东半岛地区。南京政府的政策似乎并没有给他提供门路，但1932年的一次财政纠纷为韩复榘提供了机会。即使由于韩复榘的财政措施，使山东能够重新向南京上缴税款，但他惊讶地发现，南京政府不再给自己的第三路军按月全额发放原先的津贴。[37] 韩复榘对这种减少其预算的做法表示抗议，但是南京政府并没有恢复支付所削减的津贴。从当时及随后的证据来看，南京当局的这一行为，使韩复榘彻底认清了蒋介石的面目。韩复榘最后成功地与南京政府达成一项交易，由此他可以得到其原有军队津贴份额的大约80%，但他仍然不满意。他认为通过克扣刘珍年的军队津贴，就能弥补自己的这些损失。当刘珍年提出反对时，韩复榘就制造冲突，并借机消灭刘珍年在鲁东地区的势力。

1932年秋，韩复榘的军队突然对刘珍年发动袭击。蒋介石派蒋伯诚去察看韩复榘能否停止对刘珍年的进攻。蒋伯诚是名浙江人，负责处理蒋介石与韩复榘之间的私人联络。韩复榘对此表示拒绝，并派他最得力的中间人张钺前往南京向蒋介石解释情况。随着攻势的发展，南京政府试图将济南军火库中的所有可用弹药都转移出济南。韩复榘设法阻止转运弹药的火车，并继续其战事，但他也被这种阻止自己进攻的做法严重地激怒了。最后，双方达成停火协定，蒋介石同意将刘珍年部调往浙江。刘珍年所留下的地盘进入韩复榘政府的控制下，韩复榘得以完全控制山东①。

然而，这一事件的重要性却在于使韩蒋关系的性质发生改变。韩复榘认为自己已经与蒋介石就财税收入问题达成谅解，但在向南京重新上缴税款之后他才得知，蒋介石对其他人的承诺凌驾于自己与蒋介石的这些谅解之上。换言之，自己与蒋介石的交易，并不比蒋介石与其他人的交易更重要。蒋介石经常利用伎俩，就是与两方或多方达成自相矛盾的协定，而最终履行对自己最有利的协定。

---

① 在浙江，刘珍年部首先驻守温州。其中一部改投温州的共产党军队，而刘珍年自己则在1935年南昌军法会审后被处决。

后来，当韩复榘发现自己身陷南京和日本的两方面要求这种两难困境时，他对蒋介石的不信任，成为他选择自己立场的主要因素。

韩复榘统治下的济南

今天，刘鹗（《老残游记》的作者）的时代已过去几十年。济南因为现代化而变得五彩斑斓，并且进步很多。然而，其基本特征与刘鹗所描述的并无很大变化：既为商业中心也为政治支柱，它可谓一个热闹的城市，但就其虚荣来说还未摆脱晚清气息。[38]（根据英文回译——译者注）

作者的这番描写，并不只是在表达对济南昔日的怀旧之情。新的洋行、西式建筑、工厂、电话、报纸、国立学校和新式军队，这些内容加起来仍然不能说明济南已成为一个现代城市社会。在很多变化的现象下面，略作乔装的旧势力仍然在继续活跃。

长袍马褂的官老爷基本已经远离了衙门，因为韩复榘命令其官员要穿简单、朴素的中山装。但韩复榘自己却经常穿着传统的儒吏长袍，衙门中的气氛也与晚清有很多相同之处。韩复榘用传统的仁慈专制的吏治方式进行统治。他在制定政策的过程中会咨询重要人物和学者，但政策一旦形成，就不容再有争议。虽然他掌管政府并不手软，但他力求公平。在法律方面，韩主张简单、清楚，并严格执行。[39]

1933年，济南的人口已经增长到427 000人，与1919年相比人口增长率超过3%（参见附录B）。济南约有300名欧洲侨民，以及约2000名日本侨民——数量很少，甚至在商埠区的人口中也不占多数。商埠区的大型建筑和大商行都按照外国模式经营，但商埠区的人口大部分是中国人，他们的住宅及商业都沿袭中国传统方式。济南居民的典型住宅仍然是昏暗的、泥土地面、茅草屋顶、没有自来水或公用户外厕所。[40]

到访者这样评价济南：虽然济南是南京与天津之间的最重要城市，但它周边仍然有集镇的味道。街道上充斥着乡下人，他们兜售手工制品，购买生活必需品。水灾过后或者秋收欠佳后的深冬时节，成群的贫困难民在济南城外露宿。少量有大笔国际贸易的商品是小麦或棉花，这种交易会在西式银行的挑高天花板的办公室中进行，但济南拥挤的街道和肮脏的叫卖小贩，仍然在到访者的脑海中留下中世纪或乡村集镇的印象。[41]

埃德加·斯诺（Edgar Snow）称济南是"手推车之城"（barrow city），因为在1929年，成千上万的传统运输工人，挤满了铁路货场和仓库。汽车运输无法与成千上万的马车夫和手推车夫相竞争，因为后者能够提供低成本、长时间的服务以及几乎无限的灵活性。1933年，济南地区没有卡车，只有25辆公共汽车运营。公共汽车的车体在济南的工厂中制作，然后安装在美国卡车的底盘上，每辆这样的公共汽车能承载15位乘客。[42]

然而，像在其他平稳时期所做的那样，济南继续推行现代化并使之发挥效用。最重要的革新是建立了常规的市政府，由闻承烈担任市长。闻承烈手下有公安局长、工务局长、财政局长和教育局长，他们分别掌管一个局，每个局由全职的公务员任职。公安局仍然是市政管理的主要职能部门，职责范围广泛。在警察管理的传统范围内，他们向赌博业和卖淫业发放执照，虽然他们并不能完全消除这些社会问题。毒品更难控制，部分原因是许多参与交易者，都是不在中国法律管辖范围之内的日本人和朝鲜人。[43]但韩复榘支持打击鸦片和吗啡贸易，虽然日本人曾就这种过度热心的反鸦片政策向韩复榘施压过。

公共事业中最显著的成绩，是拆除了在济南惨案中被毁坏的城门。铺设的行车马路从城门缺口处穿过，使进城更为便捷，并且旧城内所有的主要大街都得以铺筑。然而，所有小街小巷还是只能容纳马车和手推车通过。济南府城墙保存完好，并得到大范围修补。在城墙顶上修建了可供步行的小径，其宽度足以行驶一辆观光汽车。

济南工务局也于1934年接管了商股所有的济南电气股份有限公司，当时该公司在历经数年令人难以恭维的经营后终于倒闭。自从该公司以不受规管的垄断方式经营以来，人们就不清楚，为何该公司的管理层无法建立一种盈利率结构，或者取得必要的银行资金以更换其过时的发电机。电气公司的问题已存在数年，并且似乎很明显，在1930年代，私营资本很少愿意投资于该公司。最终，济南工务局接管了该公司，并从日本人那里购进新设备。另一个工务项目是从趵突泉引水建立自来水系统，该项目原本的提议是采取私人资本垄断专营的方式。它也在1930年代成为官办项目，并于1936年开始运作，也采用了日本的技术和设备。[44]

这两个例子，是关于济南市政府接管公共服务产业的例子，它表明，济南正在开始发生一种重大的变迁。在已经过去的前四分之一世纪中，或者采取官督商办模式，或者由官僚资本家承担，济南得以建设新的公共设施。1930 年后，大型投资项目不再由买办资本家或官僚资本家承担，而是由济南政府控制。这一国家资本主义的趋势开始于韩复榘，在日据时期得以加速发展，而且在国民党短暂的战后统治中也没有改变。最终，当 1949 年中国共产党在济南建立其统治的时候，他们发现，实际上济南的所有公共服务设施和许多工厂，早都已在官方控制之中。

在何思源的有力领导下，济南的教育系统得以扩展并提高。因为全省最好的中小学都位于济南，所以乡下的很多有钱人都将其子女送到济南求学。齐鲁大学仍在经营之中，尽管当南京政府要求所有教会学校都要由中国人担任校长时，它也遭遇了一些行政上的困难。[45]

济南的变迁步伐之所以缓慢，部分原因是韩复榘反对过快的工业化，这在前面已有所提及。要对济南有限的变迁步伐进行考察，一个好的办法就是将其与青岛进行对比。1930 年代，青岛崛起为一个轻工业中心，其制造业包括棉纺织、粮食加工、制革、化工及食品加工。其人口从 1925 年的 27.5 万人，增长至 1934 年的 45.2 万人。[46]

在青岛，日资成为主导①，尤其是在棉纺织业。青岛有 15 000 名日本侨民，他们大多在日本银行、船运公司和工厂中工作。青岛港停满了日本船只。1931 年，青岛有 181 个工厂，其中日本人的工厂只有 48 个，但这 48 个工厂，却雇佣了青岛三分之二的产业工人。虽然青岛早在 1923 年就已回归中国，但许多到访者都感觉它仍然是一座日本城市。

青岛市长沈鸿烈，是一名中国海军军官。沈鸿烈能够同时与日本人、北方军阀集团及南京政府保持良好关系。在他的管理下，青岛对南京政府的财政贡献，远大于管理青岛所需的行政成本，因此在 1930 年代，沈鸿烈在南京政府中的威望一直很高。[47]

青岛也被视为一座非军事化城市，这意味着，不论中国人还是日本人，都不在青岛驻扎任何重要军队。因此日本人能在任何时间率军登陆青岛，而不会遭

---

① 有官僚和军阀背景的中国资本，在青岛起次要作用。此种投资的主要来源，是喜欢约开商埠生活的退休军阀和官僚，他们发现，青岛的生活安全有序，而且不受中国政敌的控制。宜人的海洋气候也增加了青岛的吸引力。

到较大抵抗。这一信息，鼓励了更多的日本人来青岛投资实业，也向日本政府保证了胶济铁路的安全。

韩复榘的军队遍布全省，有一个师驻防潍县地区，但并不靠近青岛。一些精锐部队驻守济南，以协助维持社会秩序。因为韩复榘是军人，所以他将很多通常由文官执行的职能，都分派给军官和军队来承担。韩复榘的军队拥有自己的报纸《公言通讯报》，向军队和大众公开发行。[48]

军队也是韩复榘努力提升公众道德的个人计划背后的主要力量。1932年，韩复榘创办进德会，并要求文武官员都要参加其会议。进德会向所有政府工作人员推广诸如定期做健美体操之类的活动。进德会最突出的贡献，是在商埠区的中山公园提供一些无伤大雅的娱乐或陶冶情操的活动，与之形成对照的是附近大观园里的各式消遣活动，济南的茶馆和戏园大多在那里。[49]

无论在理念还是在组织上，进德会都与后来由南京政府发起的"新生活运动"相似，可想而知，新生活运动在山东从未获得官方或民众的支持。韩复榘显然痛恨南京政府试图插足这一领域的领导权，正如他在其他很多方面对南京政府不满一样。

1930年代，济南共有八种报纸。表7.1提供了其发行量和社论观点的有关信息。在几个时期中，它们一直没有自己的社论，因为韩复榘害怕公开表达意见，会助长由"九·一八事变"所引起的反日民族主义情绪。

报纸间的政治联盟很有意思。虽然国民党大量参与到多家报纸的工作中，但因有韩复榘的介入，国民党显然无法控制其中任何一家报纸。因此，在韩复榘的地盘上，南京政府无法抨击他。亲日的《济南日报》，是济南发表社论最自由的报纸。它经常刊登一些损毁韩复榘或国民党的文章，但是因为韩复榘禁止报馆发表社论，所以这些报道从未得到其他报纸的回应。

在那段时期，不仅民意被严格控制，而且也没有真正的代议制机构存在。民国初年的省议会，从未得到恢复。韩复榘继续推行他的村公所计划，这一计划与其乡村建设思想相符合，但却从未在济南实施。1932年，美国驻济南总领事评论道，山东商务总会是"该城市组织（甚至只有半公开的性质）表达民意的唯一实例"。[50]

表 7.1　20 世纪 30 年代济南的报纸

报纸名称	日发行量	主编	所有者及社论观点
《山东民国日报》	4000	王佑民（音译）	创办于 1929 年。依据规定属国民党山东党部，但省党部和省政府都为其提供经费。反日，亲美
《济南日报》	1000	毕学琛（音译）	1919 年由亲日势力创办。由日本人出资。反美，反国民党，亲日
《历下新闻》	1000	王曙禾	创办于 1931 年，由国民党历城县党部所有。反日，亲国民党
《平民日报》	1000	王贡忱	创办于 1920 年代早期。保守，亲韩复榘。很少反对国民党
《新社会日报》	800	何冰如（音译）	1930 年创办。亲外国人，但反日。何炳举也是报社所有人。棉花商人出资支持
《通俗日报》	800	—	1930 年由罗亚明创办。亲韩复榘，反日
《济南晚报》	750	—	创办于 1931 年，由当时控制烟台的刘珍年出资支持。亲美，反日。热衷于揭露丑闻
《公言通讯报》	—	—	创办于 1930 年，由第三路军所有，韩复榘出资支持

资料来源：U. S. National Archives, Department of State, Tsinan Consulate, File 800/Political Affairs, 1931。

1930 年代的济南经济

既然济南既是"商业中心"又是"政治支柱"，那么研究其历史，就必须要考虑济南及其农村腹地所发生的经济变化。到 1920 年代，因为中国民族资本主义的繁荣，济南周边地区商业化的程度已经相当高。济南贸易区的农民，开始根据市场来生产棉花、花生和家畜；学者们认为，这一变化与农民能够使用低成本的现代交通有关。[51] 理想状态下，根据西方的经济发展模式，这种商业化程度的增长，会给济南首先带来更多的商业发展机会，然后是更多的工业发展机会。济南会以商业的扩展作为回应，工业部门也会随之逐步增长。

这种商业化和工业化的过程所带来的收益，对农村和城市居民都至关重要。农民和新进城的城市产业工人，都依赖于商业化水平的维持与增长。市场力量可能与农民相对立,使之无法出售其农产品以获利,同时也使他们不去种植自己的口粮。在济南这样的城市中,工商业劳动者也会直接受到贸易下降的影响,工人们通常会不得不返回农村投靠亲戚,以使他们能渡过难关。

在济南,农民和城市劳动力首先要面对的灾难,并非来自客观的市场力量,而是来自军阀间的争端。在1930年代,统治者先是张宗昌,然后是国民党,因为敌军的出现及其对铁路的控制,以及由于缺乏稳定的省政府而造成的普遍的混乱,贸易被迫中断。在1920年代末,许多农民、城市工人和农村手工艺人,被迫向外地移民,或者重返农村务农以求自给自足。因此,在韩复榘上任以前,政治分裂早已削弱了济南的工业部门、手工生产和商业化农业。[52]

然后在1932年,世界性经济危机的影响开始波及山东。对一些重要的手工艺行业的产品需求完全消失。例如,济南20家缫丝厂全部关闭。根据英国政府的一份贸易报告,

> ……1929—1931年间,当大萧条在其他国家正处于最严重时期时,因为中国银元与金本位货币以及国内物价的上涨相比所出现的贬值,中国正经历贸易的相对繁荣期。从1932年初开始,中国的外贸逐步衰落,国内价格已经回落,并且进入一段严重的通货紧缩时期。[53]

在这种局势下,即使国内得以重现和平,韩复榘政府也无法复苏山东的农业经济。虽然山东的农业经济形势不再混乱,但更大的国内及世界局势——商业化使农民与这些局势联系在一起——却不利于实质性的经济进步。

1930年代中期的物价回落,对济南市民有利,对农村大众则不利。许多政府雇员,包括小官员、教师、文书、士兵和政府帮差,都得益于生活成本的下降,以及在韩复榘财政稳健的稳定政府统治之下收入的保障性。1930年代中期,在济南发展良好的其他经济部门是铁路和其他运输形式,因为胶济铁路和津浦铁路的经营都可以盈利,并且很少因为遭受1920年代那样的灾祸而导致服务中断。省政府也在支持济南经济,其方式为收购电话、电灯公司等公共服务产业,以及投资于新兴的公共服务项目,如公共工程之外的自来水管道和下水道、城墙修缮、道路建设和河道改善。结果,济南这些得到政府支持的经济部门在那一时期蓬勃发展,与1930年代中国国家资本主义增长的总体格局相一致。[54]

济南私营工商业部门的局面并不好,但在有些领域却表现出令人惊奇的改

进。在谈及早期的经济形势时，我们都会集中于银行业和工业，尤其是面粉业。为了解释起作用的经济力量，我将对 1930 年代的这些领域做一简单回顾。此外，棉花贸易揭示了日本势力的增长，我也将对其做一简要描述。

1930 年代的济南工业并不繁荣；然而，1936 年山东官员所做的一份调查表明，中国商人新开办了两家棉纺厂和三家火柴厂。但与此同时，日资在青岛新开办了六家火柴厂，而且在 1930 年代中期，日本人控制了山东火柴市场份额的半壁江山还多。[55]通过在青岛新建大型工厂，日本人几乎也同样强劲地侵入了中国的棉线工业。

在 1925—1930 年世界贸易中断的时期，济南十家面粉厂中有四家关闭。1930 年后，有两家关闭的工厂得以重组和复业，幸存的七家工厂，都比在 1920 年代的时候规模更大且设备更好。重要的是，能够幸存至 1930 年代的工厂，都与"齐"境的贸易区有联系——并因此与济南的本土银行有联系。而"鲁"境的工厂，则缺乏与济南的此种联系，也缺乏能帮助其渡过难关的贷款，且更难于复业。[56]1930 年代，济南有三家新砖厂成立，反映了在城里及其郊区的建设热潮。商埠区里更耐用的建筑都用砖修筑，还有许多因为水灾、饥荒或其他原因丧失生计而被迫来到济南周边村庄的农民，为他们建造住所也需要用砖。[57]

1930 年代，济南的银行业局势经历了一次重大变迁。自从 1920 年代中期张宗昌实行毁灭性的货币政策后，人们再也不完全相信任何种类的中国纸币。即使中央政府的银行所发行的纸币也受到人们怀疑，而且很多山东人转而依赖日本货币。这种情况随着 1931 年日圆贬值而嘎然而止，当时所有以日圆为货币进行大规模投资或在银行有大笔存款的中国人都受到严重打击。许多济南商人都损失惨重。[58]

因为日本的国内问题，1931 年后，许多日本银行在济南和山东不再那么活跃。但有官方背景的大型外贸结算银行，如横滨正金银行或朝鲜银行，在青岛和济南仍然很重要。中国的银行，尤其是与中央政府有关的银行，都受益于日本银行活跃性的下降。中国银行、交通银行、中央银行和中国实业银行，成为 1930 年代在济南的主要中国银行。银行管理层人员开始作为地方领袖出现。

因为这些新近强大起来的银行都以上海为总部，所以这些发展，可被视为济南开始整合进上海经济圈的证据。在 1930 年代，山东与上海之间的联系变得日益强劲和复杂，反映了中国民族经济的日益一体化，以及以两地为发展基地的现代金融和商业机构的重要性。正当上海的银行和贸易界的商人在济南扩展时，山东势力在上海也逐渐强大起来。当时有35 000名山东人生活在上海，成为构成上海居民的18个省籍人士中的第六大人群，这可以作为对山东与上海之间这种联系强度的一个粗略的测算。[59]

然而，济南本地的商业和政治势力，仍然控制着银行业中相当大的比重。1931年，韩复榘政府建立了自己的银行——山东民生银行，作为山东省政府主要的官办银行。与韩复榘在金融领域的其他运作一样，山东民生银行也运转顺利且信誉良好。它控制着济南相当大比重的银行业务，负责处理山东的税款，发行广泛流通的纸币。韩复榘邀请山东商界投资于该银行，但商人们考虑到与以前军阀合作的经验，他们只做了少量投资。[60]

山东商界从新式银行领域退回至所谓的本土银行，或称钱庄。1930年代，经营有52家钱庄，它们熬过了1920年代的难关，当时这场难关令几十家钱庄歇业。这些钱庄中，有超过半数属于章丘钱业界，钱庄中的另一大商帮是潍县帮。少数以山西为总部的钱庄依然存在，但之前提到的山东"鲁"境，则在济南银行业中没有影响力。[61]山东商界未能创办新式银行，而传统的钱庄又走向衰落，这都表明，在1930年代，中国民族资产阶级在济南的重要性下降。这种下降的部分原因，是总体商业环境不佳，另外，韩复榘的传统主义政策，并不重视刺激中国工商业的发展。因此，韩复榘的政府，也成为导致1930年代济南商业资产阶级软弱的一部分原因。

在银行业的另一个产业中，则发生了奇怪的转变。在张宗昌统治山东时期，所有的中国当铺——包括那些百年老当铺——全都倒闭，取而代之的是日本所有和经营的当铺。只有日本人才能利用其法外治权，以保证人们抵押的物品真正安全，这再次表明了，1930年代日本的影响力在济南是多么普遍。这种局势一直继续到韩复榘统治时期，虽然韩复榘的属下致力于重建中国的当铺。[62]

对1937年后济南局势的前瞻性一瞥，揭示了日本银行业的真正实力以及山东商界力量的软弱。从1938年2月，济南进入日据时期，日本人自然要终止南京政府官办银行的经营。此外，52家本地钱庄中，有36家于1938年春节期间永久性关闭。山东本地商界在银行业中遭受的挫败如此彻底，本来在1920年代，他们似乎是山东银行业的主导力量，但在1930年代末，他们几乎全部销声匿迹了。[63]

1930年代，中国的棉花生产量有所增加，但不是因为每亩产量提高，而是因为有更多的土地用于种植棉花。同一时期，手工纱和布的产量下降，而机器生产的棉布产量却在增加。[64] 如果不考虑这些变迁对农民生活的影响这一更广泛的问题，我们可以预言这种局势对济南有两方面的影响。首先，因为棉花产量提高，并用于机器织布，棉花贸易应该会有增长。其次，济南的民族纺纱和纺织工业应该会得到增长。

事实上，济南的棉花贸易确实有所增长。济南出现了新式棉花打包服务，以便包装棉花并转运到青岛，青岛的工厂负责轧棉、纺织等工序。14家大公司控制着原棉贸易，他们组成了棉业公会，如同一个完整的企业一样控制价格。这些工厂负责人在济南商界变得很有影响力。[65]

济南的棉纱和纺织工业同样繁荣。两家新开办的棉纺厂的全部资金背景尚不清楚，但至少可以知道，仁丰纱厂主要由日本人出资。相比之下，青岛的九家大型工厂增加了产能，其中有七家工厂为日本人所有和控制。这些青岛工厂生产的机织棉布，占山东全省总产量的80%多。至于火柴工业，日资早已进入山东，并且进一步扩大了其生产规模，其产品主要面向中国国内市场。中国民族工业虽然能够存活，但很明显不及日资。[66]

对山东棉花工业的简要描述表明，1930年代，济南制造业中心的地位正在让位于青岛。原先由德国人所提出的关于青岛经济职能的构想，开始得以实现，虽然在时间上这有些延迟，而且被日本这种另外的势力所推动。济南与青岛的形势的主要差别在于，日本棉花生产商愿意在青岛投资，而中国民族资本和日资都不太愿意在济南进行这种投资。

1930年代济南经济势力的总体格局，见证了山东商界实力的下降。特别是在1920年代中期以前，济南和"齐"境贸易区的商人的实力一直在增长，但他们在1930年代再也没有真正恢复元气。然而，日本和上海的商业势力，在济南的重要性均有所增加。上海能通过银行业和国内商业联系影响济南，但日本人施加的影响甚至要更大。日本在青岛的大量工业投资，以及日本人支持的贸易及工业在山东的继续扩张，意味着济南正在越来越被拉进日本的经济轨道中。

1927—1937年这十年间，济南缺乏中国民族力量推动实现工业化的强大动力，这标志着济南现代化过程中的关键性失败。为达到当代社会所认定的发展的标准，济南应该继续向西方模式的工业化城市的方向前进。工业发展开始于

1900年后，在一战爆发后的中国民族资本主义的"黄金时期"，工业发展出现了短暂的冲刺。但是这一发展动力并没有持续于整个1920年代中，也没有在1930年代得以重现。我们在这一研究中仔细审视了济南在整个那一时期中的政治经济局势，很清楚，工业化的失败不能归因于任何社会阶级或单一的原因，无论是国外的原因还是国内的原因。相反，它与1930年代的世界经济危机、军阀统治、经济帝国主义的影响，以及中国民族资本家的缺点和弱点都是有关系的。但我们仍然能清楚地确定工业化失败的准确时间点：当1920年代张宗昌破坏性的军阀统治开始时，这种失败的迹象开始出现，在随后韩复榘稳定的军阀统治时期，这种失败的趋势也未能逆转。因此，从1900年开始直到1925年这一时期中，济南探索工业化的过程未能走向成熟，济南也就此错失了实现其工业化潜力的关键时刻。

济南的政治体制结构，与这种工业化的失败过程紧密相关，因为济南的有钱有势者只有更有力地控制了济南的政局，他们才愿意冒险大规模投资于新兴工业。一些投资者试图通过与政府结盟取得对公共事业的垄断专营权来获得这种控制，但是他们都发现，军阀对政治系统紧抓不放。事实上，从辛亥革命后山东商人和士绅阶层的影响力大增的时期，一直到1930年代独断、反工业化的韩复榘统治济南的时期，山东的商人和士绅集团就在不断地丧失政治权力。随着他们政治权力的衰退，按照西方模式实现工业化和城市转型的希望也逐渐破灭。

韩复榘的倒台

1937年末，在济南出现了一种不同寻常的局势。1937年7月北平城外发生卢沟桥事变之后，日军对中国发起全面战争，其中华北战场的日军由北平向南进攻，第二战场则包括上海和长江下游地区。在这场理论上讲中日双方都未曾宣战的战争中，山东并未受到干扰而且相当平静。虽然日本人封锁了中国海岸线，但青岛港依然开放，而且日本陆军在华北战场的作战中并未渡过黄河。

韩复榘向他的正规军做战争动员，并让民兵做好作战准备。他明确表态反对日本侵略，并向新闻界发表讲话说，"即使日军已攻到济南城门口，我也会率领我的部队保卫到底。"（根据英文回译——译者注）与此同时，韩复榘保持着与日军指挥官的正常联系,这是韩复榘与日本人达成的协议的一部分,其目的是使济南和山东大部地区免受战火。在1937年,韩复榘也抱有这样一种野心,即他可能会成为日本人扶持的华北地方政权的首脑。[67]

随后在1937年12月,南京陷落,国民党开始向四川撤退,韩复榘对前进的日军未做任何抵抗就逃离济南。韩复榘设想在日本控制的华北担当更大角色的梦想宣告破灭,而他的撤离,既使济南免受类似南京所遭受的可怕攻击,也使他的10万军队完好无损。虽然蒋介石自己不久前也进行过一次非常类似于韩复榘的战略性撤退,但他却不允许其他人有这种撤退行为,他于1938年1月4日将韩复榘逮捕。军事法庭判决韩复榘未能守卫济南及山东的罪名,并于1938年1月24日将韩复榘处决,此时距离他逃离济南不到一个月时间。[68]

与韩复榘、蒋介石及日本人为控制山东而进行的交易有关的这一长串事件,构成了一段复杂而耐人寻味的政治史。因为我们的关注点是济南,所以我们这里将要关注的,只是与军阀统治对济南的影响这一主题相关的那些部分。

从19世纪末开始,几个负责镇压农民起义的武官,得到了山东巡抚的官职,此后,山东又出现了数名军人统治者,韩复榘是其中最后一位。韩复榘所面对的一系列战略性问题,与他的所有前任所遇到的问题都是一样的。作为巡抚(后称都督、督军、省主席)和军事长官,这些武官们需要牢牢控制住山东的财税收入,需要由可靠的部下任职于官僚系统,需要保证其军队强大、待遇优厚和忠诚。在所有这些方面,韩复榘都做得非常好。

决定一个巡抚(后称都督、督军、省主席)能否在济南生存的另一关键因素,是其与华北主要当权者之间的关系。因此我们讨论了19世纪末的巡抚们,是如何服帖于李鸿章对华北的统治的,袁世凯是如何控制山东直至1916年,以及1916年以后,随着华北政治领导力的稳定性下降,济南是如何经历了严重的问题的。

1930年代,山东的韩复榘,以及山西、河南以及河北的其他军阀,都发现自己在蒋介石的南京政府与日本人两者之间处于两难境地。韩复榘以及与韩复榘地位接近的其他军阀,不可能与蒋介石达成协议,因为蒋介石政府在任何可能的地方,都成功地消灭了军阀割据,并建立起隶属南京统辖的地方政府。[69]而另一方面,日本人则希望让华北地区脱离南京政府的控制,因为他们认为蒋介石和国民党只代表一种地方势力,而永远不是中国的中央政府。

济南的前任巡抚（都督、督军、省主席）们，总是能随着华北权力格局的变化而转投新的靠山。例如，当北京的当权者由安福系转为直系时，田中玉设法保住了其督军的位置。1930 年代，韩复榘同样如此，他使自己迎合在华北势力不断强大的日本人。

我们已经讨论了日本人在经济方面不断强大的势力，它对山东来说意味着日本在山东的商业活动的增多，尤其是作为日本工业投资中心的青岛的迅速发展。在政治方面，1932 年伪满洲国的建立，只是日本军部一系列举动的第一步，它增强了日本在华北的势力。

1933 年 1 月，日本关东军占领与河北省接壤的热河省。在南京，蒋介石被迫与日本人就华北问题达成一项新的协议，并于 1933 年 5 月签订《塘沽协定》，还在北平设立行政院北平政务整理委员会，直接与华北的日本当局交涉，而独立于南京政府控制的常规外交渠道之外。

在当时，《塘沽协定》被广泛视为蒋介石对日本采取绥靖政策的证据。人们认为，蒋介石设立行政院北平政务整理委员会，是希望避免中日之间的直接对抗，避免南京政府被迫公开反对日本侵犯中国主权的行径。但荒谬的是，《塘沽协定》却增强了蒋介石在华北的势力，因为其亲信何应钦（一位国军黄埔系的亲信部下）与黄郛（一位中日事务的调解人）控制了北平政务整理委员会。与此同时，在华北自立一方的将领，如韩复榘或阎锡山，都被委任为顾问，从而受到北平政务整理委员会的约束。

韩复榘早就对蒋介石失去信任，因为南京政府不愿为他提供已经商定好的军费拨款，而且在韩复榘试图将刘珍年赶出鲁东地区时，蒋介石却帮助刘珍年。1933 年，当蒋介石与日本人达成新的安排，并可能会削弱韩复榘的势力时，韩复榘马上去讨好在华北势力日益强大的日本人。

1933 年 4 月，在《塘沽协定》签署前一个月，美国驻济南总领事报告称：

> 一个未经证实的传闻（正在流传），即韩复榘将军与日本驻济南总领事（西田畊一）达成相互谅解，其内容是，万一日本认为有必要占领京津地区及华北的其他领土时，双方同意共同维持山东的和平与秩序。据谣言所传，只要山东的军队对其他地方所发生的战事保持中立，那么日本就不会向山东派兵。[70]

韩复榘自己多次暗示，这种安排是存在的，并且这一传闻一直持续存在。从《塘沽协定》签订一直到1937年他下台，韩复榘多次接受记者和外国外交官的访问。贯穿所有这些声明的主旨，就是韩复榘对蒋介石的不信任。在多个不同场合，韩复榘指责蒋介石的政策朝秦暮楚、不遵守诺言，并且在别人请求援助时态度冷淡傲慢。出于所有这些原因，韩复榘告诉这些到访者，与蒋介石合作无异于政治自杀。[71] 因此，韩复榘自己与日本人所达成的任何安排，似乎都是对蒋介石的指责。

1930年代中期，韩复榘也采取很多措施安抚日本人的情绪，这也可以看作是韩复榘与日本人之间达成协议的一个迹象。这些措施包括，更严格的审查济南的报纸，防止其刊登反日的新闻和社论，禁止学生进行反日示威，在省行政经费中削减驻济南的国民党地方党部的经费，开除包括济南市长和省会警察厅长在内的反日官员。

在卢沟桥事件爆发并引起华北的战事后，济南局势的发展与美国驻济南总领事所报告的协议相一致。虽然从未发现任何书面协议，但在1937年秋，韩复榘自己向美国驻济南领事馆的武官多恩（Frank Dorn）证实，该协议确实存在。[72]

随着日本人在1936年和1937年更加公开地在华北实施其计划，韩复榘希望能保住其在济南的地位，可能的话甚至希望在日本人将要组建的新的华北地方政权中扮演更重要的角色，从而扩大其既有权力。韩复榘的期望似乎没有多少根据，因为日本人想要的是没有多少实权的傀儡，而韩复榘则既有大批军队，又有保守派执政官的名声。韩复榘最有可能扮演的角色，似乎是日本人与蒋介石之间的缓冲器，但考虑到在中国持续高涨的反日情绪，这种角色本身就具有危险性。[73]

1937年末，日军进入山东，国民党党员、青岛市长沈鸿烈，同意破坏青岛的大量日资工厂以及部分港口和公共服务设施，以免它们被日本人利用。[74] 在济南，韩复榘决定与蒋介石共进退，以抵抗日本人，但他没有实行类似的设施破坏措施从而使日本人无法利用这些设施。考虑到他与蒋介石之间的关系的困境，以及他在1937年相当公开的对日政策，很难想象为何韩复榘会认为蒋介石能接受自己作为盟友，事实上，韩复榘确实错误地判断蒋介石能对自己的忤逆行为既往不咎。

在1930年代，韩复榘试图通过倒戈来保住自己的权力，他的这一引人入胜、甚至谜一样的故事表明,中国政治中的军阀统治在本质上具有破坏性。虽然韩复榘的统治在某些方面具有建设性,例如他在山东推行的乡村建设运动和道路建设项目,但只要他或其他任何省主席(督军)所关心的是维持自己的军队,并且与控制华北的省外势力争权夺利,那么该军阀就无法维护山东的地方利益。结果,在1930年代韩复榘统治时期,山东的地方势力未能左右济南的政治秩序——其实除了1911—1913年间的短暂时期,情况一直如此。地方上的重要人士,"齐"境和"鲁"境的代表人物,都会定期来到济南,希望获得对本省事务的发言权,但身居省里最高位的军阀们,基本上都不受这些地方势力的影响。

军阀们时常奉行的政策,确实使得前来济南的那些有钱有势的山东人受益,但这只是维护他们自己根本权力利益时的附带品,并且当这些地方势力处于危急关头时,军阀们往往会抛弃地方利益。像中国其他地方一样,在济南,一方是以中国的若干重要城市为基地而执掌统治大权的军阀,一方是有钱有势的城市居民,两者之间的分歧在1916—1928年间最严重,但韩复榘的例子表明,这种分歧一直延续到南京政府时期。因此,即使是在中国控制的城市中,也存在统治者与被统治者之间根本性的分歧。约开商埠中明显是这种情况,在那里,中国的主权被不平等条约所赋予外国人的特权以及大量的行政和法律条款所限制,使得中国城市资产阶级无法自己管理城市从而为自己的利益服务。在济南这样的非约开商埠城市中,中国的民族政治权力集中,但只要这种城市处于军阀统治之下,就同样会存在这样的矛盾。

小结

在评价国民党统治时期济南的权力和发展时,我们发现最明显的变化是有钱、有地者的影响力急剧下降。这些势力——既包括具有传统士绅学养的人,也包括具有现代背景的工商业资产阶级——都在济南失去权力。在政治上,他们不再拥有省议会作为他们的沟通平台和权力的来源,并且他们也未能重新恢复他们在1925年以前所拥有的影响力,而韩复榘的独裁风格更进一步阻碍了他们的政治抱负。在经济领域,他们也输给了其他势力:有时输给江浙财阀,有时则输给面向中国市场生产与销售产品的日本企业。

第七章 国民党统治济南的十年（1927—1937年）

这十年中，济南的主要掌权者是韩复榘，他在掌权初期局势很不确定的时候，就在为自己确立强势地位这一点上表现出非凡的能力。像1930年代的许多其他中国统治者一样，韩复榘更喜欢成为一个独裁者。在那一时期，中国的政治制度已经背离了民主和代议制政府的方向，而赞赏欧洲法西斯主义的成功、批评民主的软弱，则已成为平常事。与蒋介石一样，韩复榘完全适合那个时代的风潮，因为他们两个人都是军人出身，并且都强调自己正直的道德品质、其独裁的统治态度和反民主的取向。然而，蒋介石在1936—1937年间赢得了国家领导人的地位，而韩复榘则在面对华北即将发生的新战事时，为保住自己的权力而打错了算盘。[75]

韩复榘自立一方，这进一步证明了在1927—1937年间，南京政府的权威是有限的。山东的这种局势，可以追溯到国民党在山东（和整个华北）的力量的薄弱，而这又可进一步追溯至辛亥革命之前的同盟会。这段历史不仅在1927—1937年间困扰着国民党和蒋介石，同时也决定性地影响了随后十年所发生的事件，即共产党在日据时期力量壮大，以及国民党在1945年后未能成功地从日本人手中接管华北。

国民党统治时期的最大受益者是日本人，因为他们在山东的影响力继续扩大。1914年以后，在山东的日本势力从未受到挑战，虽然在1920年代早期在币原喜重郎的政策之下，日本人的渗透步伐有所放缓。田中义一更加野心勃勃的政策，重新激起了中国人的民族主义抵抗，这在1928年后的山东表现得更加明显。但韩复榘拒绝支持大众民族主义政治，并对大多数民族主义示威活动进行打压。在这种局势下，在1930年代，日本势力在山东和济南稳固增长：日资在山东工商业中的地位越来越重要，山东被进一步拉进日本帝国主义的发展轨道中。

然而，日本势力主要集中于青岛而非济南，因此在南京政府统治的十年中，济南现代化的步伐开始落后于青岛。德国人曾希望青岛成为山东的首善之区，在南京政府的政治统治和日本投资的结合之下，日本人在1930年代将这一点变为了现实。

注释：

[1] Nobuya Bamba, Japanese Diplomacy in a Dilemma：New Light on Japan's China Policy, 1924–1929, Vancouver：University of British Columbia Press, 1973.

[2] 参见 Chang Hsu-hsin, "The Kuomintang's Foreign Policy, 1925–1928", Ph.D. diss., University of Wisconsin, 1967。

[3] 参见 John H. Boyle, China and Japan at War, 1937–1945：The Politics of Collaboration, Stanford：Stanford University Press, 1972, pp. 42–82。

[4] H. G. H. Woodhead, comp., China Yearbook 1929–30, Tientsin：Tientsin Times, 1931, pp.727–28；也见 Akira Iriye, After Imperialism：The Search for a New Order in the Far East, 1921–1931, Cambridge：Harvard University Press, 1965), pp.192–205。

[5] Rodney Gilbert, "The Military Situation in Shantung", North China Herald and Supreme Court and Consular Gazette, 28 January 1928, p. 216, and "Northern Prospect for War", North China Herald and Supreme Court and Consular Gazette, 3 March 1928, pp.333–34；Tsinan Political Summary, 1st Quarter 1928, F.O. 228–3824.

[6] North China Herald and Supreme Court and Consular Gazette, 28 April 1928, pp. 132–33, 5 May 1928, pp. 175–78.

[7] North China Herald and Supreme Court and Consular Gazette, 28 January 1928, p. 130.

[8] North China Herald and Supreme Court and Consular Gazette, 21 April 1928, pp. 172–75, 26 May 1928, p. 325；H. G. H. Woodhead, comp., China Yearbook 1929–30, Tientsin：Tientsin Times, 1931, pp. 878–79.

[9] The Tsinanfu Crisis, 北京：出版社不详, 1928年5月，第6—7页。这本小册子是由清华大学的学生编印的，学生们反对日本干涉济南。学生们对日文原文的英文翻译比较粗糙，但毫无疑问，日本人希望胶济铁路免受破坏。

[10] North China Herald and Supreme Court and Consular Gazette, 5 May 1928, pp. 172–75, 26 May 1928, p.325.

[11] 陈训正，"五三事变"，载罗家伦主编，《革命文献》，台北："中央"文物供应社，1957年，第十九辑：总第三五零四至三五三七页；North China Herald and Supreme Court and Consular Gazette, 5, May 1928, pp.175–78, 12 May 1928, pp.213–15。

[12] 中国外交部声明(南京)，黄郛，1928年5月9日，H. G. H. Woodhead, comp., China Yearbook 1929–30, Tientsin：Tientsin Times, 1931, p. 881。

[13] "关于济南事件的西教士日记"，"日本政潮与最近中日外交形式的转变"，载罗家伦主编，《革命文献》第十九辑：总第三五九一至三五九二页，总第三六四一至三六四二页；North China Herald and Supreme Court and Consular Gazette, 5 May 1928, p.175, 26 May 1928, pp.314–15, 17 March 1929, p.342。

[14] "关于济南事变及交涉经过之言论"，载罗家伦主编，《革命文献》，第十九辑：总第三六三九至三六四零页；North China Herald and Supreme Court and Consular Gazette, 12

May 1928, pp.215–17;Tsinan Political Summary,2d Quarter 1928, F.O. 228/3824。

[15] 蒋中正,"誓雪五三国耻",1929年5月3日的演讲,载罗家伦主编,《革命文献》19:第3626—3639页。

[16] Iriye, After Imperialism, pp.201–5,"战地政务委员罗家伦报告在济南事变中之经历",载罗家伦主编,《革命文献》,第十九辑:总第三五九七至三六零九页。

[17] "济南卫戍副司令苏宗辙报告济南事变经过(一)",和"苏宗辙报告济南事变经过(二)",载罗家伦主编,《革命文献》,第十九辑:总第三六一一至三六一九页。

[18] North China Herald and Supreme Court and Consular Gazette,9 February 1929, p. 221,20 April 1929, p. 91.

[19] "惨案纪实",载罗家伦主编,《革命文献》第十九辑:总第三五五五至三五八三页;North China Herald and Supreme Court and Consular Gazette,2 June 1928, p. 360,9 June 1928, p. 410,16 June 1928, p. 456,30 June 1928, p. 546,18 August 1928, p. 272,25 August 1928, p. 310,1 September 1928, p. 360。

[20] "Shantung Pawn of Politics—Land of Famine", China Weekly Review,6 October 1928, pp.190–91.

[21] Sheridan, James, Chinese Warlord:The Career of Feng Yu-hsiang, Stanford:Stanford University Press,1959, p.261.

[22] Henry Handley-Derry, Tsinan Intelligence Rrports, March-September 1930, F.O. 228–4205.

[23] Tien Hung-mao (田弘茂), Government and Politics in Kuomintang China,1927–1937, Stanford:Stanford University Press,1972, pp. 132–33,143.

[24] U. S. National Archives, Record Group 84/Records of Foreign Service Posts of the Department of State, Tsinan Consular Archives, File 800/Political Affairs, Political Reports, October 1932, February 1934, and January 1935.

[25] U. S. National Archives, Record Group 84/Records of Foreign Service Posts of the Department of State, Tsinan Consular Archives, File 800/Political Affairs, Political Reports, June,1933,该档案资料引自《山东民国日报》,1933年6月20日。

[26] North China Herald and Supreme Court and Consular Gazette,15 February 1933, p. 249; Paul H. Whang, "Shantung Medley," China Weekly Review,10 October 1932, p. 187.

[27] Swanberg, Luce and His Empire, p.142.

[28] U. S. National Archives, Record Group 84/Records of Foreign Service Posts of the Department of State, Tsinan Consular Archives, File 800/Political Affairs, Political Reports, December 1930, January 1932, and May 1932.

[29] Tien Hung-mao (田弘茂), Government and Politics in Kuomintang China, Appendix C, Provincial Revenues,1930–36, pp. 189–91.

[30] Lyman P. Van Slyke, "Liang Sou-ming and the Rural Reconstruction Movement," Journal of Asian Studies 17.4, August 1959:457–74;Guy S. Alitto, "Rural Reconstruction during the

Nanking Decade: Confucian Collectivism in Shantung", China Quarterly 66, June 1976: 213–46; U. S. National Archives, Record Group 84/Records of Foreign Service Posts of the Department of State, Tsinan Consular Archives, File 800/Political Affairs, Political Reports, May 1931.

[31] Noel R. Miner, "Chekiang: The Nationalist Efforts at Agrarian Reform and Construction", Ph. D. diss., Stanford University, 1973.

[32] 关于这些建设工程的总结，参见《山东省建设半月刊》第1卷第14期,1936年11月,第159—164页；也见 North China Herald and Supreme Court and Consular Gazette, 13 December 1933, pp. 497–98。

[33] Biographical Sketches of Kuomintang Leaders, Yenan: n. p., 1945 年, p. 104 and China Weekly Review, 25 July 1931, p. 323.

[34] Buck, "Educational Modernization in Tsinan, 1899–1937", Mark Elvin and G. William Skinner, eds., The Chinese City Between Two Worlds, pp. 198–201。

[35] U. S. National Archives, Record Group 84/Records of Foreign Service Posts of the Department of State, Tsinan Consular Archives, File 800/Political Affairs, Political Reports, December 1930, February and November 1931.

[36] R. P. Shaw, Chefoo Political Summaries, 2d and 3d Quarters 1929, F. O. 228/4005; North China Herald and Supreme Court and Consular Gazette, 10 May 1929, p. 260, 25 May 1929, p. 298.

[37] U. S. National Archives, Record Group 84/Records of Foreign Service Posts of the Department of State, Tsinan Consular Archives, File 800/Political Affairs, Political Reports, January and May 1932.

[38] 倪锡英,《济南》,都市地理小丛书,上海：中华书局,1936年,第2页。

[39] North China Herald and Supreme Court and Consular Gazette, 13 December 1933, pp. 497–98；何炳贤主编,《中国实业志·山东省》,上海：实业部国际贸易局,1934年,第七(丁)至十(丁)页。

[40] Keith, "Tsinan, A Chinese City," Canadian Geographical Journal 12.3, March 1936: 153–60；U. S. National Archives, Record Group 84/Records of Foreign Service Posts of the Department of State, Tsinan Consular Archives, File 800/Political Affairs, Political Reports, May 1931.

[41] North China Herald and Supreme Court and Consular Gazette, 28 April 1931, p. 119.

[42] Edgar Snow and S. Y. Hu, "Through China's Holy Land", China Weekly Review, 9 November 1929；U. S. National Archives, Record Group 84/Records of Foreign Service Posts of the Department of State, Tsinan Consular Archives, File 866.16/Automobiles, Report on Automobiles in Tsinan Consular District, 1932.

[43] 《济南市政月刊》第4卷第1期,1931年8月,附录第3—4页；第4卷第2期,1931年11月,"公告",第1—2页,报道,第1—9页。

[44] U. S. National Archives, Record Group 84/Records of Foreign Service Posts of the Depart-

ment of State, Tsinan Consular Archives, File 800/Political Affairs, Political Reports, December 1934 and May 1935.

[45] Corbett, Shantung Christian University, pp. 251 ff.

[46] C. Y. W. Meng, "Tsingtao Still Under Japanese Domination", China Weekly Review, 17 February 1934, p. 448; North China Herald and Supreme Court and Consular Gazette, 13 December 1933, pp. 407–8; 赵琪主编,《青岛特别市公署行政年鉴》,青岛:青岛新文化印刷社,1939年,第10页。

[47] 外务省情报部,《现代中华民国满洲帝国人名鉴》,东京:东亚同文会,1937年,第253页。

[48] U. S. National Archives, Record Group 84/Records of Foreign Service Posts of the Department of State, Tsinan Consular Archives, File 800/Political Affairs, Political Reports, January 1933.

[49] 同上,1933年3月。

[50] 同上,1932年5月。

[51] Myers, Ramon, *The Chinese Peasant Economy: Agricultural Development in Hopei and Shantung, 1890–1949*, Cambridge:Harvard University Press,1970, pp. 187–94.

[52] 何炳贤主编,《中国实业志·山东省》,上海:实业部国际贸易局,1934年,第十九(丁)至二十(丁)页;《时事月报》第4卷第2期,1931年2月,第58页,第4卷第6期,1931年6月,第226页。

[53] Great Britain, Department of Overseas Trade, Trade and Economic Conditions in China, 1933–1935, London:His Majesty's Stationery Office, 1935, p. 75.

[54] 山东省建设厅厅长张鸿烈的演讲,对省政府的经济举措做了极好的总结,载《山东省建设半月刊》第1卷第14期,1936年11月:第154—164页;第2卷第3期,1937年2月:第1—9页;第2卷第4期,1937年2月:第12—14页。关于胶济铁路和津浦铁路的事务,参见 China Yearbook 对1930年代的历年年度总结。

[55]《山东省建设半月刊》,第1卷第2期,1936年5月:第175—177页。

[56] 何炳贤主编,《中国实业志·山东省》,上海:实业部国际贸易局,1934年,4:第四三五(丁)至四三六(丁)页。

[57]《山东省建设半月刊》,第1卷第2期,1936年5月:第175—177页。

[58] "济南の金融事情",载《北支那农业调查资料》,大连:满铁调查部,1937年,第493—524页。调查工作于1937年4月在济南进行。

[59]《时事月报》,第4卷第3期,1931年3月:第88页。

[60] China Annual, 1944, Shanghai:Commercial Press (上海:商务印书馆),1944,286–87.

[61] 松崎雄二郎,《北支经济开发论》,东京:钻石社,1940年,第581—582页。

[62] 李德(音译),"从取缔外商当店谈到救济贫民",《济南市政月刊》,第4卷第2期,1931年11月,文章,第1—23页。

[63] 松崎雄二郎,《北支经济开发论》,东京:钻石社,1940年,第581—582页。

[64] Richard A. Kraus, "Cotton and Cotton Goods in China, 1918–1936: The Impact of Modernization on the Traditional Sector", Ph.D. diss., Harvard University, 1968. 作者 Kraus 对 20 世纪早期的棉花供应和使用这一复杂问题做了极好的剖析。

[65] 华北综合调查研究所主编,《济南织布业调查报告书》,北京：华北综合调查研究所,1945年。该调查工作于 1943 年在济南进行。

[66] 关于青岛的局势,参见真锅五郎,《北支地方都市概观》,大阪：亚细亚出版协会,1940年,第 48—65 页,和 H. G. H. Woodhead, comp., China Yearbook 1939, Tientsin：Tientsin Times, pp. 109–12。

[67] China Weekly Review, 25 September 1937, p. 35, 2 October 1937, p. 76.

[68] Boorman, ed., Biographical Dictionary of Republican China 2：51–54；Frank A. Dorn, The Sino-Japanese War, 1937–1941, New York：Macmillan, 1974, pp. 144–45。

[69] Lloyd Eastman, The Abortive Revolution：China Under Nationalist Rule, Cambridge：Harvard University Press, 1974, p. 85.

[70] U. S. National Archives, Record Group 84/Records of Foreign Service Posts of the Department of State, Tsinan Consular Archives, File 800/Political Affairs, Political Reports, May 1933.

[71] U. S. National Archives, Record Group 84/Records of Foreign Service Posts of the Department of State, Tsinan Consular Archives, File 800, Correspondence 1936, Dispatches of Horace H. Smith at Tsinan, 15 January 1936 and 4 April 1936；North China Herald and Supreme Court and Consular Gazette, 6 October 1937, p. 2.

[72] Dorn, Frank A., The Sino-Japanese War, 1937–1941, New York：Macmillan, 1974, pp. 80–85.

[73] U. S. National Archives, Record Group 84/Records of Foreign Service Posts of the Department of State, Tsinan Consular Archives, File 800, Dispatch of H. T. Chen at Tsinan, 15 December 1937；Dorn, The Sino-Japanese War, 1937–1941, p.84；Boyle, China and Japan at War, pp. 119–22, 243–49.

[74] Eastman, The Abortive Revolution, pp. 140–58；China Weekly Review, 25 December 1937, p. 98；Dorn, The Sino-Japanese War, 1937–1941, pp. 136–44。

[75] 在很大程度上,韩复榘在山东的角色,与 Eastman 对蒋介石的评价具有可比性；参见 The Abortive Revolution, pp. 278–82。

第八章
战争时期的济南
（1938—1948 年）

1937 年 12 月韩复榘撤离济南之后，济南就丧失了其作为山东省的中国民族政治权力中心的重要性。日本人控制了济南，正如他们控制青岛和山东的其他重要城市一样，日本人还控制了铁路。然而由于以农村为根据地的游击战的存在，日本人从未能将其势力由城市和铁路扩展至华北的农村腹地。蒋介石的国民党政权，对支持山东的抗日武装缺乏兴趣，直到 1938 年末，当共产党开始在山东组织抗日武装时，国民党才对支持抗日武装产生了兴趣。随后，中国共产党与国民党开始争夺对山东的抗日运动的控制权。中国共产党在这场争夺中胜出，并在很大程度上主导了抗日运动，尤其是在 1944 年和 1945 年。[1] 依托位于山东广袤山区的边区政府，中国共产党领导的抗日运动，极大地限制了日本的控制范围。像在华北其他地区一样，抗日时局对山东的影响是造成了各方对政治和经济权力的分割，而日本人的统治仅限于铁路、城市及其直接毗邻的农村地区。

济南的经济、政治和文化都被外国势力所主导，而且农村腹地的武装抵抗不断发展，济南在现代化进程中没有任何实质进展。本章将概述日据时期的基本情况，以及在 1945 年后，国民党是如何试图在济南建立政权的。

1938—1945 年间日本人对济南的统治

自从日本人在 1930 年代早期开始梦想华北实现独立或半自治的时候，他们就已经讨论了用于实现这一梦想的各种计划。大多数人都设想，日本、满洲与华北之间进行某种形式的紧密的经济合作，华北提供农产品和工业原材料，并接受日本的投资或产品输入。具体的方案各异，但基本上有两种不同计划——军事计划和民间计划。[2] 在朝鲜和满洲开发的经济利益问题上，日本军界和民间之间长期存在分歧，这种分歧又扩大到了华北，主要争议点在于对经济发展的控制权。1938年，日军已经深入华北，真正的争议不复存在，日本关于华北的军事计划占据了上风。

然而值得注意的是，不论是民间计划还是军事计划，都期待从政府统治无力的中国国土中，分割出一个自治并由日本人控制的新华北，包括山东、河北、河南、山西，以及热河和绥远的部分地区。日本人的期望建立在下面这样一些事实之上：国民党未能在华北建立有效的政治控制，华北与国民中央政府的经济整合依然不到位。

1937年末，日本北支那方面军奉行将中国分而治之的政策，在北平建立"中华民国临时政府"，以协调华北在政治经济上的发展动向。北支那方面军特务机关长喜多诚一，控制着该临时政府。实际上，喜多诚一是负责统领驻华北日军民政事务的官员，在他的管理下，王克敏担任临时政府行政委员会委员长。[3] 这种位于国家之下、省之上的新的中央政治权威层级的出现，清楚地表明，像济南这样的省会城市不再被看作是国家层级之下的主要政治权力中心。

韩复榘撤退后，日军抵达济南，日本人已经准备好，让济南乃至整个山东省都成为华北地方政府管辖的一部分。虽然济南避免了南京的命运，但日本人对济南的接管也并非是兵不血刃的。在济南城内及周围的四天战斗中，日本人报告伤亡120人，撤退的中国军队摧毁了济南多座建筑，其中包括日本领事馆、一所日本医院、多所日本学校以及韩复榘办公的山东省府大院。在济南，与日本有关的商业设施都未遭受到类似在青岛被破坏的噩运，而在青岛，12月8日，七家日本人开办的棉纺厂均被摧毁。[4]

同华北其他地区一样，日军一抵达济南就建立了"济南治安维持会"，任何愿为日本人卖命的当地知名人物都可在维持会担任要职。日本人在济南发现，一些商人在韩复榘撤离后继续留在济南做生意。维持会只是暂时的，1938年3月，喜多诚一的北支那方面军特务机关，组建了以马良为省长的山东省公署。马良为安福系旧部，五四运动后就不再活跃于政界。1919年，他镇压爱国学生运动的高压手段，让他丢掉了济南镇守使的官职。自那之后，马良一直住在青岛，并参与大量亲日的政治经济活动。在日本人扶植的华北傀儡政权所收编的人当中，马良是那种典型的对于中国人来说不受欢迎且无法信任的人。马良受日本前任驻济南总领事西田畊一（1927—1936年任职）的领导，而西田畊一则担任山东省公署的日方特别顾问。[5]

韩复榘时代，山东省税收收入为3000万元，而1939—1940年，税收下降

图6 此航拍图所展现的是济南城的西南部分。两道突出的城墙和护城河都非常清晰。右上角的大片开敞地块是山东省公署。从图中仍然可以观察到，1928年济南事件中日本人炮轰济南后，济南的主要大街被拓宽，一些城门被拆除。位于左上角的区域原先并不属于商埠区，但在1940年代，这里已经全部成为城市建成区。齐鲁大学的校址位于照片下方的圩子城墙外。齐鲁大学左边新开发的规则区域，可能是一个军营（实际是济南南商埠，又称为南郊新市区，日据时期完成规划建设，范围是齐鲁大学以西、四里山以北、岔路街以东、经七路以南，总面积约一公顷——译者注）。（航拍图摄于1945年3月23日，非机密；美国国防部国防情报局。）

到900万元。这一情况确实反映了山东傀儡政府管辖范围的有限性：山东省的税收收入中通常有三分之二来自土地，但这一时期，土地并不在省政府的控制之下。1939—1940年山东省的预算数字显示收入大于支出，但如果没有日本的补贴，情况将不会是这样。[6]

在华北地方政府的管理下，济南的经济越来越依附于日本，并且被更加紧紧地整合进华北区域经济之中。1939年12月，日本人组建的"北支那开发株式会社"接管了济南电气股份有限公司。韩复榘之前建立的省官办银行山东民生银行，

图7　此航拍图的中间偏左部分是济南外城的东北角。在大明湖上方、沿北城墙，可以清晰地看到地势低洼的潮湿的沼泽地。穿越图片上方的是胶济铁路的主线，另有支线呈曲线形延伸到黄台。图片中心的土地地势较高且干燥，人烟稀少。右手边的大村落是洪家楼的一部分，可以清楚地看到天主教济南教区主教座堂的一些大型建筑。（航空照片，1945年3月23日，非机密；美国国防部国防情报局。）

被日本设立的"中国联合准备银行"济南分行所取代。联合准备银行是一个地区机构，总部设于北平，1938年，它以面值40%的比例兑换山东民生银行发行的纸币。鲁丰纱厂也于1939年被日本的东洋棉纺织株式会社接管。[7]

济南这三大商业机构的重组显示，1937年以后中国官僚资本主义完全瓦解。在1911年以后，这些官僚资本一直是济南大规模工业革新的主要支持者，无论在私营部门还是公共部门。这些官僚资本企业中，大多数都在1930年代遭遇到困境——无论是济南电气股份有限公司还是鲁丰纱厂，都在1930年代中期被山东省建设厅接管——但现在控制权都落入日本人手中。济南的许多传统钱庄倒闭，这表明济南的商界领袖同样丧失了权力。因此1938年后，日本经济势力日益取代了济南的官僚资本和民族资本。

此时，许多日本商业投机家来到华北，从事各种小规模商业活动，有出口、餐饮还有贩毒。这些新来者发现，在济南早已有一个日本社群，有自己的商会、报纸、学校、医院和银行。同时还有数千人的日本军队驻扎在济南。

1940年后，随着华北战事的僵持，日本人开始对将华北与日本和满洲在经济上实现一体化的梦想感到绝望。首先，他们需要镇压武装抵抗运动，这些抵抗粉碎了他们所有的经济计划。其次，随着战争蔓延到整个东亚地区，他们发现自己战线过长，因此他们的梦想所赖以实现的资金流和贸易流都难以维持。

山东分裂为日本控制区和游击队控制区两个经济区，而游击队控制区在很大程度上是自给自足的农村区域，这一局势对济南而言并不完全是破坏性的。日本人控制的农村地区，早已高度的商业化，因为这些地区距离城市和铁路如此之近。它们为济南提供足够的粮食、其他食品，还有棉花，以维持城市生活，但这些都是限量供应。在济南没有扩大工业或增加贸易的可能性。[8]

相反，在旷日持久的战争中，贸易水平下降，济南较大型的现代工厂倒闭。取而代之的是小生产商，他们雇佣血汗劳工工作，只有一两台现代纺织设备。济南缺乏与其腹地的联系，并且缺乏稳定的出口市场，所以济南的经济日益萎缩。[9]

随着工商业的衰退，济南遭受了当时肆虐于中国的战时通货膨胀。到1942年，济南的商品批发价格已经涨到1936年的五倍。然而通货膨胀真正严重的时候是在1944年，当时商品批发价格已经涨到1936年的20倍还多。通货膨胀如此严重，进一步限制了商业发展，并且在总体上使得具有建设性的经济活动无法在济南进行。[10]

日本人在济南迅速取得了对教育的控制权，并强力推行他们自己的课程，其中包括日语课程。小学教育得以维持，但是由于受过教育的中国人出于反日的原因而躲避起来，中学教职人员的配备出现真正的困难。日本人也设置了自己的政治机构"新民会"，由身为中国人的济南市长朱桂山担任新民会济南市总会委员长，该组织既攻击国民党也攻击共产党。由于1937年以前，这两个党在济南的基础薄弱，而且孙中山的三民主义在山东当地少有人支持，所以日本人对国共两党的攻击在济南得到些许的接纳。然而，日本人明显的侵犯中国主权，而且让中国永久臣服于日本这一计划是如此令中国人厌恶，以至于济南对国民党和共产党的反感，并没有被新民会利用而转化为对日本帝国主义的支持。[11]

在日本人控制下，济南的人口增加到57.5万人。大多数新来济南的居民，都是来自山东省内战区的难民。日本平民人口达2万多人，并且在战时，在济南或其毗邻地区，至少有同样多人数的日军驻扎于此。由于害怕济南遭受袭击，日军用带刺铁丝网，将没有防御工事保护的商埠区以及旧城及其郊区都圈起来。人们只能在两个检查点进城，检查点开放时间是上午8:00至下午6:00。1890—1937年间，济南曾经是山东的经济和政治中心，然而在1938—1945年间，济南已不再是这种中心，而只是一座被围困的城市。[12]

1945—1948年间国民党统治的济南

1945年8月日本投降时，据估计，共产党在山东约有85 000人的军队，由陈毅指挥。从1944年开始，陈毅将军控制了鲁中、鲁南地区以及河南、江苏和安徽的部分地区。在彻底击败河南的国民党军队后，共产党军队迅速壮大，有效地控制了河南及山东农村的大片地区。[13]

日军投降后的最初几周内，东北和华北的共产党军队，似乎有能力占领许多日军控制的城市。为先发制人，蒋介石成功地争取到美国的援助，帮助他将军队运送至长江以北的大城市。此外，根据蒋介石与日本人达成的协议，在国民党军队抵达之前，日军继续维持基本的城市管理。在济南，有人害怕归来的国民党将军们，会对那些一直待在济南并与日本人合作的中国人实施报复。然而，除少数例子之外，国民党将领们都未理会过去，而是专注于眼前任务，即阻止共产党接受济南。[14]

最初国民党军队是被空运到济南的,他们降落于日本人维护的两个大型机场。当美国海军陆战队进驻青岛,并将青岛作为美军在华北的主要港口和军事基地时,国民党在山东的地位得到显著改善。1945 年 12 月,国民党第八军在青岛登陆,国民党因而增强了其在山东的军力,并且由陆路为济南的驻军增兵。这些军事调动使陈毅无法对青岛和济南这两个城市发动攻势,但这并没有涉及农村地区的问题。例如,青岛与济南之间的铁路服务无法重新开放。[15]

王耀武,泰安人,黄埔军校毕业生,他被任命为驻济南的国民党第二绥靖区(山东)司令长官。他只有 40 岁,作为将领来说年纪相对较轻,但他却拥有出色的战地指挥官的声誉。抗日战争期间,他在河南指挥了一系列战斗,在军中稳步晋升。他于 1946 年 1 月抵达济南,以接替在济南接受日军投降的官员,并且迅速调集在河南由他指挥的两个师进驻山东,从而加强了自己的指挥权。王耀武一直在济南担任绥靖区司令长官,后来兼任山东省政府主席,直至 1948 年 9 月末共产党攻占济南。[16]

何思源,自从 1930 年代起担任山东省教育厅长,1937 年离开济南,随国民政府驻重庆八年,起先在流亡在外的山东省政府中担任民政厅长,接着从 1944 年开始担任山东省政府主席。他在济南口碑良好,而且是一名忠诚的国民党党员。显然,何思源与王耀武相处得并不好,并被频繁调任到其他职位①。王耀武随后兼任山东省政府主席,由此显然成为济南的军政一把手。[17]

济南的局势似乎已经以某种方式回归正常。外国传教士返回济南,重新经营其教堂、学校和医院。济南再次成为省会城市,这里有中国政府任命的省主席,还选举产生了新的山东省临时参议会,这在过去超过 25 年的历史中尚属首次。鉴于政府的总体状态,有资格参加选举的选民相当有限,但这一选举,却是重建代议制政体的一次尝试。

王耀武的政府负责山东全省,但他实际上只能管理国民党实际控制的那些地区。省政府中的高官大多是军人,许多都是山东人,而且以前曾经追随过王耀武。王耀武统治时期的官方行政记录显示,济南这个庞大的官僚机构,不断接到

---

① 何思源最初于 1946 年到济南担任山东省政府主席一职,但 1946 年 11 月,他被调任为北平市市长,他一直供职于北平,直到 1949 年 1 月针对他的暗杀行动发生。

南京没完没了的指令，内容包罗万象，从工会规章，到渤海湾渔场的界限。山东的官僚部门，总是要以适当的书面回复，来回应这些要求采取行动的书面指令，而这则只不过是掩饰了该政府的低效和管理不力。[18]

济南的城市管理由市长王崇五负责，他也是山东人。像早期一样，济南的警察部门不同寻常地承担着非常多的民政管理职能。警察部门的责任之一，是防止共产党对济南的渗透，而且在那一时期，济南的生活中的总体基调就是反共。相比于1930年代，这一时期对报纸的控制更加严格。王崇五的市政府，确实使公共服务产业恢复了运营，并修建道路和桥梁，以及执行维持城市正常生活所必需的其他内务管理职能。像几个世纪以来所做的那样，1946年2月，传统的施粥厂开放，以救济涌进城的贫困农民，这些贫困者在冬天的后半段就会断炊。[19]

然而，此时的局势并不同于1920年代或1930年代，因为此时的国民党政府像之前的日本人一样，与山东的大部分农村地区失去了联系。济南与其腹地之间的鸿沟现在被扩大为内战，在内战中，共产党的军事力量不断壮大，而且统治山东农村的能力不断增强。日本投降后三年，共产党觉得他们在华北农村的统治已经强大到足以建立自己的正规政府，虽然他们还没有控制济南这样的所有大城市。1948年8月，华北临时人民代表大会召开，并建立新的华北人民政府，自1948年9月1日起开始工作。[20]

王耀武在济南的管理具有独特的军事基调，改善防御工事成为其首要工作。虽然王耀武被看作是比较具有进取性的国民党将领，但他的计划，却要求在济南进行静态防御以抵抗共产党。王耀武在济南周围建起碉堡，并加强了之前日军建成的铁丝网防御工事，以此串联起这些防御据点。既然济南是依赖空运来运输军火及其他关键物资，该防御计划也就依赖于两个飞机场。为了保护飞机场，王耀武的军队不得不埋伏于济南的南部山区，因为在这些山上可以居高临下俯视济南。[21]

在王耀武统治时期，济南的生活条件并没有得到改善：食品和燃料仍须限量供应，贸易和商业仍然几乎陷于停顿。济南也遭受了灾难性的通货膨胀，在国民党的战后统治期间，这种通货膨胀蔓延于中国各地。中国当局对复苏济南的经济无能为力，其主要原因是，当局无法恢复济南与天津、青岛和长江下游地区的铁路联系。1945—1948年间，共产党军队使胶济铁路一直处于封锁状态，并且在1947年中，一度有美国侦察飞行员报告称，在青岛与济南之间，大多数铁路桥和半数的铁轨都已经被破坏。津浦铁路的情况稍微好些,浦口—徐州段至少保持通车至 1948 年。然而徐州—济南这一路段,却从 1946 年起通常都处于封锁状态。在济南以北,共产党军队控制了德州,使得济南与天津恢复铁路联系的日子变得遥遥无期。[22]

为消灭陈毅的军队并打通与济南的陆路联系,1947 年,国民党军队在华北发动了两次独立的攻势。第一次进攻由徐州发起,并试图沿津浦线向北行进,经过兖州与王耀武在泰安的军队会合。进攻开始时势头良好,但由于刘伯承大胆指挥,进逼国民党在徐州的军事基地,国民党在尚未取得津浦铁路之前就被迫结束攻势。第二次攻势是对烟台的一次水陆两栖进攻,目标是打通一条贯通山东半岛的运输通道,并扫清"齐"境平原地区,为国民党潍县守军解围,继而为济南守军解围。这第二次攻势结果是一次更大的挫败,因为国民党遭遇了共产党指挥官粟裕将军所率部队的重创,损失惨重。[23]

每一个星期过去,王耀武都发现自己被更紧地围困起来,这一局面,让他回想起 1937 年的韩复榘。这二人都被认为是精力充沛、有才能的军官,而且他们都曾承诺,即使面对志在必得之劲敌,也会不惜一切代价守卫济南。不论是王耀武还是韩复榘,都越来越对蒋介石和南京政府不抱幻想。像韩复榘一样,王耀武也抱怨,蒋介石拒绝向他提供必需的人员和物资,让他能够在自己的辖区取得军事胜利。在此情况下,这两个人都转而求助于在山东最有影响力的外国势力:对韩复榘而言,那将意味着与日本人打交道;而王耀武则开始研究,能否获得美国的直接援助。

1948 年 5 月,王耀武与美国驻青岛总领事罗伯特·斯特朗(Robert C. Strong)进行商讨,当时斯特朗正在济南访问。正式会晤结束后,王耀武派亲信徐经友(音译)向斯特朗提交一份守卫济南的计划。徐经友首先转达了王耀武对蒋介石的不信任,以及王耀武关于南京政府已经腐败不堪并将垮台的结论,然后概述了王耀武为山东制订的计划——一个以善治政府、强大民兵和健康经济为基础的稳定的、安全的反共政权。徐经友还表示,王耀武不会与任何可能与共产党妥协的第三党派有瓜葛①。有鉴于此,如果美国能为王耀武提供直接的军事援助,王耀武就能阻止济南落入共产党手中。[24]

---

① 此处指中国国民党革命委员会和中国民主同盟,他们与共产党达成某种和解,并组建联合政府。

虽然美国驻华大使司徒雷登支持这一计划，但它却从未得以实现，因为1948年春，山东的共产党军队已经攻占潍县，从美国控制的安全的青岛基地为济南做补给的陆上走廊，由此被切断。接着，1948年7月，陈毅的部队攻占了鲁南的主要驻防城市兖州，且未遭遇激烈抵抗。在齐鲁大学授课的美国传教士已经开始撤离。斯特朗表达了这样的感觉："成功守住济南的前景相当黯淡。"[25]

就在此时，王耀武的8万大军和575 000人的济南平民，都被共产党军队完全包围，而王耀武继续其静态防御态势，依靠民用航空运输和国军空军的飞机运送补给品。兖州失守后近两月内，山东的局势一直保持平静，但随后，粟裕率领的共产党军队对济南发动了正面进攻。

八天的战斗中的一大内容，是王耀武的部队大规模倒戈。战斗初期共产党就占领了济南南部山区，迫使济南机场关闭。吴化文，国民党将领，自1937年后就在山东和华北任职，此时他正指挥第84师，负责防守济南的西南防线。战斗一开始，吴化文及其所率部队的大部——济南守军中规模最大的整编部队——就向共产党投诚，到9月24日，共产党军队已攻入旧城之内，并俘获王耀武，从而结束了国民党在济南和山东的统治。[26]吴化文凭借其与日本人、国民党及共产党将领的周旋能力，避免与他们开战，从而得以在多年的抗日战争中保存实力；因此，他这次再次决定避免与共产党开战，并不让人奇怪。

国民党控制的报刊大肆渲染说，国民党战败的原因是吴化文投敌，但美国驻青岛总领事威廉·特纳（William Turner），对这一局势却有不同见解：

> 吴化文的倒戈，只是总体现象的一个表现。他的叛变本身，并不是战败的原因……济南迅速失守，其主要原因是心理上的，而非物质或军事上的。国民党守军已经被围困了两个月，没有任何获得地面援助的可能性。济南守军和人民都知道，国民党军队曾经有过不战而败的情况。鉴于国民党的失败记录，共产党的胜利是不可避免的……山东的国民党士兵和人民，一般都不再认为国民政府值得让自己在内战中继续支持，以导致生灵涂炭、经济混乱。[27]

该报告以这种不连贯的电报式风格，继续描述王耀武的军队如何由河南起家，如何对防守一个陌生的城市（指济南——译者注）不感兴趣。此外，在共产党军队发动攻势时，防守计划仅仅是龟缩在旧城内。一旦退入旧城，在共产党的火炮和迫击炮的攻击下，守军是如此无助，尽管他们有足够的粮食和弹药。国军空军的战机在济南周围轰炸和扫射，但没有地面的配合，空军对守军来说也没有实质性的帮助。

在进入济南之前，粟裕的部队公布了《约法七章》，声明攻城部队将会：

一，本军保护城市各阶层人民生命财产……

二，本军保护民族工商业及私人资本……

三，凡属蒋匪公营工厂、企业、银行、公司、仓库、货栈等，均须听候调查，分别处理。如确系官僚资本者，应由民主政府接收……

四，凡自来水、电灯、电话、邮电、铁路、汽车、大中小学、民教馆、图书馆、文物、古迹等管理机关，医院、教堂、慈善等机关及娱乐体育场所等，所有局长、经理、厅长、职员、技师、工人、校长、教长、教职员、学生、馆长、主教、牧师等，本军一律保护，不加侵犯……

五，凡国民党省、市、县各级政府机关官员和警察及区、乡、镇、保长等人员，如不积极抵抗者，本军一律不加俘虏逮捕……

六，各国领事馆及其人员与一切外侨及其财产，凡遵守民主政府法令，不作敌探与隐匿战犯及任何破坏者，一律保护。

七，……城内一切市民及各界人士，均须共同负责，维持全城秩序，免遭破坏，凡保护有功者奖，阴谋破坏者罚。[28]

济南被攻占后的第一批报告指出，共产党军队很好地兑现了他们的承诺，并获得了济南市民的支持。据报道，美国传教士受到良好待遇，并被督促继续从事其医务、教育和宗教工作。吴化文在济南被认为是英雄，而不是叛徒，因为济南市民已经对国民党的腐败和无度统治不抱任何幻想。由于共产党的攻城和国民党的空袭，济南城约有三分之一遭到毁坏，但七家大型面粉厂只有两家被摧毁。电力和供水服务迅速恢复，公共交通正常运营，物价迅速稳定。[29]济南开启了一个新的时代，正如中国大部分地方都将要开始的变化那样。

战争时期对济南的影响

很清楚，济南从未恢复其1937年之前在政治经济上的主导地位。由于日本侵华和继而发生的抗日战争，济南不再是山东的政治权力中心。此外，济南的经济在1925年以后就丧失了现代化的动力，在抗日战争的最后阶段，济南与其农村腹地的联系被切断，贸易缩减，通货膨胀局面失控，济南的经济由此遭受严重摧残。即使抗日战争结束，也未给济南带来任何改善，因为1945年归来的国民党，几乎和1928年一样没有为统治济南做好准备。实际上，国民党这次的准备更不充分，因为它必须要对付农村地区的武装反抗力量。国民党再次依赖一位山东籍的军事长官，但王耀武缺乏韩复榘的气派和雄心，更重要的是，他面对的是共产党这一灵巧而顽强的国内敌手。在王耀武的统治下，济南只是作为国民党权力的前哨站蹒跚前行，而从未再次成为山东的经济和政治权力的中心。

在第一章，我们考查了毛泽东的观点，毛泽东认为，城市是帝国主义和反动封建主义的堡垒，他们阻碍了中国的进步。毛泽东并未准确指明这一概括所适用的特定时期，但通常别人对他的观点的解读是，他认为，整个约开商埠时代（1842—1949年），都见证了这种城市的存在。在济南历史上可以清楚地看到，外国人和外国势力在济南立足，同时中国的传统士绅和新式商人群体，也都聚集于济南。然而不那么明显的是，所发生的这些变迁，有碍于或阻止了中国社会以一种现代形式进行发展。济南的记录表明，虽然采取西方形式的"发展"并不成功，但如果说济南的那些变迁阻碍了进步，同样有失公当。毋宁说它是一段意图发展但被阻止的历史。

只有在1937年，在日本人对济南的长期军事占领和统治下，济南与其农村腹地之间的断裂，才变得既不可逆转，又是真正意义上的反动。因而，在1937—1949年这段时期，济南确实符合毛泽东对约开商埠时代城市角色的概括。这种关于抗日战争的影响的判断，与马若孟在其对山东和直隶农业发展的研究中所得出的结论相似。马若孟坚持认为，1938年前，农村的生活水平没有严重恶化，土地分配不平等并没有急剧增加，并且山东农民没有被不公平的信贷安排所奴役。然而，他确实看到在1938年以后情况在严重恶化。首先，1890年代以来，农业生产的商业化水平一直在增长，但在抗日战争的冲击下，这种趋势被彻底逆转。其次，中国内战，更进一步为变迁中的河北及山东农业经济增加了负担，导致了让成千上万的华北农民破产和赤贫的经济崩溃。[30]

这些发展趋势的逆转，也都对济南有影响。济南的经济已被导向大规模扩张的国内贸易、出口加工及针对山东本省消费的某些轻工业生产。但在1937年后，没有足够的农民和城市居民，没有足够的货币收入，可以继续维持济南之前的贸易和工业水平。1943年后的情况尤其是这样，当时日本人不再对华北主要驻防城市的居民进行补贴，济南市民被迫依靠有限的经济活动的收入或者积蓄来维持生活。

1925—1937年间，济南经济现代化的关键动力被打断，而且再未完全重建起来，而济南这些灾难性的经济状况，正是出现在这一时期之后。因此在济南这一案例中，马若孟关于战争时期的决定性作用的结论，必须进行一定的修改。在济南，战争时期的经济收缩，只是增添了一份肯定的最终判定，即在这一局势中，经济发展的经典模式将不可能继续维持。

无论是在政治上还是在经济上，1937年后的济南，都不能说在现代化的进程中取得过任何实质性的进展。在我们关心的第三个领域文化现代化中，济南则没有遭遇如此多的打击，因为在教育、娱乐、公共信息、公共服务和医疗卫生领域中，所有现代的文化形式都在继续运行，即使它们都在日本的直接控制之下。在对1930年代的济南进行讨论时，我们已经看到，很多有思想的中国人都在担心城乡文化差距扩大，而这是济南文化现代化所造成的不可避免的结果。在国内和平时期强势领导人主政时，他们开展了一个重建城乡间文化联系的计划。1937年后，政治和经济局势都不再允许实施这些计划，而城乡间的既有联系也更加薄弱。

1945年日本投降，但这并没有为济南城市生活的基本力量带来任何实质性的变化。政治权力重新回到军人手中，经济依然停滞。济南的文化继续沿着外国和资产阶级影响的路线发展，这种趋势在1900年以来一直稳步进行。共产党进入济南，对于那些不是坚定地服从共产党意识形态控制的敌军，共产党是他们的敌人，对于过去60年中济南所发生的经济和文化变迁，共产党同样也是它们的反对者（此处为作者一家之言。——译者注）。

注释:

[1] Wang Yu-chuan, "Organization of a Typical Guerrilla Area in Southern Shantung", an appendix to Evans F. Carlson, The Chinese Army, Its Organization and Military Efficiency, New York: Institute of Pacific Relations, 1940; Chalmers Johnson, Peasant Nationalism and Communist Power: The Emergence of Revolutionary China, 1937–1945, Stanford: Stanford University Press, 1962, pp.109–13;《抗日战争时期解放区概况》, 北京: 人民出版社, 1953年, 第78—93页; Laurance Tipton, Chinese Escapade, London: Macmillan, pp.87–247。

[2] 各位日本发言人所设想的计划有所差异, 日本驻华大使川越茂的声明即为一例, 参见 U.S. National Archives, Record Group 84/Records of Foreign Service Posts of the Department of State, Tsinan Consular Archives, File 800/Political Affairs, Political Reports, August 1936。川越茂的策略, 对于迎合日本军方的日本资本家非常有利, 其策略强调, 要维持历史悠久的儒家美德, 也要有利于日本总体军力的提高, 参见1935年11月《济南日报》的文章, 该文章收录于 U.S. National Archives, Record Group 84/Records of Foreign Service Posts of the Department of State, Tsinan Consular Archives, File 800, Dispatches of 19 and 27 November 1935。

[3] Boyle, John H., *China and Japan at War, 1937–1945: The Politics of Collaboration*, Stanford: Stanford University Press, 1972, pp.83–107; George E. Taylor, *The Struggle For North China*, New York: Institute for Pacific Relations, 1940, pp.17–34。

[4] China Weekly Review, 27 December 1937, p.134, 22 January 1938, p.215。

[5] "China's Sacred Province Like Gaul of Old Divided into Three Parts", China Weekly Review, 8 July 1939, pp.54–55; 山东师范学院历史系, "抗日战争时期山东人民的反帝斗争",《山东省志资料》, 1959年第一期: 第12—27页。

[6] China Weekly Review, 8 July 1939, pp.54–55。

[7] 同上; China Annual, 1944, pp.286–87, 948; 真锅五郎,《北支地方都市概观》, 大阪: 亚细亚出版协会, 1940年, 第30—34页。

[8] 《济南市政公报》第3卷第3期, 1942年12月。关于紧邻济南的村庄的状况, 参见仁井田陞编,《中国农村惯习调查》, 东京: 岩波书店, 1952–58年, 第4卷。关于该问题的英文文献研究, 参见 Myers, Ramon, The Chinese Peasant Economy: Agricultural Development in Hopei and Shantung, 1890–1949, Cambridge: Harvard University Press, 1970, pp 88–104。

[9] 华北综合调查研究所,《济南织布业调查报告书》, 北京: 出版社不详, 1945年, 第81页。

[10] 参见 Myers, The Chinese Peasant Economy, Table 56, Wholesale Price Indices for Three Major North China Cities, 1936–1944, p.284。

[11] Taylor, The Struggle For North China, Appendix 9, "Education under the Provisional Government", pp.221–32;《济南时政公报》第3卷第3期, 1942年12月。

[12] 《济南市政公报》第3卷第3期, 1942年12月: 第44—45页; Taylor, *The Struggle For*

North China, pp.70–76, 82。

[13] Second Secretary of (U.S.) Embassy in China (Rice) at Nanking to Secretary of State in Washington, D.C., 9 February 1945, Foreign Relations of the United States, 1945, 7:167.

[14] Ambassador Hurley at Nanking to Secretary of State in Washington, D.C., 9 September 1945, Foreign Relations of the United States, 1945, 7:552–53.

[15] Commanding General U.S. Forces, China Theatre (Wedemeyer) at Nanking to Chief of Staff, U.S. Army (Eisenhower) in Washington, D.C., 20 November 1945, Chargé of Embassy in China (Robertson) at Nanking to Secretary of State in Washington, D.C., 16 December 1945, Foreign Relations of the United States, 1945, 7:655, 692.

[16] China Handbook, 1937–1945, New York:Macmillan, p.698;Hsu Long-hsuen and Chang Ming-kai, *History of the Sino-Japanese War, 1937–1945*, 2vols., Taipei, Chung-wu:1971, 1:510, 945–46.

[17] Foreign Relations of the United States, 1947, 7:1414;Lionel Max Chassin, *The Communist Conquest of China: A History of the Civil War, 1945–1949*, Cambridge:Harvard University Press, 1965, p.211.

[18] 《山东省政府公报》，第31–111期，1946年12月15日—1948年7月27日。

[19] 《山东省政府公报》，第38期，1947年2月2日。

[20] 齐武，《一个革命根据地的成长》，北京：人民出版社，1958，第220页及其后各页；Ambassador to China (Stuart) at Nanking to Secretary of State in Washington, D.C., 3 September 1948, Foreign Relations of the United States, 1948:449–50。

[21] Consul General at Tsingtao (Turner) to Secretary of State in Washington, D.C. 5 June 1948, Foreign Relations of the United States, 1949, 7:276–78.

[22] Record of Report by J. P. Lake to General Marshall, Tsinan, 2 March 1946, Foreign Relations of the United States, 1946, 9:468–69;Ambassador to China (Stuart) at Nanking to Secretary of State in Washington, D.C., 21 March 1947;Consul General at Tsingtao (Spiker) to Secretary of State in Washington D.C., 22 August 1947;Ambassador to China (Stuart) at Nanking to Secretary of State in Washington, D.C., 18 November 1947;Foreign Relations of the United States, 1947, 7:72–73, 261–62, 365–66.

[23] Chassin, The Communist Conquest of China, pp.121–26, 141.

[24] Consul General at Tsingtao (Turner) to Secretary of State, 5 April 1948, Foreign Relations of the United States, 1948, 7:180–81.

[25] Ambassador to China (Stuart) at Nanking to Secretary of State in Washington, D.C., 5 April 1948;Consul General at Tsingtao (Turner) to Secretary of State in Washington D.C., 5 June 1948, Memorandum by Consul at Tsingtao (Strong), 30 July 1948, Foreign Relations of the United States, 1948, 7:182, 276–78, 391–95.

[26] 参见Henry Lieberman发自南京的报道，*New York Times*, 19, 22, 23, 24, and 26 September

1948。

[27] Consul General at Tsingtao (Turner) to Secretary of State in Washington D.C., 1 October 1948, Foreign Relations of the United States, 1948, 7: 480.

[28] Consul at Peiping (Touchette) to Secretary of State in Washington D.C., 22 September 1948, Foreign Relations of the United States, 1948, 7: 468–69.

[29] Consul General at Tsingtao (Turner) to Secretary of State in Washington D.C., 11 October 1948, Foreign Relations of the United States, 1948, 8: 847.

[30] Myers, The Chinese Peasant Economy, pp.273 ff. 也见笔者对 Myers（马若孟）著作的评论，载 *China Quarterly* 48 October-December 1971: pp. 766–68。

第九章

1890—1949年济南的政治与发展

1948年末共产党军队进驻济南,这标志着济南历史上一个时代的结束和另一个时代的开始。中国城市将会走上与西方城市一样的发展道路从而不断成熟的观念遭到排斥,中国的政治领袖开始根据一种完全不同的发展模式,慢慢地、一步一步地建设他们的国家,而城市也将不再作为政治、经济和文化进步的中心而居于主导地位。[1] 对1949年以来的济南历史进行详细评估,可能又需要一整本书的研究来考察这一新的计划,并解释其各个部分是如何运用到济南的。不过,为了以更完善的视角审视我们刚刚研究过的60年的历史,我们应该对1949年以来济南的总体发展方向进行一个概略的描述。

1949年以来济南的发展

1949年3月,毛泽东做了关于中国共产党面临的问题的重要讲话。他首先注意到,在过去20年中,党和军队的经验都主要局限在农村,可能不能完全适用于城市。他对城市管理的两个方面问题给予了特别关注:党与城市阶层的关系,以及恢复生产的需要。毛泽东基本上认为——沿着新民主主义道路——中国共产党应该依靠工人阶级,但也应该团结其他劳动群众,并争取愿意与党合作的知识分子和民族资产阶级。

然而,生产问题是1949年的城市里的中心问题。毛泽东明白无误地表述了其严重性:

> 城市中其他的工作,例如党的组织工作,政权机关的工作,工会的工

作，其他各种民众团体的工作，文化教育方面的工作……都是围绕着生产建设这一个中心工作并为这个中心工作服务的。如果我们在生产工作上无知，不能很快地学会生产工作，不能使生产事业尽可能迅速地恢复和发展，获得确实的成绩，首先使工人生活有所改善，并使一般人民的生活有所改善，那我们就不能维持政权，我们就会站不住脚，我们就会要失败。[2]

在这一背景下，毛泽东把变消费城市为生产城市作为共产党城市政策的核心。这一说法是偶然提出的，但是到当年年底，它已经成为描绘中国共产党城市政策基本方向的口号。早在1949年9月，中共天津市委总学委会在制订他们的计划和纲领时，就使用了这一概念，甚至直接使用了"把消费城市变成生产城市"这一说法。[3]

在1959年中华人民共和国10周年国庆时发表的一本特别文集中，这一目标也是统一的主题。当时上海市建设委员会以一种直白的方式表述了这一原则："只有将消费的城市变为生产的城市，人民生活才能得到保证，城市发展才有广阔的前途，这也是社会主义城市建设不同于资本主义城市建设的地方。"[4]建设生产城市是共产党最持久的城市建设目标，直到1970年代中期，它仍是城市政策中经常被提及的统一主题。

遗憾的是，中国的理论家遇到了一些实际的问题，即如何准确界定什么样的生产，以及多大规模的生产，是这类城市所需要的。这种描述总是意味着，"生产城市"应该以产品生产为经济基础，通过工业生产和手工业生产的方式，供整个社会所用。在这些新式城市中，大多数城市居民都应参与生产。其与"消费城市"的对比是，1949年之前的消费城市是由封建阶级、资产阶级和寄居中国的外国人一起造就的城市生活，城市生活的主要特征是消费由中国农民和工人生产的社会财富。1949年以来，中国人也没有长期排斥城市生活的行政和消费功能。实际上，就所涉及的人民数量来说，政府行政、仓储、商品交换及教育、医疗等服务功能，是大多数中国城市生活中的主导因素。然而，"消费城市"这一概念要求，绝不应给予这些行政、商业和服务活动高于生产之上的优先权。因此，1949年以来中国对城市生活的描述，总是强调社会主义新时期生产的重要性。[5]

当我1974年第一次访问济南时，我与济南市建设委员会的工作人员进行了交谈，他们强调，这一目标依然是他们为济南制订的计划的真正目标。在过去

第九章　1890—1949年济南的政治与发展　203

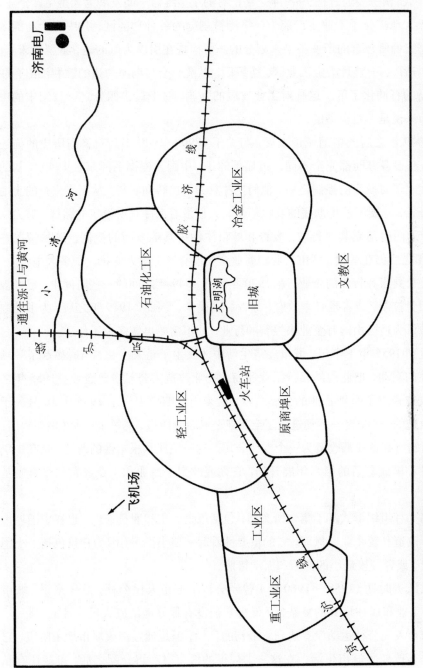

地图 5　1974年济南城市功能分区示意图。基于1974年11月济南市建设委员会主任王善志的谈话，转引自 David D. Buck, "Directions in Chinese Urban Planning", *Urbanism Past and Present* No. 1, Winter 1975–76。

25年中，济南主要通过把1949年之前已有的小型维修车间发展为大型生产企业，从而极大地扩充了工业生产能力。济南被划分为各种功能区，其中几个功能区是根据它们所包含的产业类型来划分的。济南现在引以为傲的是，重型机床厂、卡车制造厂、一整片冶金工业区、纺织厂，以及一个与渤海湾边的胜利油田有联系的新的石油化工区。这种对工业发展的强调，对于过去四分之一世纪中的中国城市来说是非常典型的。

1949年之后的中国城市发展，与关于1890—1949年间对济南历史的描述相比，在很多方面都完全不同。最显著的是，中国人根据毛泽东在1949年初的设想建立了对城市的控制之后，他们把注意力再次转向农村，从正在进行的土地改革开始，开展了一场彻底的农村革命。人们沿着毛泽东所设定的路线，努力恢复生产，同时建立其对行政、教育和城市生活中其他方面的控制。这种情况在1952年之后仍在继续，城市工业和商业企业没有发生重大变化。很多大型企业，特别是公共服务行业的企业，在1930年代到1949年之间的一些时间中，已经被政府力量控制，或者是日本政府，或者是国民党。因此，1949年之后，为了控制那些被认为适合由国有企业来控制的行业，就不需要再做多少工作了。

直到1955年下半年，城市经济生活中才发生了重大变化，当时掀起了一场全国性的运动，把此前的私营工业和商业企业改造为公私合营企业。1955年之前的改造采取了个别企业的公私合营，后来为了响应毛泽东1955年10月关于加快改造的号召，这一运动进入了全行业公私合营阶段，把每个行业（例如粮店、鞋店）的所有企业都改造为一个专门公司。这一快速和根本性的改造，是在中华人民共和国成立后的第六年展开的，它彻底改变了商业和工业经营的私有制基础。[6]

另一种组织形式基于集体所有制，包括原企业主和雇员在内，也在中国城市中用于改造私营企业。然而，它的重要性看起来要小得多，因为它只包括了小型手工业，或者规模最小的商店和流动摊贩。

大跃进时期（1958—1960年）曾经尝试了城市人民公社，总体来说，城市商业、工业和居住模式的复杂性，使得它们没有很好地适应人民公社的设想。[7]尽管城市人民公社运动没有达到它最初的目标，但是通过消灭城市地主阶级，它也进一步改变了城市生活。在这一大规模的城市财产再分配之后，可能还有私有住宅，但是所有其他城市房产都属于国家。1950年代末期，在城市财产权上发生的这两个重要变化,把 1949 年之前我们所知的济南城市生活中的经济力量和社会优势等主要特征都一扫而空。

  在过去 25 年中,中国的工业化政策经历了几个重要的转变。在几个阶段中,首先是模仿苏联,强调重工业;然后又转向战争时期延安的经验,强调自力更生;修改苏联高度集中的计划经济,以避免基本生活用品方面的严重短缺;在街道工厂中安排妇女工作,以合理发挥她们的工作潜能。济南经历了所有这些政策变化,但是我们不需要在这里追溯每一个变化。所有这些努力的基本目标,是把济南从一个居住和消费城市,改造为一个生产城市。事实上,通过覆盖工作单位和街道居委会的无所不包的组织网络,济南等城市中的大多数居民,都加入到定期的生产和建设中。自从 1950 年代末以来,居民自治组织在生产过程中的重要性日渐增长,因为当时出现了大量的街道车间和工厂,雇佣半失业人员特别是妇女。工厂、学校、机关与这些居民组织一起,安排季节性的农业劳动以及参与市政建设。将一个组织中的劳动力的一小部分短期转移至其他工作,这成为 1960 年代和 1970 年代中国城市生活的一种经常性的特征。一些城市居民,特别是中学毕

图8 1974 年济南的商埠区:11 月一个凛冽的早晨,济南一条繁忙的街道。很多建筑的历史都可追溯到 1949 年之前,但是很多树木、行人和自行车,以及偶尔出现的汽车,则很好地展现了 1970 年代中国的城市生活。(苏阿冠拍摄)

业生,上山下乡要几年的时间。这种走出城市的迁徙者,偶尔也会成为农村公社的永久居民。

1970年以来,越来越强调把工业生产与农业需求联系起来。1975年发表的一篇关于工业城市江苏常州的文章,强调要引导工业生产适应农业的需求。1949年之前,常州的情况被描述为,工业是为了给中国的资本家带来利润,而不是帮助农业发展。这就构成了一种对抗的关系。而1970年代的模式则被描述为是互利的,因为城市中的工厂现在生产的是地方农业生产所需的发动机、拖拉机、电器和化学制品。[8]

常州所强调的发展方向,成为中国目前一场全国性运动的一部分,它显然也影响到了济南。对1949年之前常州与其腹地关系的描述,同样适用于济南。在济南,不仅有城市商业者与农民之间的阶级对立,我们还应考虑到另一个因素,即济南的工业基本上或者通过出口加工为外国人服务,或者是满足自己城市居民的口味和舒适生活。促进中国农业转型的工业在济南是缺乏的,在中国的约开商埠中也是这样。

马若孟在他对华北农村经济的研究中特别强调,城市没有把技术进步引进农村:"农业无法更快地发展,无法为小农经济引进技术进步。"[9]但是应该注意的是,把城市工业生产与农业发展需求联系起来,这并不是1949年之前主导中国的19世纪西方工业城市模式中的关键要素。此外,中国传统社会晚期的城市手工业生产,也是为城市需求服务,而不是为农村需求服务的。1949年以来,中国城市需要改变它们的传统和现代工业生产方向,为它们的工业目标进行彻底的重新定位。这一调整本身就需要超过20年的时间来完成。

同时,济南现在重新获得了其在本省的政治中心地位。国民党投降后几个月,位居中共领导高层直到其1975年去世的山东人康生,就来到济南担任山东省人民政府主席。在康生和他的继任者,1953—1958年间担任山东省长的另一个山东人赵健民执政期间,济南延续了其作为山东首要的民事管理和政治权力中心的传统职能。

此外,济南也保留了其教育和军事中心的功能。1958年,山东大学由青岛迁往济南西南部文教区的新址(此处有误,山东大学迁往位于济南东北部的洪家楼地区——译者注),那里已经有山东师范学院(现为山东师范大学——译者注)、齐鲁医院(原为教会大学齐鲁大学的核心)以及山东工学院(现为山东大学南校区——译者注）。在军事方面，自 1949 年开始，济南就成为济南军区司令部所在地，因此在中国人民解放军的指挥系统中占据重要位置。这样，在这四个重要领域中，在 1949 年之后，济南继续沿着本书之前的章节所讨论的发展道路主导山东全省。

然而，1949 年之后济南的政治力量，却与此前的结构非常不同。军人、传统士绅、洋务派官僚、新的专业技术人员和自由商人，这些曾经争夺过济南政治经济权力的人，在 1950 年代的经济和社会改造之后全都消失了。代替他们的是共产党和解放军的军政干部。与 1949 年之前政党政治的失败截然不同的是，有理由相信，济南的共产党与中国其他地方一样，已经成功地成为渗透整个社会的关键力量。此外，下到街道上到省的政治代议机构也建立起来，从而实践了代议制政府的概念，不过，这一领域中的操作原则与期望，与之前主导济南的早期政治操作也非常不同。

1949 年以来，济南的文化生活也发生了重大变化。旧有文化的政治和经济基础，在 1950 年代都被改变，旧有的文化习俗和观念，都丧失了很多生命力。然而，1960 年代后期开始的"文化大革命"，成为一个重要的分水岭。大体而言，"文化大革命"挑战了 1949 年之前的文化形式，既包括具有资产阶级特点的文化形式，也包括基于传统中国文化的文化形式，"文化大革命"基本上成功地用符合新时代无产阶级和社会主义特色的文化形式，取代了旧有的文化形式。

1970 年代中期，济南完全没有外国人，从 19 世纪末期开始就居住在济南的各种外国人，他们留下来的主要印迹是这个城市的建筑。城市中的各种建筑，清楚地显示出其德国、日本、英国、美国和俄国风格。今天的建设采用的是高度实用主义的建筑风格，似乎适应了城市的社会主义政治经济体系和无产阶级文化。

未能走向现代化

在对济南历史的这一记述中，济南的现代化是与源自西方的标准相悖的，而西方的标准在 1949 年之前一直为中国人和外国人所接受。我并非研究高度形式化的和结构化的现代化模式，而是使用"发展"这一术语来指称西方城市工业生活的所有要素，包括一些通常被社会科学家提出的高度抽象的模型中所忽略的一些短暂的现象,这些要素构成了济南1949年之前的发展目标。为了在描述济南的历史时,使发展这一概念更易于操控,我将其划分为三个方面:经济、政治和文化。在每一个领域中,我都选取一些案例来阐述,外国的影响、经济变化和政治权力——特别是军阀、传统士绅和更现代的商业因素行使的权力——是如何促进或阻碍现代化的。

在关于中国城市变迁的这一研究中,我集中于济南这一特定城市所发生的事件,而不是比较济南与上海、天津、武汉或者其他中国城市。我相信,济南这一案例,非常清楚地解释了截至1949年中国城市发展的总体模式。尽管有一些重要的开端,但中国城市并未能达到足够的经济和政治现代化程度,从而沿着西方的道路获得成功;不过,在文化和技术领域,它们吸收了西方的方法,从而把它们与其农村腹地区分开来,而农村腹地则在很大程度上保持着传统面貌。

经济现代化

本研究始终突出济南的经济现代化的重要性,尤其是在以下两方面:一是考察济南是如何由传统商业模式转变为现代模式的,二是济南是如何发展其工业的。[10] 我们已经看到,1890—1949年,济南是如何经历了重要的经济变化,它最初是由于运河和铁路建设而增强了其商业功能,随后是现代工业的兴起。对济南的调查(附录A)显示了济南缓慢增长的工业水平,但是很多工业发展是与交通、公共服务或者出口加工相联系的。此外,产业工人数量依然很低,无论是绝对数量还是占济南总体劳动力的比例。在济南,同其他大多数中国城市一样,与商业相比工业显然位居次席。这一因素本身就意味着,济南以及其他中国城市,无法实现西方的城市工业发展的现代化模式。

尽管没有关于中国国内贸易的可靠数据,但是很显然济南的商业发展,更多的是归因于中国国内商业发展水平的变动和提升,而不是外贸的增长。这一事实极为重要,因为它削弱了对资本主义世界经济体系的批判,这种批判把第三世界经济的"不发达",与外国人对沿海转口贸易港的金融与商业的控制联系起来,外国人以此来主导整个本地经济体系。这在拉丁美洲和非洲的部分地区是这样,但在中国就不是这样。[11] 我们已经看到,对外国经济主导青岛的恐惧,是如何让济南的中国官员和商人走到一起的。同样，尽管自从 1900 年代早期开始日本的经济力量在山东的重要性日益提高，但直到 1937 年，济南仍然没有真正被外国力量所主导。因此，"半殖民地"这一术语对于济南的经济来说极为恰当，因为济南强烈地受到外国经济力量的影响，但却从未被其彻底主导。

在一些具体的案例中，我们考察了外国势力、中国商人以及整体经济状况对济南经济发展的影响。我们尤其详细描述了中国人在济南所从事的经济现代化的努力，既有改变了钱庄、磨粮等传统行业的地方商业活动，也有官员和商人合作进行的更具创新性的工业行业。然而，导致济南未能实现经济现代化的最重要的因素，还是中国军阀的影响。

在 1900—1916 年袁世凯主政期间，官方支持的发展项目启动了济南的工业化。但是袁世凯成功地将山东的地方政治力量严格加以控制，从而把清朝时期财富从属于官僚这一传统加以保留，并一直延续至民国时期。济南的中国民族商业和工业阶层在政治上是软弱的，他们无法凭自身的力量控制本省。他们仍然附庸于 1911 年之后接任的一系列军阀官僚。1916 年之后，这些军阀过度的抽税和破坏性的战争，损害了济南商业和工业现代化的努力。他们的影响是如此恶劣，以至于在 1925 年之前，济南经济现代化的真正希望实际上就已经破灭了。

济南未能实现经济现代化，而世界经济大萧条和接踵而至的严重毁坏整个中国经济的战争都是在这之后才发生。上海、天津和青岛等约开商埠，并没有经历与济南在 1920 年代中期所经历的同样的破坏，它们的经济发展模式的决定性时刻稍晚才来临，也就是世界经济大萧条和中日战争发生时的 1930 年代。

中国军阀混战对经济现代化的毁坏，并不是济南独有的。由军阀造成的暴政和破坏等类似的例子，在约开商埠中由中国人管理的那部分地区中，也可以发现。然而，上海、天津等约开商埠中由外国人管理的租界，提供了安全的避难地，中国人的实业和投资活动可以在此躲避军阀混战。最初我推测，济南避免了约开商埠中普遍存在的主权分裂问题，从而成为济南的一个优势。如果有一个致力于经济现代化的稳定的政府，那么这可能是事实。但实际上，军阀混战的恶劣影响是如此无处不在，以至于在 1937 年之前，济南作为一个中国人统治的城市，这一状态对其经济现代化却造成了危害。

与沈阳这一位于东北地区的内陆政治中心进行比较，可以发现在经济层面，较少的政治独立性和较多的外国控制，更多的意味着经济现代化。沈阳的转型主要是由于日本人的投资和控制，1949 年之前，这座城市很好地向着西方工业化城市中心的方向发展。[12] 青岛也可以说是这样，而且距离济南更近，它也在日本人的统治下建立了轻工业，从而使其在经济层面上更符合西方的现代化模式。

政治现代化

政治现代化的首要标准是建立起一套稳定有效和理性化的科层制，服务于代议制政体。济南确实拥有科层制——可能不是稳定有效和理性化的，但至少是受过西方训练的；但是，这一标准的另一半则肯定没有满足。1890—1949 年这整个时期中，济南从未拥有一个真正的代议制政府。

正如我们刚刚详述的，1900—1949 年，反而是一系列强势的军人主导了济南。这些执政官中最强势和最有成效的是袁世凯，他在济南的经济和文化现代化以及促进现代科层制方面，取得了很多成就。然而袁世凯对代议制机构没有兴趣，并且可以说是毁灭了整个中国代议制政府的前景。

袁世凯和韩复榘等济南的军人统治者，他们的成功很大程度上是依靠其对传统的政治、社会关系和社会习俗的重视。袁世凯拥有一群依靠中国官僚体制中的传统式忠诚而与其紧密联系的官员，他们依据中国传统政治的逻辑做事，袁世凯的成功正是得益于此。韩复榘显然试图在他的管理风格中效仿传统的模范官僚，强调节俭、勤奋、诚实和严刑峻法。

济南也长期经历了其他军阀无能、无知的统治。张宗昌是其中最糟糕的一个，但是其他军阀统治者也大多很少对济南的发展有所贡献。济南的历程显示，军阀统治既可能是毁坏性的，也可能是少许进步性的，但是在体制中没有任何力量可以让人民免受邪恶军阀的统治。因此，军阀专制对济南的统治，必须被看作是导致济南的政治和经济都未能实现现代化的主要原因。

在 1890—1949 年间大部分时间中统治济南的军阀政府，也影响到省级政府建立职业化的现代科层制的工作。特别是 1916 年之后的历任山东督军，都很难把他们的统治力量从主要城市扩展到全省，从而加剧了济南与其农村腹地的分割这一原本就已很棘手的问题。而平日里军阀的腐败和自谋私利，则败坏了官场政治风气，或者导致济南的财政部门等主要行政机构的直接崩溃，或者导致学校日常运行的直接崩溃。

在袁世凯和韩复榘主政下，逐渐现代化的科层制的运行要好得多。韩复榘的传统政治风格与这种官场政治正好匹配，在他的庇护下，1930年代，山东的省级政府开始重建其与全省农村腹地的行政与文化联系。此外，济南还第一次建立了真正的市政管理，并且运行良好。

山东未能建立其政治代议机构，这是其在1949年之前的历史时期中一个明显的缺陷。最后于1940年代末期选举出的山东省临时参议会，是对袁世凯于1913—1914年间扼杀的代议制机构的一种延迟的复元。值得注意的是，代议制机构在清末新政时期以及民国初年，只有很短暂的发展——最多8年。其他时期中，正式的政治代议制机构或者不存在，或者有名无实。

1890—1949年这一时期，济南民众，特别是受过教育的人，其政治参与度显著提高。1900年之后，对代议制机构的接纳，报纸的增多，五四运动及其后的反日民族示威，这些都使得济南符合1949年之前中国城市生活中普遍的日益政治化的模式。

与西方式的现代化经常关联的另一个政治体制是政党。我们已经看到，政党在济南从未稳固地根植到政体中。1911年之前，同盟会吸引了相当多的对社会不满、谋求一般性职业或军政职业发展的青年的支持，但在满清政府垮台之后，政党从未在济南兴旺发展。在这一时期可以预见，共产党也遇到了来自保守势力的同样压力，从而迫使其离开城市。国民党的组织从未在济南建立起来，这更有几分让人惊讶。一种解释是，在1930年代，国民党更偏爱青岛，青岛直接由南京国民政府统治，济南则由军阀统治。因此，济南依然是韩复榘和那些反对现代政党制度的山东人的政治据点。

文化现代化

在1930年代，尽管很多前往济南的旅行者，总是提到依然固守的传统文化观念和习俗，但是毫无疑问，济南社会生活中的最大变化正是发生在文化领域。

变化最显著的领域是教育，官办的新式学校采用西方的课程设置，而又具有强烈的民族主义氛围。这些学校中的教员的确具有现代的职业化观念。他们完全吸收了西方教育的理念,并在济南这种教育经费、渴望求知的学生和必要的设施都结合在一起的地方,取得了最大的成功。这种向西方教育模式和目标的转换,其效应是无处不在的。下面这一事件可以看作是对这一效应一个粗略的估测:中华人民共和国成立后15年所进行的一场重要的变革——1960年代的"文化大革命"——其主要目标之一,就是让教育机构摆脱这些"资产阶级"的影响。

外国的文化影响也渗透到济南社会生活的其他方面,从娱乐和衣着,到新的街道布局和建筑设计。医院、报纸、电影院、汽车、广播、电力,以及其他所有西方城市工业化社会的重要标志物,在济南这种城市中运行得最好,并且彻底地影响到了生活在这里的人民。与之形成对比的是,在乡村,大多数这类技术创新都从来没有成为日常生活的一部分。因此,这些变化把城市居民与继续生活在乡村的绝大多数中国人所面对的现实生活隔离开来。缺乏经济和政治现代化的文化现代化,不是幸运而是灾难,因为它让那些接受了现代文化的人破除了其传统文化,但与此同时又不能提供一个坚实的经济和政治基础来改变整个中国。

注释:

[1] 参见 Joseph, Whitney, China: Area, Administration and Nation Building, Chicago: University of Chicago Press, 1970；以及 Rhoads Murphey, "Aspects of Urbanization in Contemporary China: A Revolutionary Model",美国地理学家协会(Association of American Geographers)第71届年会呈交论文,1975年4月20—23日,威斯康辛州密尔沃基。

[2] 毛泽东,"在中国共产党第七届中央委员会第二次全体会议上的报告"(1949年3月5日),载《毛泽东选集》(英文版,四卷本),北京:外文出版社,1965年,第四卷:第365页。

[3] 《天津日报》,1949年5—6月社论"把消费城市变成生产城市",载刘少奇等,《新民主主义城市政策》,香港:新民出版社,1949,第32—36页。

[4] "建设社会主义的新上海",载《城市建设》,第10期,1959年10月,第28—31页,美国联合出版物研究处(Joint Publication Research Service) 5228 翻译,Urban Construction in Communist China, part 2, August 1960, pp. 227–35。

[5] David D. Buck, "Directions in Chinese Urban Planning", Urbanism Past and Present 1.1 Winter 1976: 24–35; Rewi Alley, Travels in China, 1966–1971, Peking: Foreign Language Press (北京:外文出版社), 1973, pp. 227–35。

[6] 根据 Ezra Vogel, Canton Under Communism: Programs and Politics in a Provincial Capital, 1949–1968 Cambridge: Harvard University Press, 1969, pp. 156–73。

[7] 参见 Franz Schurmann, Ideology and Organization in Communist China, Berkeley and Los

Angeles: University of California Press, 1968, pp. 380–403；以及 Janet Salaff, "The Urban Communes and Anti-city Experiments in Communist China", China Quarterly 29, January-March 1967, pp. 82–110。

[8] "How an Industrial City Grows", China Reconstructs 24.8, August 1975:6.
[9] Ramon Myers, The Chinese Peasant Economy, p. 293.
[10] 我从 Berry 所著 The Human Consequences of Urbanization 一书中，借用了政治、经济、社会现代化这一划分方法。
[11] Frank, Andre Gundar, Capitalism and Underdevelopment in Latin America, New York: Monthly Review Press, 1967, pp. 3–14.
[12] 关于沈阳的历史没有足够的资料，但是可以参见 Frank Leeming, "Reconstructing Late Ch'ing Feng-t'ien" (Mukden, Liaoning), Modern Asian Studies 4.4, October 1970:305–24；奉天商工会议所编，《奉天经济三十年史》，奉天：奉天商工公会，1940；Shen Chi, "Shenyang—Socialist Industrial City", China Reconstructs 22.1, January 1975:16–22。

附录 A

1900—1936 年济南的工业

本附录中的表格,展示了所有已知的关于整个 1930 年代末期济南工业的详细信息。前两个表格涉及 20 世纪最初几年济南的西式工业的组织机构和所有权,当时西方技术第一次被引进济南。遗憾的是,在随后的调查中,虽然济南的工厂的所有权和控制权这些问题总是非常引人关注,但关于这些问题却没有同样翔实的信息。

表 A.3 和 A.4 是涵盖济南大多数工业生产行业的真实的工业调查。尽管严格来说,这两个调查并不具有可比性,但是在各个行业的企业数量、资本投资和雇员数量方面,它们仍然提供了相当充分的信息。这些调查显示,在 1930 年代韩复榘统治下,济南继续作为一个工业中心而得以发展,特别是纺织业和机械制造业。然而应该注意的是,济南在这些行业上的发展比青岛要慢得多,在青岛,日资支持更大、更先进的工厂。

关于 1938 年日本占领后的济南工业,也有一些大概的资料,但是这些记述仅仅列举了较大的企业,因此远不如 1920 年代和 1930 年代所做的调查那么完整。这些日本人所做的调查显示,到 1938 年,面粉厂的数量增长到 10 个,但是它们没有提供足够的信息用以判断,曾经在 1920 年代和 1930 年代扩张的纺织业和机械制造业,在日本管理下的进展情况。实际上,大多数这类企业在 1938 年之后都收归日本人控制,并且在抗战后期华北经济大萧条之前,可能经营状况相当好[1]。

---

[1] 参见真锅五郎,《北支地方都市概观》,大阪:亚细亚出版协会,1940 年;以及马场锹太郎,《北支八省の资源》,东京:东京实业日本社,1939 年。关于抗战后期济南纺织业的情况,参见华北综合调查所编,《济南织布业调查报告书》,北京:华北综合调查所,1945 年。

表 A.1　1901—1911 年济南的大型工业企业

名　称	创办时间（年）	经营与财务状况
华商电灯公司	1906	由刘恩驻负责。资本超过 20 万两白银。有官方背景，与烟台的另一家电灯公司也有联系。1906 年开始经营，使用购自青岛的德制旧设备。雇佣 130 人。[a, b, c]
泺源造纸厂	1906	官商合办。资本 25 万两白银。坐落于山东铜元局旧址。由于其附属印刷厂的经理侵吞公款，而于 1909 年关闭。[b, d]
官办染织厂	1903	开始是作为袁世凯创办的山东工艺局的项目之一。最初有木制棉织机，后来使用金属框架棉织机。主要是为织布工和染工提供的训练场地。到 1918 年，济南有六个大型商办企业涉足这一手工行业。[c]
益华染织工厂	1911	是天津棉纺织厂的一个分厂。资本 5000 元。尚无资料表明其与官方有联系。雇佣 27 个工人；使用木质织布机。[b, c]
济南电话公司	1908	最初是 1902 年创办的官办企业。1908 年改为股份公司。1915 年重组。1911 年之前，电话服务非常有限。[a, c]
济和机器公司	190?	周清玉创办的一个小型机器工厂。没有潍县、烟台和青岛的其他中国机器厂那么大。1911 年之前即已关闭。[f]
志诚砖瓦公司	1904	开始是生产砖瓦，以满足济南商埠区新的建设工程所需。这一公司没有存活下来，不过商埠区的梁家庄成为一个砖瓦制造中心。[f]
金启泰铁工厂	1903	涉及津浦铁路建设。由王传逊负责。资本 2 万两白银，雇佣 80 个工人。约 1911 年关闭。[e]
兴顺福榨油厂	1911？	使用德国设备，加工花生和大豆。是在济南经营的第一家中国榨油厂。与青岛和烟台的榨油厂展开竞争。[c, f]

资料来源：
a 陈真、姚洛、逄先知合编，《中国近代工业史资料》，北京：三联书店，1958 年，第一辑，第 38—53 页。
b "New Industry at Tsinan", *Chinese Economic Monthly* 2.4, January 1925: 13–26.
c 冈尹大郎，《山东经济事情，济南ちゆとして》，大阪：出版社不详，1918 年，第 73—79 页。
d 何炳贤主编，《中国实业志·山东省》，上海：实业部国际贸易局，1934 年，六三六（己）页至六四零（己）页，三六（庚）页。
e 彭泽益编，《中国近代手工业史资料，1840—1949》，北京：三联书店，1957 年，第二卷，第 655—656 页。
f 山东大学历史系，《山东地方史讲授提纲》，济南：山东人民出版社，1959 年，第 58 页。

表 A.2　1914 年济南的主要工业经营厂商

名　　称	所有者	背　　景
济南电灯公司	刘恩驻	从原先的工厂搬迁到济南外城正在发展的工业区中较大的一处地方。为 5000 个用户服务，雇佣超过 40 个工人。
济南电话公司	官商合办（马官和是电话业界最杰出的中国商人）	1913 年从德国人手中购入新设备，有 600 个用户。
兴顺福机器面粉厂	不详	由 1911 年开始的大豆、花生榨油经营发展而来。使用德制磨面设备。所产面粉既供应济南本地，也运销青岛和天津。1913 年所产花生油的约一半出口到德国和日本。
振业火柴公司	丛良弼	丛良弼曾经在日本大阪居住过 20 年，其间在一家火柴厂工作。辛亥革命后他回到山东，筹集 25 万元，并得到周自齐和潘馥的支持，从而开始经营其工厂。随后振业公司又在山东开设了其他两家工厂。
岱北模范染织公司	马官和	有超过 20 台机器织布机。所产布匹既供应国内市场也出口。资本 1 万元。
长丰染织厂	高象晋	有超过 20 台先进手工艺织机。雇佣 50 个工人。资本 1 万元。

资料来源：叶春墀主编，《济南指南》，济南：《大东日报》，1914 年，第 54—57 页；*Chinese Economic Bulletin* 148, 22 December 1923: 2。

表 A.3　1926 年济南工业调查

类型		企业数量	资本（元）	职工人数（人）	创办年份	坐落位置
食品加工	面粉厂	9	5 100 000	810	1916—1923	旧城[①]和商埠区
	制糖	1	5 000 000	130	1920	乡区
	榨油厂	4	284 000	198	1908—1924	商埠区
	面条厂	2	7 000	39	1916—1918	旧城
	本类合计	16	10 391 000	1 177	—	
服装	棉纺	1	2 300 000	2 500	1919	乡区
	毛巾	8	11 000	220	1911—1924	旧城
	棉布	10	21 000	180	1913—1925	旧城
	棉袜	6	110 000	90	1921—1923	旧城
	颜料制造	1	100 000	54	1919	旧城
	帽子和手套	2	3 000	19	1923	旧城
	缫丝	20	42 000	360	1904—1925	村
	丝绸	12	18 000	121	1917—1925	村
	本类合计	60	2 605 000	3 544	—	
机械制造和金属业	机械厂	4	250 000	530	1913—1921	商埠区
	磨面设备	4	15 000	160	1917—1921	商埠区和旧城
	机械维修	3	8 000	152	1917—1920	商埠区
	棉纺织机	2	7 000	90	1913—1914	商埠区
	制针	1	100 000	69	1921	商埠区
	五金	7	11 000	88	1913—1925	旧城
	本类合计	21	391 000	1 089	—	
建筑业	砖窑	4	80 000	670	1919—1923	商埠区
	水泥厂	1	15 000	21	1923	商埠区
	本类合计	5	95 000	691	—	

---

① 旧城指济南内城和外城之和。——译者注

类型		企业数量	资本（元）	职工人数（人）	创办年份	坐落位置
其他	火柴制造	1	500 000	800	1914	旧城
	造纸	1	1 000 000	80	1919	旧城
	制革	3	14 000	155	1914—1921	商埠区和旧城
	地毯编制	4	190 000	390	1913—1921	商埠区和旧城
	玻璃灯具	1	30 000	50	1917	商埠区
	玻璃制品	2	47 000	110	1918—1922	商埠区
	肥皂	3	50 000	105	1920—1923	商埠区和旧城
	香水	3	9 000	30	1899—1911	旧城
	本类合计	18	1 840 000	1 720	—	—
总计		120	15 322 000	8 221	—	—

资料来源：孙宝生编纂，《历城县乡土调查录》，济南：历城县实业局，1928年，第152—161页。
注：完全由日本人所有的工业、公共设施和日军第五师团的兵工厂没有包括在内。

表 A.4　1933 年济南工业调查

类型		公司数量	资本（元）	职工人数（人）	创办年份
食品加工	面粉厂	7	910 000	662	1915—1932
	制糖[a]				
	榨油厂[b]				
	面条厂[b]				
	大豆产品	131	173 000	675	1850s—1932
	酒类	2	9 000	20	1913, 1926
	罐头食品	1	150 000	35	1914
	本类合计	141	1 242 000	1 392	—
纺织和服装	棉纺	3	4 800 000	3 500	1919, 1932, 1933
	棉织染	38	228 000	980	1913—1932
	棉织	29	70 000	1 195	1913—1932
	印染	8	18 300	220	1890s—1932
	轧光	3	12 300	55	1930—1933
	棉花打包	1	300 000	100	1931
	缫丝[a]				
	丝织[a]				

附录A 1900—1936年济南的工业

类型		公司数量	资本（元）	职工人数（人）	创办年份
纺织和服装	丝带	4	24 000	393	1924—1931
	毛巾	4	5 100	59	1908—1930
	刺绣	4	1 800	75	1928—1933
	染料制造	1	100 000	75	1921
	本类合计	95	5 559 500	6652	—
机械制造和金属业	机械厂	5	15 400	307	1917—1931
	机械维修	6	12 700	211	1920—1932
	纺织机械	5	13 300	90	1924—1931
	磨面机械[b]				
	铜器	21	35 300	329	1877—1918
	五金	2	6 200	63	1923—1928
	制针	1	50 000	90	1921
	本类合计	40	132 900	1 090	—
建筑业	砖窑	9	155 500	995	1919—1932
	传统制砖	11	31 700	227	1916—1929
	本类合计	20	187 200	1 222	—
公共服务	电力	1	720 000	225	1906
	电话	1		150	1908
	本类合计	2	720 000	375	—
其他	火柴制造	4	520 000	1275	1913, 1930, 1931, 1932
	造纸[c]	1	1 000 000	75	1919
	制革	20	53 000	—	1918—1937
	地毯编制	6	5 600	50	1913—1918
	肥皂	6	44 000	130	1919—1933
	印刷	20	64 800	395	1921—1932
	医疗	5	5 600	—	1905—1918
	烟草	1	20 000	143	1931
	本类合计	63	1 713 000	2 068+	—
总计		362	9 554 600+	12 799+	—

资料来源：何炳贤主编，《中国实业志·山东省》。

注：完全由日本人所有的工业、铁路车间或者军工厂没有包括在内。然而，1933年的调查包括了很多工业企业，例如产品销售公司和铸铜厂，而这些在1926年的一览表中是被忽略的。

　　a 关闭。

　　b 未列入，调查疏漏。

　　c 由于财务问题和日本人的竞争，造纸厂仅仅零星开工。

附录 B

1770—1975 年济南的人口

本书正文仅仅是附带提及关于济南人口的资料。但是这一议题非常重要，需要做更详细的讨论。看起来有两个原因，使我需要把这一议题放在附录中进行讨论。第一，把人口资料单独呈现，可以使读者批判性地评价这些资料以及我所做出的结论。第二，各种人口统计资料的可靠性有严重问题，最好以附录形式呈现这些资料，而不是分散在各章的一系列注释中。

在我研究济南的过程中，我从三个不同的政治时期中，发现了济南的几组不同的人口数据。首先，有两组关于清朝中叶济南的人口数字。其次，有四组关于民国时期济南的人口资料。最后，关于1949年和1974年济南的人口总数，有五个不同的统计数字。

每一组数据都有其特定的局限性和缺点。关于清朝中叶的数据，已经受到何炳棣的批评，因为其在户籍系统方面有严重的数据空白[1]。然而，关于华北地区保存最完好的保甲清册，日本学者中村治兵卫（Nakamura Jihei）却做过一个详细的评估，其中包括济南。清朝中叶的数据是有问题的，因为存在漏报的问题，而且人们无从知道，保甲制度是如何统计仆役、逃难者和长期寄居者的。这一资料似乎最严重地影响到对户数的计算，然而这种户籍资料仍然为我们提供了质量尚可的线索，得以了解该时期济南的大体规模和总体增长模式。

清朝时期人口数据最重要的缺陷，是完全没有关于1837—1911年间济南人口的数据。清末超过四分之三个世纪的时间当中没有任何户籍数据，这一事实表明，中国传统社会晚期根本性的国家控制机制，在太平军和捻军大起义之后从

---

[1] Ho Ping-ti（何炳棣）, *Studies on the Population of China, 1368–1953*, Cambridge: Harvard University Press, 1959, pp. 47–53.

未重建起来。这一时期济南的人口肯定是增长的，因为我们知道，济南圩子城墙把东北和西南方位的城门外繁华商业区包括进来。这一时期，由于国内战乱、外国入侵、水灾和饥荒而逃难的难民，也使得济南的人口短暂膨胀。遗憾的是，我们没有资料可以确定，有多少人来到济南，或者他们何时以及为何回到或者没有回到他们的原籍。我查到的关于19世纪晚期济南人口的唯一资料，是由外国侨民和旅行者所做出的一些估测。这些估测在表B.3中都得到引用，但是最多也就是一种猜测。它们最主要的价值似乎是，它们极大的差异表明，在运用这些估测时需要非常谨慎。

关于民国时期的济南有四组不同的数据。尽管学者们总是以最谨慎的态度对待民国时期的数据，但对济南来说，有理由认为，这些数据比我们通常所认为的更可信。很多对于民国时期人口数据的批评，针对的都是中华民国邮政及中国中央政府中其他部门，对城市、分省和全国人口的不同估测。这些充其量是估测，在某些情况下则是彻底的猜测。相比之下，基于户籍系统的济南人口数据，要合理得多。

在1914年、1919年、1933年和1942年的户籍报告所处的时代中，济南拥有近代化的警察力量，以日本的经验为模范。日本人建立了出色的人口普查和户籍登记程序，这些经验中的一部分被济南的中国警察部门所效仿。遗憾的是，户籍登记所采用的规则没有包括在数据之中，所以我们还是无法准确了解，户籍登记是如何统计仆役、逃难者和寄居者的。民国时期的数据，当然提供了城市中的户数、男女性别总数和不同地区的情况。附带的地图指明了这些地区的范围，并显示，被称为"乡区"的地区是很大程度上被重新界定的。这种地区不断变化的规模和界限，使得人口数据中的这一部分，成为最不可信和最不重要的部分。因此我没有计算乡区的人口增长率。另一方面，济南的其他三个部分，即内城（1860年代之前就存在）、外城（1860年代建成）和商埠区（1905年之后），规模几乎没有变化。考虑到日本户籍模式的一般原则，以及有一组人口数据正是在日本占领时期开始记录（1942年），我们应该认为，这些数据比中华邮政的估测更为可信。

第三组关于中华人民共和国时期的人口数据，可能是最不令人满意的，因为它仅仅提供了人口总数，没有标明户数、性别比或者城市地区的范围。然而考虑到中华人民共和国政治管理的特征，以及1953年进行了一次真正的人口普查这一事实，我似乎没有理由怀疑这一人口总数只是猜测，我一般也认为，这些数据是基于合理的户籍登记制度。

使用所获得的各种数据，就可以绘制从19世纪末期到1970年代中期，济南人口增长的总体模式图。此外，使用某些资料也可以计算性别比（男/女）、户数和城市不同区域的增长率。在可能的时候，我也把济南的增长和我们所知的山东总人口进行了比较，尽管对山东的总体估测可能远不如济南的数据那么精确。最后，我也试图把济南人口的增长率，与对于19世纪西方式的、快速工业化的城市的期望联系起来。

表 B.1　1772年济南的人口

	户　数	人　口	户均人口
内城	6 117	25 946	4.24
乡区	6 394	23 188	3.63
合计	**12 511**	**49 134**	**3.93**

资料来源：中村治兵卫，"清代华北の都市の户口に関する一考察"，载《史源》，第100卷，1968年3月，第169—180页。

第二组人口数据来自1837年的户籍登记（表B.2）。这些数字显示，自从1772年以来的65年间，济南的人口翻了一倍，年平均增长率是1.5%。1837年的数据，也让我们些许了解了济南的直接腹地历城县的人口。历城县这块区域中，城南包含有不适合大多数农业生产的山地，而城东、城西、城北则是平坦的华北平原的一部分，密集分布着小村庄和集贸点。北部的界限就沿着黄河的堤岸。1837年的数据显示，历城的农业人口是济南城市中心人口的五倍，所以尽管济南的人口持续增长，济南仍然处于一个农业主导的区域中。遗憾的是，我们没有关于19世纪晚期历城县的数据，所以无法判断济南是否比它的腹地增长更快。度量济南人口增长的唯一方法，是将它与山东的总人口进行比较。由于有很多因素可能导致山东总人口的数据不精确，所以这种比较只能显示一些大概的趋向。1787—1850年，山东的人口增长率是0.6%（见表B.8），而我计算的济南的人口增长率则略高（到1837年为止是1.5%，之后是0.9%）。因此我们可以认为，济南的人口增长比山东的总体人口增长稍快，不过当然这也没有吸引大量的农业居民进入传统的中国城市中。

表 B.2　1837 年济南的人口

	户　数	人　口	户均人口	增长率（1772—1837 年）[a]
历城县	144 520	603 177	4.17	—
济　南	25 374	127 717	5.04	1.5%

资料来源：王赠芳修，《济南府志》，清道光二十年（1840 年），第 10—11 页。

注：a 使用公式 $r = \frac{\ln(Yo/Yt)}{T}$ 来计算增长率，r 表示增长率，Yt 是开始年的人口，Yo 是截止年的人口，$\ln$ 是自然对数，T 是两个年份之间的年数差。

1837 年之后，济南的人口增长率有所下降。关于 1837 年之后所能获得的最好的数据，是 1914 年和 1919 年的户籍登记数据（表 B.4 和 B.5）。1914 年，人口增长到 245990 人，实现了 0.9% 的增长率，而 1919 年较小的人口数 202316 人——这是由于乡区规模的缩小——则造成了 0.7% 的增长率。与山东同期的人口增长率相比，这仍然是一个较高的增长率。同期山东的总人口，从 1850 年的 3312.7 万人，增长到 1930 年的 3782.6 万人，增长率仅为 0.2%。1930 年山东的总人口，不是基于合理的人口学统计程序所获得的，所以最好把根据这些数据所做的推断限定为，济南的人口依然增长缓慢，其增长率比山东的总体增长率略高。19 世纪晚期外国人的估测并不那么有帮助，但是他们的报告和 20 世纪初期并不充分的摄影记录显示，尽管济南特定的商业区和行政区挤满了大群的人，但内城中的很多地方仍保持着毫不拥挤的、类似公园的环境。

表 B.3　19 世纪晚期关于济南人口的估测

时　间	来　源	估测人口（人）
1860 年代	Williamson（韦廉臣）	100 000
1880 年代	Armstrong	515 000
	Coltman（满乐道）	200 000—300 000
1898	Von Hesse Wartegg	250 000—500 000
1906	Neal（聂会东）	250 000

资料来源：

Alexander Williamson（韦廉臣），*Journeys in North China, Manchuria and Eastern Mongolia with some account of Korea*, 2 vols. London：Smith and Elder；1870，1：102–104.

Alexander Armstrong，*In a Mule Litter to the Tomb of Confucius*，London：Nisbet，1886，pp. 61–62.

Robert Coltman（满乐道），*The Chinese, Their Present and Future: Medical, Political and Social*，London：F. A. Davis，1891，p. 58.

Ernst von Hesse Wartegg，*Schantung und Deutsch: China in Jahre 1898*，Leipzig：J. J. Weber，1898，p.124.

James Boyd Neal（聂会东），"Tsinanfu, Capital of Shantung"，*East of Asia Magazine* 5，1906：334.

1914年印制了四个翻印的警察部门户籍清册中的第一个（表B.4）。1914年的数据是按照城市中的不同区域进行划分的,我们看到,济南大量的新增人口,开始居住在最初于1860年代被包进圩子城墙的外城中。新的商埠区已经拥有可观的人口,但仍然仅处于其发展初期,在随后的时期内将有更快的发展。

表 B.4 1914年济南的人口

	户 数	人 口	户均人口	性别比（男/女）	增长率（1837—1914）
内城	12 990	56 574	4.36	1.91	
外城	17 806	70 186	3.94	1.45	
商埠区	2 556	11 159	4.37	2.44	
乡区	28 829	108 071	3.75	1.22	
合计/平均	62 181	245 990	3.96	1.47	0.9%

资料来源:叶春墀主编,《济南指南》,济南:大东日报,1914年,第417页。

商埠区人口的快速增长,在1919年的统计资料中十分明显,数据显示,在仅仅五年中,商埠区的人口增长了两倍。外城的人口继续增长,但速度要慢得多。1919年的数据也相当清楚地显示,对乡区的重新界定,是如何强烈地影响到济南人口总数的统计。根据旅行者的描述,有充分的理由认为,这些城外或城市毗邻地区的人口也在快速增长,但是当城市地区被重新界定时,证明这种增长的统计学上的证据都丢失了。那些城外的村庄管理较松,尽管谋生机会也不那么多,所以很多来到济南的逃难者和贫困的移民,都被迫居住在此前是小村庄的地方,距离城市只有几公里。遗憾的是,统计数据和地图,仅仅提醒我们注意这一发展的可能性,却没有包含能够表明其确实发生的真实资料。

尽管表B.5中的人口总数表明,济南的人口是下降的,但这明显是一个错误的信息。当我们把不断波动的乡区排除在数据之外,而仅仅考虑内城、外城和商埠区时,济南的人口增长率是4.4%。

下一组数据是1930年代的,当时国民党统治济南。数据显示,乡区再次被扩大,并可能把一些与城市紧密联系的乡区居民点纳入了城市管辖区中(表B.6)。关于旧城和商埠区的数据显示,所有区域都在继续增长,并且有越来越多的人住在旧城,以及快速增长并略有扩大的商埠区中。这一时期济南的照片显示,旧城中建起了很多二层住宅，而商埠区则建起了二层和三层建筑，把商业、仓储和居住功能结合起来。

表 B.5　1919 年济南的人口

	户　数	人　口	户均人口	性别比（男/女）	增长率（1837—1914）
内城	12 666	54 804	4.33	1.80	-0.6%
外城	17 722	84 769	4.79	2.00	3.8%
商埠区	8 356	32 304	3.87	2.60	21.3%
乡区	7 535	30 439	4.04	1.40	—
合计/平均	46 279	202 316	4.37	1.94	-3.9%
不含乡区的济南	38 744	171 877	4.4	2.02	4.4%

资料来源：毛承霖修，《续修历城县志》，1924 年，卷四，第 1—3 页。

表 B.6　1933 年济南的人口

	户　数	人　口	户均人口	性别比（男/女）	增长率（1837—1914 年）
内城	14 493	71 543	4.94	1.71	1.9%
外城	21 108	105 618	5.00	1.61	1.6%
商埠区	14 957	80 233	5.36	2.36	6.5%
乡区	46 310	170 378	3.68	1.32	—
合计/平均	96 868	427 772	4.42	1.60	5.3%

资料来源：何炳贤主编，《中国实业志·山东省》，上海：实业部国际贸易局，1934 年，七（甲）页至十（甲）页。

　　20 世纪初期中国人自己统治济南这段时期中有关济南的数据（表 B.4、B.5、B.6），显示出济南不同区域之间在户均人口和性别比方面的有趣差异。这显然是旧城和乡区之间的差异：旧城在这一时期中的户均人口是 4.3 人或更多，而乡区的户均人口要少。这可能反映了这一事实：富裕的家庭似乎倾向于居住在旧城或市区的其他部分，而不是乡区，乡区更多的是穷苦人的地盘。

　　在性别比方面，商埠区中男性的庞大数量显然很突出。这可能反映了这一地区是新建的，以及那些在济南工作的大量男性中，那些没有家庭或者不与他们的家人住在城市中的人，选择住在商埠区。同样值得一提的是，在济南整个城市中，与乡区的普遍情况相比，市区的男女性别比要高得多。

再看 20 世纪初的增长率，我们发现，对比 1914 年和 1942 年的数据，所得的增长率是 3.0%。对比 1919 年和 1933 年的数据，所得的增长率要高得多，是 5.9%。但是这一差异部分可以归因于人口总数的失真，而总数失真是由每组数据中对乡区的不同界定所致。如果我们重新计算 1919—1933 年间济南三个基本上固定区域（内城、外城、商埠区）的年人口增长率，其结果是 2.9%。这一数字与 1933—1942 年间的增长率（3.3%）相当接近。合起来看，这些数据揭示，民国时期济南的人口增长率大约是 3%，三倍于 1837—1914 年间的增长率。

把 20 世纪早期济南的人口增长率，与中华邮政的一些估测进行比较，可以看到，济南的人口增长比山东整体的人口增长快得多。考虑到山东总人口统计的一些缺陷，这一比较有些不可信，但是把济南在 20 世纪的人口增长率 3.0%，应用于山东总人口中任何一个数字，都可以得到同样的结论。例如，如果把 3.0% 的增长率，应用于 1930 年山东的 3782.1 万人的总人口，那么所得的 1940 年的总人口就是 5000 万人。显然，山东的总人口增长率要低得多，大约是 1%。通过计算 1937 年（3880 万人）和 1953 年（4890 万人）两个时间点之间山东的总体人口增长率，我们就可以发现这一点。

关于 20 世纪济南人口增长率的上升，有两种可能的解释。首先，也可能是最首要的原因，是来到济南的移民的增加，原因是由于济南相对安全，有较好的学校，有不断增加的政治和经济发展机会，所以富裕的家庭被吸引到济南来。普通老百姓出于希望在济南的交通业、商业和工业发展中寻找工作机会，也聚集到济南来。同样还有来自山东其他地区的农民和工人阶层的逃难者，他们由于自然或人为的灾难而前来济南避难。这一增长甚至在日据济南时期仍在持续（表 B.7）。

表 B.7　1942 年济南的人口

	户　数	人　口	户均人口	性别比（男/女）	增长率（1837—1914 年）
内城	13 356	81 253	6.08	1.47	1.4%
外城	25 010	130 053	5.20	1.54	2.3%
商埠区	32 510	164 056	5.05	1.69	5.1%
乡区	42 626	200 459	4.70	1.35	—
合计／平均	113 502	575 821	5.07	1.50	3.3%

资料来源：《济南市政公报》，3.3，1942 年 12 月，第 44—45 页。

另一个解释是公共卫生的改善。西医和西方工业化营养标准的引进，传教士、日本和中国投资者兴建的医院，警察监管下的更多的公共卫生工作，以及城市工务局营建的较好的污水处理和供水系统，这些都必然使得济南成为一个比18世纪晚期的城市更适宜居住的健康城市。我们没有关于济南人口死亡率的资料，但是1900年之后，济南所经历的医疗和公共卫生的改善，是与婴儿死亡率的快速下降和成人预期寿命的延长相联系的。移民和死亡率的下降，都促进了济南的人口增长；尽管仅从这些数据中无法判断哪个因素更为重要，但我自己更为强调移民的增长。

认识这一问题的最好方法是间接处理方法，即研究19世纪和20世纪济南的人口与山东总人口的比率（表B.9）。中国的总人口相当稳定，保持在4.3亿人到4.8亿人之间；而根据既有的估测，在1850年到1930年代期间，济南所在的华北地区的人口在继续增长。1850—1953年，尽管有常规性的向东北移民的闯关东现象，山东省正式的人口增长仍从3312.7万人增长到4887.7万人，增幅为47%。济南的人口增长，应该反映了其腹地人口的总体增长，但是由于济南的经济和政治重要性不断增长，济南的人口是以更快的速度增长。实际上，1850—1953年，济南的人口从13.9万人增长到68万人，增幅为456%。正如我们之前所推断的，直到20世纪第一个10年，济南的人口增长率都比其腹地的增长率稍高，同时则是山东整体人口增长率的三倍（表B.8）。

表 B.8　1787—1970年山东的人口

年　份	总人口	增　长　率	
1787	22 565 000 [a]	—	—
1850	33 127 000 [a]	1787—1850 年	0.6%
1930	37 826 000 [b]	1850—1930 年	0.2%
1953	48 877 000 [a]	1930—1953 年	1.1%
1970	57 000 000 [c]	1953—1970 年	0.8%

资料来源：a 何炳棣，*Studies on the Population of China, 1368–1953*, Appendix II。
　　　　　b 何炳贤主编，《中国实业志·山东省》，五十八（甲）页。
　　　　　c R. M. Field, "Chinese Provincial Population Data", *China Quarterly* 44 (October–December 1970)：195–202.

然而，尽管1850—1950年这100年间，济南的人口增长如此显著，济南的人口占山东总人口的比例却从未达到1.5%。如果想要满足西方工业化城市的发展模式，济南就应从小城市、乡镇和村落中以更快的速度吸引人口，来到济南的新式工厂、办公室和交通设施中工作。在理想状态下，为满足西方工业化城市的发展模式，济南应该拥有其经济腹地总人口的5%—10%。20世纪济南的经济腹地，应该包括济宁以北的大部分鲁北和鲁西地区。济南也主导了向东直到潍县这片地区。潍县本身是一个重要的城市，但正逐渐服从于青岛的主导性。青岛是一个快速发展的港口城市，基于其主要由日资支撑的工业发展，以及其贸易和旅游功能，青岛在1930年代超过济南，成为山东省的最大城市。表B.9列出了济南的人口占全省人口的比例。尽管人们认为济南和青岛平分了全省的腹地人口，但济南市的人口从未达到其经济腹地总人口的5%—10%。济南的人口未能以更快的速度增长，这反映了外国人和中国人自己，为济南和20世纪早期的其他中国城市所预想的现代化，其总体模式是失败的。

表B.9 济南的人口占山东总人口的比例

年份	济南	山东	比例
1787	61 429	22 565 000	0.27
1850	149 000	33 127 000	0.45
1930	385 000	37 826 000	1.02
1953	680 000	48 877 000	1.39
1970	1 100 000	57 000 000	1.93

资料来源：图B.1的济南人口；表B.8的山东人口。

1949年中华人民共和国成立后的济南的人口数据显示，与过去一样，济南依然是中国20个最大城市之一。然而在山东省内，济南在总人口上位居第二，这一情况最初出现在1930年代，当时青岛的人口增长得更快。

对于1949年之后的历史时期，我们只能比较人口总数（表B.10），这些数据显示，1942—1953年这11年间，济南的人口增长率相当低（1.5%）。然而在1950年代，济南经历了又一个人口激增期，再次以大约3%—4%的年均增长率增长，并一直持续到1960年代中期。关于1966—1974年这一时期所能获得的数据显示，这一期间济南的总人口没有增长，甚至还有下降。无可否认，我是通过征引对济南的总体描述中有关人口规模的部分才得出了这些结论，但我相信，这些结论的字面意义是，济南城市管理当局在近期（指本书英文版写作出版的

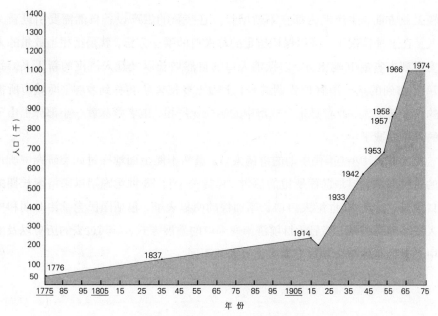

图 B.1　1776—1974 年间的济南人口

1970 年代，也就是本书中关于济南的人口资料截止的时期——译者注）不想让济南的人口有所增长。

然而，基于我 1974 年对济南的访问，我很难相信自从 1960 年代中期以来，济南的人口就没有增长过。到处都有证据表明，在包括石油加工在内的重工业

表 B.10　1949 年以来济南的人口

年　份	人　口	增长率	
1953	680 000 [a]	1942—1953	1.5%
1957	862 000 [a]	1953—1957	5.9%
1958	882 000 [a]	1957—1958	2.3%
1966	1 100 000 [b]	1958—1966	2.8%
	1 200 000 [c]	1958—1966	3.9%
1974	1 100 000 [d]	1966—1974	0.0%
		1953—1966	3.7%

资料来源：a Morris B. Ullman, *Cities of Mainland China*, 1953 and 1958, Washington, D.C., 1961.
　　　　　b Rewi Alley, *Travels in China*, 1966–1971, Peking：Foreign Languages Press, 1973, p. 227.
　　　　　c *Nagel's China*, New York, 1968, p. 704.
　　　　　d 笔者于 1974 年 11 月 22 日对济南市建设委员会主任王善志所做的访谈。

和轻工业方面，生产能力都在不断增长。这些新的生产设备自然需要引进新的工人。在这种情况下，济南保持稳定的总人口的唯一方法，就是把相当数量的人口安置到本省的其他地方，以抵消人口的自然增长以及迁入济南的新工人。我1974年得到的这一解释所强调的是，上山下乡使青年转移到乡村，而城市所需要的很多新工人，或者是来自城市中的半失业居民，或者意味着一小部分上山下乡的青年返城了。

对于有关1960年代中期的济南人口，虽然不能全面地探讨此类研究中所包含的各种问题，但是前面所做的探讨，包括关于自18世纪晚期以来济南长期的人口增长，以及20世纪人口增长率加快的明显表征，包括国民党统治时期和中华人民共和国时期，都显示目前济南所采取的发展方式，与其过去的历史以及发展中世界的其他城市地区有着多么显著的不同。

附录 C

1911年11月山东省谘议局提出的
《劝告政府八条》

1911年11月5日得到通过，并递交北京的中央政府。

以上各条，政府有一不许，本省将宣告独立。

一、政府不得借外债重军饷，杀戮我同胞。
二、政府须即速宣布罢战书，无论南军要求何条，不得不允许。
三、现余驻在山东境内新军，不得调遣出境。
四、现在山东应解协款及节省项下，暂停协解，概留为本省练兵赈济之用。
五、宪法须注明中国为联邦国体。
六、外官制及地方税，皆由本身自制定之，政府不得干涉。
七、谘议局章即定为本省宪法，得自由改正之。
八、本省有练兵保卫地方兵队之自由。

资料来源：1911年11月5日，孙宝琦发给内阁总理大臣袁世凯的电报"发内阁资政院袁官太保各省督抚电"(咸电)。"孙宝琦罪言"，载中国史学会济南分会编，《山东近代史资料(第二分册)》，济南：山东人民出版社，1958年，第72—73页。

主要参考文献

政府档案

Great Britain, Foreign Office, Consular Archives, China, Tsinan Intelligence Reports, 1909–30, Tsinan Correspondence, 1904–30, F. O. 228, Public Record Office, London.

中华民国外交部档案,1906–27,"中央"研究院近代史研究所,南港,台湾 [不包括《山东问题照档》,在 Kuo T'ing-i (郭廷以), ed., *Sino-Japanese Relations, 1867–1927: A Check List of the Foreign Ministry Archives* (New York: Columbia University, East Asian Institute, 1965) 一书引用了该文件编号]。

United States, Department of State, Tsinan Consulate Archives, 1930–38, United States National Archives, Washington, D. C.

地方志及调查

张振声修,《范县志》,1935 年。

赵琪修,《胶奥志》,1928 年。

陈庆藩修,《聊城县志》,清宣统二年(1910 年)。

何炳贤主编,《中国实业志·山东省》,上海:实业部国际贸易局,1934 年。

胡德琳修,《历城县志》,清乾隆三十六年(1771 年)。

华北综合调查研究所,《济南织布业调查报告书》,北京:出版社不详,1945 年。

小川平吉编,《支那省别全志》(第四卷·山东省),东京:东亚同文会,1917 年。

李树德,《德县志》,1935 年。

Liao T'ai-ch'u (廖泰初), "Rural Education in Transition: A Study of Old Fashioned Chinese Schools (ssu-shu) in Shantung and Szechuan", *Yen-ching Journal Social Studies* 4. 1, August 1948: pp. 19–67.

刘东侯修,《潍县志》,1937 年。

满铁资料课,《北支事情总揽》,大连:满铁,1935 年。

毛承霖修,《续修历城县志》,1924 年。

松崎雄二郎,《北支经济开发论》,东京:钻石社,1949 年。

仁井田陞编,《中国农村惯习调查》,东京:岩波书店,1952–58 年。

冈尹大郎,《山东经济事情,济南をゆとして》,大阪:出版社不详,1918年。

Parker, A. G., *Social Glimpse of Tsinan*, Tsinan: Shantung Christian University (济南:齐鲁大学), 1924.

潘守廉修,《济宁直隶州续志》,1926年。

满铁调查部,"济南の金融事情",载《北支那农业调查资料》,大连:满铁,1937年。

舒孝先修,《临淄县志》,1920年。

孙宝生编,《历城县乡土调查录》,济南:历城县实业局,1928年。

孙葆田修,《山东通志》,1915年。

曹梦九修,《高密县志》,1935年。

王赠芳修,《济南府志》,清道光二十年(1840年)。

王荫桂修,《博山县志》,1937年。

Yang, Martin C. (杨懋春), *A Chinese Village: Taitou, Shantung Province* (中译本书名为《一个中国村庄:山东台头》), New York: Columbia University Press, 1945.

Yang Ching-kun (杨庆堃), *A North China Local Economy: A Summary of A Study of Periodic Markets in Chowping Hsien, Shantung*, New York: Institute of Pacific Relations, 1944.

手册、指南和百科全书

Arnold, Julean (安立德), ed., *China: A Commercial and Industrial Handbook*, Washington, D. C., U. S. Government Printing Office, 1926.

Behme, Dr. F., and Krieger, Dr. M., *Guide to Tsingtao*, Wolfenbuttel: H. Wessel, 1910.

Boorman, Howard L. (包华德), ed., *Biographical Dictionary of Republican China*, 4 vols (中国社会科学院近代史研究所编译有《中华民国史资料丛稿 译稿 民国名人传记辞典》), New York: Columbia University Press, 1967–71.

Brunnert, H. S., and Hagelstrom, V. V. *Present-Day Political Organization of China*, Shanghai: Kelly and Walsh, 1911.

郑亦桥,《济南》,济南:山东人民出版社,1964年。

中华民国教育部编,《第一次中国教育年鉴》,上海:开明书店,1934年。

China Annual, 1944, Shanghai: Commercial Press (上海:商务印书馆), 1944.

China Handbook, 1937–1945, New York: Macmillan, 1947.

Chow Tse-tsung (周策纵), *Research Guide to the May Fourth Movement*, Cambridge: Harvard University, 1963.

Forsyth, R. C. (法思远), ed., *Shantung, Sacred Province of China*, Shanghai: Christian Literature Society (广学会), 1912.

外务省情报部,《现代中华民国满洲帝国人名鉴》,东京:东亚同文会,1937年(较早版本以下列两种题名引用:《现代中华民国人名鉴》,1924年;《中华民国满洲国人名鉴》,1933年)。

Hauser, Philip, ed., *Handbook for Social Research in Urban Areas*, Ghent: UNESCO, 1965.

黄泽苍,《山东》,上海:中华书局,1936年。

Hummel, Arthur W. (恒慕义), ed., *Eminent Chinese of the Ch'ing Period* (中译本书名为《清代名人传略》), 1644—1912, 2 vols, Washington D.C., U.S. Government Printing Office, 1943—44.

高荫祖编,《中华民国大事记》,台北:世界社,1957年。

郭廷以,《近代中国史事日志》(全二册),台北:"中央"研究院近代史研究所,1962年。

Nagel's Encyclopedia-Guide: China, Paris: Negal, 1968.

倪锡英,《济南》(都市地理小丛书),上海:中华书局,1936年。

仁井田陞等编,《亚细亚历史辞典》,东京:平凡社,1960年。

佐藤三郎编,《民国之精华》,北京:北京写真通信社,1916年。

园田一龟,《新中国分省人物志》,黄惠泉译,上海:出版社不详,1930年。

Who's who in China 1925, Shanghai: Millard's Review, 1925.

Woodhead, H. G. H., ed., *China Yearbook*, London and Tientsin: Peking and Tientsin Times (伦敦、天津:《京津泰晤士报》,1912到1939年间每年出版,有时每两年出版)。

叶春墀主编,《济南指南》,济南:《大东日报》,1914年。

Young, John (杨约翰), *The Research Activities of the South Manchurian Railway Company*, 1907—1945, New York: Columbia University, East Asian Institute, 1966.

报纸杂志

《济南市政公报》(月刊),济南,1942年。

《济南市政月刊》,济南,1929—33年。

China Review (周刊),北京,1920—24年。

China Weekly Review,上海,1925—39年。

Chinese Economic Bulletin (周刊),北京,1912—26年。

Chinese Economic Journal,北京,1927—28年;南京,1929—37年(之前为 the *Chinese Economic Monthly*,也合并了 *Chinese Economic Bulletin*)。

Chinese Economic Monthly,北京,1924—26年。

Chinese Recorder and Missionary Journal (月刊),上海,1881—1925年。

Far Eastern Review (月刊),上海,1914—30年。

《国闻周报》,上海,1928—30年。

North China Herald and Supreme Court and Consular Gazette (月刊),上海,1888—1939年。

《山东教育月刊》,济南,1922—24年。

《山东省政府公报》,济南,1946年5月—1948年7月。

《山东省建设半月刊》,济南,1936年5月—1937年2月。

《时事月报》,上海,1930—35年。

《支那》(双月刊),上海,1910—16年。

《东方杂志》(月刊),上海,1904—25年。

文集

陈真、姚洛、逄先知合编,《中国近代工业史资料》(全四辑),北京:三联书店,1958年。
朱寿朋纂,《光绪朝东华续录》,北京:出版社不详,出版时间不详。
居正,《居觉先生全集》,台北:出版社不详,1963年。
中国史学会济南分会编,《山东近代史资料》(全三卷),济南:山东人民出版社,1957—58年。
Great Britain, Department of Overseas Trade, *Report on Conditions and Prospects for Trade with China*, London: His Majesty's Stationary Office, 1919–37, Biennial.
郭廷以编,《海防档》,台北:"中央"研究院近代史研究所,1957年。
刘少奇,《新民主主义城市政策》,香港:新民主出版社,1949年。
罗家伦编,《革命文献》,第19辑,台北:中央文物供应社,1957年。
《鲁案中日联合委员会会议录》(全十一册),北京:出版社不详,1923年。
MacMurray, John V. A. (马慕瑞), comp., *Treaties and Agreements with and Concerning China, 1894–1919*, 2 vols, Washington, D. C., Carnegie Endowment for International Peace, 1922.
彭泽益编,《中国近代手工业史资料(1840–1949)》(全四卷),北京:三联书店,1957年。
Scott, J. Brown, comp., *Treaties and Agreements with and Concerning China, 1919–1929*, 2 vols, Washington, D. C., Carnegie Endowment for International Peace, 1929.
《大清会典》,北京:出版社不详,1899年版。
The Tsinan Affair, Shanghai: International Relations Committee, 1928.
丁惟汾编,《山东革命党史稿》,台北:出版社不详,1970年。
督办鲁案善后事宜公署,《鲁案善后月报特刊》(全五册),济南:督办鲁案善后事宜公署,1923—1924年。
U.S. Department of State, *Foreign Relations of the United States, 1945–48*, Washington, D.C.: U.S. Government Printing Office, 1970–73.
孙毓棠、汪敬虞编,《中国近代工业史资料》(第二辑,1895–1914年),北京:科学出版社,1957年。
袁世凯,《养寿园奏议辑要》,出版社不详,1937年。

自传、日记和游记

Alley, Rewi, *Travels in China, 1966–1971*, Peking: Foreign Press (北京:外文出版社), 1973.
Armstrong, Alexander, *In a Mule Litter to the Tomb of Confucius*, London: Nisbet, 1886.
秦德纯,《秦德纯回忆录》,台北:传记文学出版社,1967年。
Coltman, Robert (满乐道), *The Chinese, Their Present and Future: Medical, Political and Social*, London: F. A. Davis, 1891.
Davis, John Francis (德庇时), *Sketches of China*, London: Charles Knight, 1841.
Dewey, John (杜威), "Shantung as Seen from Within", *New Republic* 22. 274, 3 March 1920: pp. 12–16.
Edmunds, C. K., "Shantung: China's Holy Land", *National Geographic Magazine* 36. 3,

September 1919：pp. 245–51.

Fauvel, A., "The Province of Shantung", *China Review* 3, 1874–75：pp. 364–77.

Forsyth, R. C. (法思远), "Tsinanfu, Capital of Shantung", *Chinese Recorder* 14. 5, May 1914：pp. 304–10.

Franck, Harry A., *Wandering in North China*, New York：Century, 1923.

Garnett, W. L. *Journey Through the Province of Shantung and Kiangsu*, A Report Submitted to Parliament, China, no. 1, London：His Majesty's Stationery Office, 1907.

Grosier, J. B., *A General Description of China*, London：Robinson, 1788.

Heeren, J. J., "On the Famine Front of Shantung", *Asia* 21. 6, June 1922：pp. 541–42.

Heeren, J. J., *On the Shantung Front: A History of the Shantung Mission of the Presbyterian Church of the U. S. A., 1861–1940*, New York：Board of Foreign Missions, 1940.

徐盈等,《鲁闽风云》,上海：生活书店,1938年。

黄炎培,《黄炎培考察教育日记》(第二集),上海：商务印书馆,1916年。

Keith, Ronald A., "Tsinan, A Chinese City", *Canadian Geographical Journal* 12. 3, March 1936：pp. 153–60.

Kemp, E. G., *The Face of China*, New York：Duffield, 1909.

Lin Lin, "Tsinan of Shantung Today", *Chung-kuo hsin-wen* (中国新闻), 19 October 1963；Canton Joint Publication Research Service Translation 23835, 24 March 1964：pp. 28–31.

Lockhart, J. H. (骆克), *Confidential Report of a Journey in Shantung*, Hong Kong：Government Printing Office, 1903.

Neal, James Boyd, "Tsinanfu, Capital of Shantung", *East of Asia Magazine* 5, 1906：pp. 324–34.

Richard, Timothy, *Forty-five Years in China*, London：Unwin, 1916.

Von Hesse Wartegg, Ernst, *Schantung und Deutsch: China im Jahre 1898*, Leipzig：J. J. Weber, 1898.

王意坚(姜贵),《无违集》,台北：幼狮文化公司,1974年。

Williams, Maynard Owen, "The Descendants of Confucius", *National Geographical Magazine* 36. 3, September 1919：pp. 252–65.

Williamson, Alexander, *Journeys in North China, Manchuria and Eastern Mongolia with some account of Korea*, 2 vols, London：Smith and Elder, 1870.

Williamson, Isabelle, *Old Highways in China*, New York：American Tract Society, n. d. [ca. 1895].

传记、专著和专项研究

Bamba, Nobuya (马场伸也), *Japanese Diplomacy in a Dilemma: New Light on Japan's China Policy, 1924–1929*, Vancouver：University of British Columbia Press, 1973.

Barbour, Geoge B. "The Springs of Tsinanfu", *Journal of the North China Branch of the Royal Asiatic Society* 56, 1925：pp. 70–75.

马场锹太郎,《北支八省の资源》,东京：东京实业日本社,1939年。

Bergère, M. C. "La bourgeoisie chinoise et les problèms de dévelopment économique (1917–1923)", *Revue d'histoire moderne et contemporaine* 16. 2, April-June 1969:pp. 246–67.

Berry, Brian J. L. *The Human Consequences of Urbanization*, New York:St. Martin's Press, 1973.

Boyle, John H., *China and Japan at War, 1937–1945: The Politics of Collaboration* (中译本书名为《中日战争期间的通敌内幕》), Stanford:Stanford University Press, 1972.

Britton, Roswell (白瑞华), *The Chinese Periodical Press, 1800–1912*, Hong Kong:Kelly and Walsh, 1933.

Buck, David D. (鲍德威), "Educations in Chinese Urban Planning", *Urbanism Past and Present* 1. 1, 1976:pp. 24–35.

Buck, David D. "Educational Modernization in Tsinan, 1899–1937", In *The Chinese City Between Two Worlds*, edited by Mark Elvin (伊懋可) and G. William Skinner (施坚雅), pp. 171–212, Stanford:Stanford University Press, 1974.

Canning, Craig, "The Japanese Occupation of Shantung During World War I", Ph. D. dissertation, Stanford University, 1975.

Chang Chung-li (张仲礼), *The Chinese Gentry: Studies on Their Role in Nineteenth Century Chinese Society,* Seattle:University of Washington Press, 1955.

Chang hsu-hsin, "The Kuomintang Foreign Policy, 1925–1928", Ph. D. dissertation, University of Wisconsin, 1967.

Chang Peng, "The Distribution and Relative Strength of the Provincial Merchant Groups in China, 1842–1911", Ph. D. dissertation, University of Washington, 1957.

Chassin, Lionel Max, *The Communist Conquest of China: A History of the Civil War*, 1945–1949, Cambridge:Harvard University Press, 1965.

Ch'en, Jerome (陈志让), *Yuan Shih-k'ai, 1859–1916*, Rev. ed. Stanford:Stanford University Press, 1972.

Chesneaux, Jean (谢诺), *The Chinese Labor Movement, 1919–1927*, Stanford:Stanford University Press, 1972.

蒋慎吾,《近代中国市政》,上海：中华书局,1937年。

Ch'ien Tuan-sheng (钱端升), *The Government and Politics of China, 1912–1949*, Cambridge:Harvard University Press, 1950.

景甦、罗仑,《清代山东经营地主底社会性质》,济南：山东人民出版社,1959年。

Chow Tse-tsung (周策纵), *The May Fourth Movement* (1996年江苏人民出版社中译本书名为《五四运动：现代中国的思想革命》; 1999年岳麓书社中译本书名为《五四运动史》), Cambridge:Harvard University, 1962.

Ch'u T'ung-tsu (瞿同祖), *Local Government in China under the Ch'ing* (中译本书名为《清代地方政府》), Cambridge:Harvard University Press, 1962.

Cohen, Paul (孔宝荣), *China and Christianity: The Missionary Movement and the Growth of Chinese Antiforeignism, 1860–1870,* Cambridge:Harvard University Press, 1963.

Corbett, Charles (郭查理), *Shantung Christian University (Cheloo)*, New York: United Board for Christian Colleges in China, 1955.

Crowley, James B., *Japan's Quest for Autonomy: National Security and Foreign Policy, 1930–1938*, Princeton University Press, 1966.

Dorn, Frank A. (窦尔恩), *The Sino-Japanese War, 1937–1941*, New York: Macmillan, 1974.

Eastman, Lloyd (易劳逸), *The Abortive Revolution: China Under Nationalist Rule* (中译本书名为《流产的革命:1927—1937年国民党统治下的中国》), Cambridge: Harvard University Press, 1974.

Elvin, Mark (伊懋可), and Skinner, G. William (施坚雅), eds, *The Chinese City Between Two Worlds*, Stanford: Stanford University Press, 1974.

冯友兰,《新世训》,上海:商务印书馆,1940年。

Frank, Andre Gundar, *Capitalism and Underdevelopment in Latin America*, New York: Monthly Review Press, 1967.

Friedman, Edward, *Backward Toward Revolution: The Chinese Revolutionary Party*, Berkeley and Los Angeles: University of California Press, 1974.

Garside, B. A. *One Increasing Purpose: The Life of Henry Winters Luce*, Taipei: Mei-ya Publications (台北:美亚书版公司), 1967.

Geil, William E. *Eighteen Capitals of China*, Philadelphia: Lippincott, 1911.

姬野德一,《北支の政情》,东京:日支问题研究会,1936年。

何炳棣,《中国会馆史论》,台北:学生书局,1966年。

Ho Ping-ti (何炳棣), *The ladder of Success in Imperial China: Aspects of Social Mobility* (1368–1911) (何炳棣自题中文书名为《明清社会史论》), New York: Columbia University Press, 1962.

《北支五省矿业概要》,东京:日满实业协会,1937年。

Hosack, Robert E. "Shantung: An Interpretation of a Chinese Province", Ph. D. dissertation, Duke University, 1951.

奉天商工会议所,《奉天经济三十年史》,奉天:奉天商工公会,1940年。

Hou Chi-ming (侯继明), *Foreign Investment and Economic Development in China, 1840–1937*, Cambridge: Harvard University Press, 1965.

Hsiao Kung-chuan (萧公权), *Rural China: Imperial Control in the Nineteenth Century*, Seattle: University of Washington Press, 1960.

Hsu Long-hsuen and Chang Ming-kai, *History of the Sino-Japanese War*, 1937–1945, 2 vols, Taipei: Chung-wu, 1972.

Hu Shih (胡适), *The Chinese Renaissance* (中译本书名为《中国的文艺复兴》), Chicago: University of Chicago Press, 1934.

湖北大学政治经济学教研室编,《中国近代国民经济史讲义》,北京:高等教育出版社,1958年。

黄嘉谟,"中国对欧战的初步反应",载《"中央"研究院近代史研究所集刊》,第1期,1969年,第 3—18 页。

黄春海,"济南泉水",载《地理学资料》,1959 年,第 4 期,67—69 页;Joint Publication Research Service Translation 38917, 1 December 1966, pp. 115–38.

Hughes, E. R. *The Invasion of China by the Western World*, London:Black, 1938.

Ikei, Masaru (池井优), "Japan's Response to the Chinese Revolution of 1911", *Journal of Asian Studies* 25. 2, February 1966:pp. 213–24.

Iriye, Akira (入江昭), *After Imperialism: The Search for a New Order in the Far East, 1921–1931*, Cambridge:Harvard University Press, 1965.

Israel, John (易杜强), *Student Nationalism in China, 1927–1937*, Stanford:Stanford University Press, 1966.

Jacobs, Joseph E. *Investigation of Likin and Other Forms of Internal Taxation in China*, U.S. Department of State, Series D. 82 China 39, June 1952, Washington, D. C. :U. S. Government Printing Office, 1925.

Johnson, Chalmers (詹隼), *Peasant Nationalism and Communist Power: The Emergence of Revolutionary China, 1937–1945*, Stanford:Stanford University Press, 1962.

Kapp, Robert A. *Szechwan and the Chinese Republic: Provincial Militarism and Central Power, 1911–1938*, New Haven:Yale University Press, 1973.

戈公振,《中国报学史》,上海:商务印书馆,1927 年。

Kraus, Richard A. "Cotton and Cotton Goods in China, 1918–1936":The Impact of Modernization on the Traditional Sector", Ph. D. dissertation, Harvard University, 1968.

顾敦鍒,《中国议会史》,台中:东海大学,1962 年(初版于 1931 年)。

郭荣生编,《中国省银行史略》,台北:"中央"银行,1867 年。

Lange, Vitalis, *Das Apostolisch Vikariat Tsinanfu*, Werl:Societas Divine Verbas, 1929.

李剑农, *The Political History of China, 1840–1928*, New York:Van Nostrand, 1956.

李国祁,"三国干涉还辽后中德租借港湾的洽商与德璀琳上德政府建议书",载《"中央"研究院近代史研究所集刊》,1969 年,第 1 期,第 83–112 页。

李毓澍,《中日二十一条交涉(上)》,台北:"中央"研究院近代史研究所,1966 年。

刘凤翰,《新建陆军》,台北:"中央"研究院近代史研究所,1966 年。

Lockwood, W. W. *The Economic Development of Japan*, Princeton:Princeton University Press, 1968.

真锅五郎,《北支地方都市概观》,大阪:亚细亚出版协会,1940 年。

毛泽东,《毛泽东选集》(英文版,全四卷,第二版),北京:外文出版社,1965 年。

Miner, Noel, "Chekiang:The Nationalist Effort at Agrarian Reform and Construction", Ph. D. dissertation, Stanford University, 1973.

Morse, H. B. (马士), *The International Relations of the Chinese Empire*, 3 vols, London:Longmans, Green, 1918.

Morse, H. B. (马士), *The Trade and Administration of China*, Cambridge:Harvard University Press,

1953.

Murphey, Rhoads, *The Outsiders: Western Experience in India and China*, Ann Arbor：University of Michigan Press, 1976.

Myers, Ramon（马若孟）, "Commercialization, Agricultural Development and Landlord Behavior in Shantung during the Late Ch'ing Period", Ch'ing-shih wen-t'I（《清史问题》）, 2. 8, May 1972；pp. 31–55.

Myers, Ramon（马若孟）, *The Chinese Peasant Economy: Agricultural Development in Hopei and Shantung, 1890–1949*, Cambridge：Harvard University Press, 1970.

中村治兵卫,"清代华北の都市の户口に关する一考察",载《史源》,第 100 卷,1968 年 3 月,第 169–80 页。

Perkins, Dwight, *Agricultural Development in China, 1368–1968*, Chicago：Aldine, 1969.

Ross, Timothy, *Chiang Kuei*（姜贵）, New York：Twayne, 1974.

Rozman, Gilbert, *Urban Networks in Ch'ing China and Tokugawa Japan*, Princeton：Princeton University Press, 1973.

Schrecker, John E.（石约翰）, *Imperialism and Chinese Nationalism: Germany in Shantung*, Cambridge：Harvard University Press, 1971.

Schurman, Franz, *Ideology and Organization in Communist China*, Berkeley and Los Angeles：University of California Press, 1968.

青岛守备军民政部,《山东の劳动者》,青岛：青岛守备军,1921 年。

山东大学历史系,《山东地方史讲授提纲》,济南：山东人民出版社,1959 年。

Sheridan, James, *Chinese Warlord: The Career of Feng Yu-hsiang*, Stanford：Stanford University Press, 1959.

《市政全书》,上海：道路月刊社,1928 年。

Skinner, G. William（施坚雅）, ed., *The City in Late Imperial China*（中译本书名为《中华帝国晚期的城市》）, Stanford：Stanford University Press, 1977.

Skinner, G. William（施坚雅）, "Marketing and Social Structure in Rural China", *Journal of Asian Studies* 24. 1, November 1964；pp. 3–43；24. 2, February 1965；pp. 195–228；24. 3, June 1965；pp. 363–99.

Sun, E-tu Zen（孙任以都）, "The Pattern of Railway Development in China", *Far Eastern Quarterly* 14. 2, February 1955；pp. 179–99.

Sun Kungtu（孙拯,字恭度）and Heunemann, Ralph, *The Economic Development of Manchuria in the First Half of the Twentieth Century*, Cambridge：Harvard East Asian Monographs, 1969.

戴玄之,《红枪会(1916—1949)》,台北：食货出版社,1973 年。

Takeuchi, Tatsuji（武内辰治）, *War and Diplomacy in the Japanese Empire*, New York：Doubleday, 1973.

谭天凯,《山东问题始末》,上海：商务印书馆,1925 年。

田中一英,《山东铁道与矿山》,东京：日支实业株式会社,1917.

Teng Ssu-yü（邓嗣禹）, *The Nien Army and Their Guerrilla Warfare, 1851–1868*, Paris：Mouton, 1961.

Thauren, John, *The Missions in Shantung China*, Techny, Illinois：S. D. V. Mission Press, 1932.

Tien Hung-mao（田弘茂）, *Government and Politics in Kuomintang China*, 1927–1937, Stanford：Stanford University Press, 1972.

Todd, O. J. "Taming 'Flood Dragons' Along China's Hwang Ho", *National Geographic Magazine*, 81. 2 (February 1942)：205–34.

Van Slyke, Lyman P., "Liang Sou-ming and the Rural Reconstruction Movement", *Journal of Asian Studies* 17. 4 (August 1959)：pp. 457–74.

Vogel, Ezra（傅高义）, *Canton Under Communism: Programs and Policies in a Provincial Capital, 1948–1968* [中译本书名为《共产主义下的广州：一个省会的规划与政治（1949—1968）》], Cambridge：Harvard University Press, 1969.

王尔敏,《清季兵工业的兴起》,台北："中央"研究院近代史研究所,1963年。

魏心镇、朱云成,《唐山经济地理》,北京：三联书店,1960年。

Whitney, Joseph, *China: Area, Administration and Nation Building*, Chicago：University of Chicago Press, 1970.

Willoughby, W. W., *Foreign Rights and Interests in China*, 2 vols, Washington, D. C.：Johns Hopkins University Press, 1927.

Wood, Ge-Zay, *The Shantung Question: A Study in Diplomacy and World Politics*, New York：Revell, 1922.

Wright, Mary C.（芮玛丽）., ed., *China in Revolution: The First Phase, 1900–1913*, New Haven：Yale University Press, 1968.

小说

王意坚（姜贵）,《旋风》,台北：明华书局,1959年。

霍衣仙,《城陷之后》,上海：出版社不详,1933年。

Liu E.（刘鹗,铁云）, *The Travels of Lao Ts'an*（《老残游记》）, Harold Shadick 译, Ithaca：Cornell University Press, 1952；林语堂在 *A Nun of T'ai-shan and Other Translations* 中也部分翻译了该书。

Shu Ch'ing-ch'un（老舍）, *Cat Country*（《猫城记》）, William Lyell 译, Columbus：Ohio University Press, 1970.

译后记

经过我们三位译者断断续续共一年的工作,终于完成了本书的翻译。在译稿即将付梓之时,我们感到非常高兴,能够将这本研究济南近代城市史的英文著作介绍给广大中国读者,为中国城市史和区域史研究贡献绵薄之力。

本书的作者是美国著名历史学家鲍德威(David D. Buck)教授,英文题目原为 *Urban Change in China: Politics and Development in Tsinan, Shantung, 1890—1949*。该书的原稿也是鲍德威于1972年于斯坦福大学写就的历史学博士论文,该书于1978年由威斯康辛大学出版社出版。鲍德威现为威斯康辛大学密尔沃基分校(University of Wisconsin-Milwaukee)历史系荣誉退休教授。鲍德威是亚洲史特别是中国城市史和区域史的专家,对中国城市史研究以及推动中美关系的发展都做出了重要贡献。

我最早知道本书,是2005年春季,我在山东大学社会学系写作我的学士学位论文的时候。我那篇小小的论文的题目是《"需求指向"或"供给基础"?——对近代以来山东枣庄的城市发展模式的比较研究(兼与济南、青岛比较)》。我在查阅关于济南近代城市史的文献时,多次看到其他文献引用鲍德威教授的这部著作中的观点或数据(如杨天宏老师的《口岸开放与社会变革:近代中国自开商埠研究》,中华书局2007年版),让我对这本书产生了强烈的憧憬。不过当时山大的英文文献并不多,我没有找到。2008年我来到香港大学社会学系读博士,在港大图书馆借到了该书的英文原著。出于对城市研究的兴趣,出于我身为山东人对济南的深厚情感,以及出于我对学术翻译一贯的兴趣,我在2008年底将本书的第一章绪论翻译出来,将译稿发布在我的博客上(链接为http://blog.sociology.org.cn/hankzh31/archive/2008/12/15/12774.html)。我的目的,只是想让更多的人关注中国近代城市研究,关注济南这一段引人入胜的近代史。

让我感到万分惊喜的是,在2009年1月,北京大学出版社的徐文宁编辑与我联系，问我有没有兴趣将全书完整地翻译出来，他将负责向美国方面联系版权事宜及在北大出版社的出版事宜。终于在 2009 年 3 月，徐编辑向我确认，这个翻译工作可以正式开展了。因为我还需要同时兼顾我在香港大学承担的助教工作以及博士论文的调研工作，所以我无法单独承担翻译工作，于是我联系了另外两位译者，我们共同合作完成。

本书出版于 1978 年，距今已经有 30 多年。然而，本书或许依然是迄今为止研究济南近代城市史中最详实、最深入的研究之一。但本书长期没有中译本，对于中国城市史研究来说，实在是一件让人遗憾的事情。尤其是，本书从美国城市历史学家的角度，审视济南乃至整个中国的近代城市史，不仅提供了关于济南近代史的丰富资料，而且其中的许多观点都见解独到，发人深思。对于我们三位译者来说，翻译的过程，其实也是一个学习的过程。我们都不是历史学科班出身，通过这样一次翻译工作，我们都加深了对济南乃至整个中国近代城市史的理解，这也是我们今后研究工作的宝贵经验。

无论对于城市研究还是历史研究，城市史研究都是一个重要分支。虽然农村问题研究，在很大程度上依然是中国近代区域史或社会史研究的主流，但研究中国近现代史的西方汉学家们和西方旅行者、传教士们，在中国近代城市史这一领域，也已经有过一些极为重要的研究或见闻记录，并已经有中译本问世。比如施坚雅（G. William Skinner）主编，叶光庭等译，陈桥驿校，中华书局 2000 出版的《中华帝国晚期的城市》(*The City in Late Imperial China*)；余凯思（Klaus Mühlhahn）著，孙立新译，刘新利校，山东大学出版社 2005 年出版的《在"模范殖民地"胶州湾的统治与抵抗：1897—1914 年中国与德国的相互作用》(*Herrschaft und Widerstand in der " Musterkolonie" Kiautschou: Interaktionen zwischen China und Deutschland 1897–1914*)；杜格尔德·克里斯蒂（Dugald Christie）著，张士尊、信丹娜译，湖北人民出版社 2007 年出版的《奉天三十年（1883—1913）：杜格尔德·克里斯蒂的经历与回忆》(*Thirty years in Moukden, 1883–1913, being the experiences and recollections of Dugald Christie*)；罗威廉（William T. Rowe）著，鲁西奇、罗杜芳译，马钊、萧致功审校，中国人民出版社 2008 年出版的《汉口：一个中国城市的冲突和社区（1796—1895）》(*Hankow: Conflict and Community in a Chinese City, 1796–1895*)。

正如台湾东海大学历史学系丘为君教授在他对鲍德威教授这本书所写的书

评中所言,在有关中国近代城市史的研究中的核心问题是,"中国在现代化过程中,都市究竟扮演了什么角色?在现代化的过程中,中国的一些大都市是如何实现其现代化意愿的"①? 鲍德威教授在本书中,以"政治"和"发展"作为核心概念,逐一研究了从19世纪晚期到中华人民共和国成立之前这段时期的每一个阶段中济南的变迁历程,说明了济南的经济、政治和文化虽然有一定程度的近代化发展,但其依照西方工业主义城市的发展道路走上现代化的梦想最终破灭。而这也反映了近代中国整体发展中的很多根本性问题,如以军阀混战为主要表现的掠夺性的国内政治统治,以日本全面侵华战争为最高峰的外国帝国主义侵略等。我们看到,中国城市在近代是引进西方先进技术、文化和政治形式的主要空间载体,但是由于这些根本性的问题,中国城市未能从根本上改变中国的政治经济和社会文化结构,因此,社会整体的转型过程最终归于失败。随着1949年共产主义革命在中国成功地夺取政权,一场根本性的政治经济和社会文化革命也随之展开,中国的城市由此走上了与西方截然不同的发展道路,表现出俄式苏维埃城市模式与延安城市模式的混合形态。而城市在中国的政治经济和社会文化体系中的地位,也发生了根本性的变化,比如对建设"生产型城市"的强调。

那么为何研究济南? 为何选择济南作为研究近代中国城市的个案? 在本书第一章的开头,作者就坦言,济南是"清末一个三流贸易城市"。时至今日,虽然济南依然位列中国最大的20个城市之中,但也只是中国一个并不太夺人眼球的二线城市。同样在第一章,作者就给出了自己的答案:"我试图找到一个具有最佳潜力的中国城市,能够满足西方的工业城市模式……在本书所研究的60年的历史时期中,(济南的)政治当局掌握在中国人手中,现代化的计划也由中国人自己制定和实施。此外,济南在12世纪之前就开始成为重要的政治城市,并因此具有作为政治中心的根深蒂固的特征。"换言之,济南能够将作为中国区域政治中心而享有的政治自主性,与一定程度上的近代工商业发展相结合,由此成为观察近代中国自发探索城市现代化发展道路的合适案例。而济南之所以能够将这两点较好地结合起来,最关键的历史性原因,就是1904年的自开商埠。当德国殖民主义势力在青岛扎根,并借胶济铁路向山东内地延伸时,以袁世凯和周馥为代表的山东执政当局,顺应时局,将济南、潍县、周村自开商埠,从而避免

---

① 丘为君,《中国的城镇变革——以济南为个案的区域研究》,《出版与研究》,1979年,51:18—19。

了约开商埠所导致的利权尽失的被动局面,开启了济南乃至整个山东自主探索近代化的序幕。如果没有这一历史性的抉择,济南的整个近代史将被改写。回顾保定、开封等传统省会城市在近代由于工商业发展缓慢而逐渐衰落的历史,我们不难推测,如果济南没有自开商埠,可能会面临同样的命运。济南自开商埠的历史,对于当代济南的城市发展也具有极大的启示意义。

近年来,济南近代城市史的研究,已经引起不同学科背景的学者的关注。这里我们将一些相关研究进行了一个不完全的统计,希望能有助于学者们在这一领域进一步开展研究。

表1 关于济南近代城市史研究成果的不完全统计(按出版日期排序)

作 者	题 目	出处/出版社	年 份
沈国良	济南开埠以来人口问题初探	山东史志资料	1982年第1辑
庄春波	中国社会近代化的一个微观范例 ——晚清新政与济南城市近代化	城市史研究	1991年第5辑
李岫	论清末济南、周村、潍县三地开埠	文史哲	1995年第2期
郭大松 贾月臣	民国前期济南的人口与社会问题辨析	山东师范大学学报(社会科学版)	1998年第2期
庄维民	近代山东市场经济的变迁	中华书局	2000年
王守中 郭大松	近代山东城市变迁史	山东教育出版社	2001年
杨天宏	自开商埠与社会变迁 ——近代中国自开商埠研究	中华书局	2002年
王西波	济南近代城市规划研究	武汉理工大学硕士论文	2003年
王音 蒋海升	济南开埠:区域现代化的典范之作	山东档案	2004年第5期
聂家华	开埠与济南早期城市现代化 (1904—1937)	浙江大学博士论文	2004年
党明德 林吉玲	济南百年城市发展史 ——开埠以来的济南	齐鲁书社	2004年
徐华东	济南开埠与地方经济	黄河出版社	2004年
董建霞	济南自开商埠始末	齐鲁文史	2004年第2期
张华松	济南开埠章程的特点	齐鲁文史	2004年第4期
王音	近代济南商会初探(1902—1927)	山东大学硕士论文	2004年
万强	近代济南的人口与城市发展 (1904—1936)	内蒙古大学硕士论文	2004年

作　者	题　目	出处/出版社	年　份
汪坚强	近现代济南城市形态的演变与发展研究	清华大学硕士论文	2004年
朱云峰	清末民初济南公共领域的近代转型（1904—1919）	山东大学硕士论文	2004年
魏永生	晚清山东商埠	山东文艺出版社	2004年
王铁志	传承商埠文化 建设美好市中：济南市市中区开展纪念百年商埠活动材料汇编	济南市市中区内部刊印	2004年
尹作升	论近代济南城市工业的兴迁及其特点（1904—1937）	东岳论丛	2005年第4期
张华松	济南开埠三章程平议	济南职业学院学报	2005年第5期
张秀英	自开商埠后济南经济近代化程度分析	济南职业学院学报	2005年第5期
崔恒展 党明德	济南商会的历史演进及其启示	济南大学学报	2005年第6期
赵宝爱	近代济南慈善事业论略（1904—1937）	济南大学学报	2005年第1期
姜　虹	地方政府与区域经济变迁——以1900—1911年的山东省为中心	复旦大学博士论文	2005年
中共济南市委宣传部、中共济南市中区委、济南电视台	古城开埠（纪录片）	中国国际电视总公司	2005年
任建新	济南开埠百年	中国民族摄影艺术出版社	2005年
郭大松	中国早期现代化之路反思——清末新政与济南自开商埠纵横谈	山东师范大学学报（人文社会科学版）	2006年第2期
李　浩	济南开埠与城市民俗的变迁	理论学刊	2006年第9期
桂晓亮	济南商埠研究述略	济南职业学院学报	2006年第4期
王　音	济南城市近代化历程	济南出版社	2006年
程汉杰	济南城市史研究概述	济南职业学院学报	2007年第6期
陈立谨	晚清以来济南金融业研究——晚清至1937年	山东大学硕士论文	2007年
刘　慧	济南与烟台城市早期现代化比较研究	山东师范大学硕士论文	2008年
黄志强	济南、潍县、周村三地主动开埠与山东区域社会变迁	江西师范大学硕士论文	2008年

作　者	题　目	出处/出版社	年　份
仉晓红	自开商埠背景下的济南城市工业化进程研究（1904—1937）	山东大学硕士论文	2008年
安作璋 党明德	济南通史（第五册：近代卷）	齐鲁书社	2008年
孟　宁	近代济南城市空间转型及发展研究（1904—1948）	西安建筑科技大学硕士论文	2009年
苗尔澜 管　萍	老济南商埠琐记	济南出版社	2009年
赵晓林	故纸中的老济南	济南出版社	2009年

资料来源：中国知网（CNKI）；仉晓红，《自开商埠背景下的济南城市工业化进程研究（1904—1937）》，山东大学硕士论文，2008年，桂晓亮，"济南商埠研究述略"，《济南职业学院学报》，2006年，第4期；程汉杰，"济南城市史研究概述"，《济南职业学院学报》，2007年，第6期；山东省图书馆馆藏书目查询。

这部中译本的完成，由我们三位非历史学科班出身的译者完成，因此这一翻译工作，对于我们来说，并不是一件轻松的工作。我们三位译者都是山东人，本科也都就读于山东大学社会学系。对山东的深厚感情，以及在济南生活多年的经历，是让我们鼓起勇气完成这一翻译工作的重要动力。在济南的这些生活经历，也使我们对济南的近代史和城市发展问题，都有一定程度的了解，因此当涉及济南的很多非常本土化的翻译问题，如济南地名时，我们一般都能够按图索骥找到线索。

我要感谢参与此次翻译工作的另外两位译者：上海大学社会学系、上海政党研究中心讲师金桥博士，负责翻译本书的第二章、第四章、第五章；山东大学社会学系2010届硕士生孙淑霞，负责翻译第六章、第七章、第八章。他们在繁忙的工作和学习过程中，按时地、高质量地完成了他们所负责的部分，保证了本书的按时出版。本书其余章节（包括著者致谢、附录、参考文献等）的翻译工作由本人完成。全书由本人统稿和初校。

还要感谢山东大学社会工作系主任高鉴国教授。他帮我联系了译者，并且他作为城市社会学专家，在若干翻译问题上给予重要指导。还有山东师范大学历史系郭大松教授。他是中国近代区域史专家，尤其对于济南、烟台及整个山东省的近代史有大量研究成果，而且翻译出版了许多研究中国近代史的英文著作。他对于我们的翻译工作也给予了大量指导和帮助。

另外本书的英文原著中有大量的日文文献,鲍德威教授用拉丁字母将其罗马化。为了能够比较准确地将这些文献的题目、作者和出版社等内容翻译为中文汉字或日文平假名,我向两位日本学生寻求帮助,他们耐心、细致地帮助我将这些文献翻译过来。他们分别是来自日本秋田国际教养大学的稻冈弘辉,以及来自日本国际基督教大学(东京)的川崎一畅。他们在 2009—2010 学年在香港大学作为交换生,选修了香港大学社会学系开设的"人类学概论"(Introduction to Anthropology)课程,我担任这门课程的助教(tutor)。非常感谢他们给予我的这些重要的帮助。

感谢中国人民大学劳动人事学院的 2010 届博士生单大圣。本书翻译中的很多英文文献需要回译为中文。为了查阅到准确的中文原文文献,单博士帮我到北京国家图书馆查阅了多处文献,这些文献都是我在香港大学和山东省图书馆无法查到的。非常感谢他的耐心帮助。

还要感谢台湾东海大学历史学系的丘为君教授,他向我提供了他于 1979 年写就的对本书的书评《中国的城镇变革——以济南为个案的区域研究》的扫描件。这或许是本书英文版出版以来,在中文学术界发表的最早的一篇关于本书的书评。该书评也有助于我深入对中国近代城市史研究的总体认识。

由于我们在历史学和学术翻译方面能力有限,中译本中可能依然存在各种错误和疏漏,尤其是一些人名,我们多处查找不得,只好用音译方式翻译过来,并在每处都标明为"音译"。所有可能出现的问题都应归咎于本人,同时我也希望各位专家、朋友不吝赐教,从而便于我们加以纠正。

张 汉

香港大学社会学系博士生

2010 年 3 月 24 日于香港大学马礼逊堂